序

中国古代の任俠

鶴間和幸

はじめに

司馬遷《しばせん》(前一四五?—前八七?)は『史記《しき》』巻八六の列伝のなかに刺客《しかく》列伝、巻一二四に游俠《ゆうきょう》列伝を載せている。この「游俠」の「游」と「遊」の字はほぼ同じ意味で、游は川の流れのようにただようさま、遊は道をただよい歩くさまをいうが、本書では史料通りに游の字を用いる。なお、「俠」の字は「侠」(俗字)も使われるが、本書では、本字の「俠」に統一して用いることにする。

ところで刺客列伝は刺客を五人、游俠列伝は主な游俠三人をとくに人格的なジャンルとしてまとめている。いわばときに殺人の請負人にもなる任俠者をわざわざ史書の列伝にとりあげたことは、現代の感覚では理解しがたいものがあるかもしれない。『漢書《かんじょ》』巻六二游俠伝もこれに続くが、それ以降の正史には任俠の列伝などない。中国古代では報復行為が社会的に許され、非法行為をする刺客や游俠も、ある程度許されていた時代であった。司馬遷は游俠列伝の冒頭で、「儒《じゅ》は文を以て法を乱し、俠は武を以て禁を犯す」を引用し、儒者も任俠も世間では非難されているという『韓非子《かんぴし》』五蠹篇《ごとへん》のことばを取り上げる。韓非は国をむしばむ五つの木食い虫の一つに学者とともに任侠を取り上げた。司馬遷はあえて儒家《じゅか》や墨家《ぼっか》からも非難されてきた任侠の人々の信義を貫く行動を評価しようとした。孔子の弟子の季次《きじ》（公晳哀《こうせきあい》）と原憲《げんけん》の名をわざわざ取りあげ、かれらより民間の游侠たちを評価すべきという。季次は生涯仕官せず、原憲も孔子の世を避け、二人ともあばらやに住み、衣食にも不自由であったという。

国家の法では見過ごされるような社会の秩序を維持し、またとくに王朝末期の危機的な時代には、任侠的心情による人々の爆発的な反権力の集合が、新たな時代を作っていったとすれば、中国古代史を任侠に焦点をあてて見直すことも、意味のあることとしなければならない。すでに宮崎市定《みやざきいちさだ》（一九〇一―九五）や増淵龍夫《ますぶちたつお》（一九一六―八三）は中国古代史のなかで学問的に任侠を論じている。本書でも増淵龍夫の任侠論を特別に取りあげた。

『史記』刺客列伝では先秦時代の刺客を詳しく紹介している。いずれも伝説化した人物であり、記述には典拠がある。刺客となったのは任侠者であったが、刺客の目的は明確である。他者のために命をかけて復讐を実行し、仇《かたき》の死を目指すことにあった。本書では五人の刺客、魯《ろ》の曹沫《そうばつ》、呉《ご》の専諸《せんしょ》、晋《しん》の豫譲《よじょう》、韓《かん》の聶政《じょうせい》、衛《えい》の荊軻《けいか》の五人をすべて取りあげた。

『史記』では刺客列伝や游侠列伝以外にも、任侠者をさまざまな所に登場させる。小国が大国に、弱者が強者に対抗するために、法に背いても正義をかかげて死を賭して戦うことが社会的に認められていたからである。戦国時代から秦漢時代にいたる任侠の歴史を概観して本書の総論としたい。ここでとりあげた人物の何人かは、本書で詳しく論じられている。

戦国封君と食客

任侠には、自身が任侠心から食客《しょっかく》を集めた者もいれば、パトロンのもとで養われていた任侠者もいる。戦国時代の封君《ほうくん》と呼ばれた斉《せい》の孟嘗君田文《もうしょうくんでんぶん》、魏《ぎ》の信陵君無忌《しんりょうくんむき》、趙《ちょう》の平原君《へいげんくん》趙勝《ちょうしょう》、楚《そ》の春申君黄歇《しゅんしんくんこうあつ》の四人は多くの食客を集めたことで知られる。呂不韋《りょふい》も大商人でありながら、四人の封君と同じように食客を集めた。『史記』は、游侠列伝で四人の封君にふれながら、かれらのためにそれぞれ列伝を立てている。封君たちは国家の王族であっても、非王族であっても、公的には国家の中枢の要職に就きながら、私的には都から遠く離れた所、ときには国外に居城をもち、国境を越えて有能な人材を集めて養った。食客三〇〇〇人というのは概数ではあるが、封君自身の人格を求めて多くの人材が集まった。客というのは国境を越えて集まった人々のことをいう。しかし封君の人格だけでは人材は集まらない。食客を養うだけの財力が必要となる。かれらを食べさせ、生活させる屋敷が必要となる。食客を住まわせる屋敷を舎といい、そこに住む者を舎人《しゃじん》といった。

食客の待遇にはランクがあり、孟嘗君の場合、上中下の三等の客舎の待遇があった。中舎には食事に魚がつき、上舎には車まで備えられていたという。食べさせることができなければ、食客はすぐに背を向けて主人の下を去った。主人には文字通り食客を食べさせ、生活させるだけの財力が必要である。

呂不韋と嫪毐

楚の李斯《りし》も文信侯呂不韋の舎人としてはじめて秦の国に入ることができた。李斯は客卿（外国出身の大臣）の身分を得て、廷尉《ていい》として始皇帝の統一事業を支え、丞相《じょうしょう》として統一後の行政を主導した。大商人の呂不韋は国外の秦の占領地の河南洛陽に十万戸の領地を持っており、そこに食客三〇〇〇人を集めた。その財力は、奴婢《ぬひ》を一万人抱えるほどであった。嫪毐《ろうあい》も最初は呂不韋の舎人となった。嫪毐は始皇帝の母親、母太后に取り入り、奴婢数千人と舎人一〇〇〇余人を抱えるほどの勢力を誇った。秦王政が嫪毐側の反乱に勝利をし、嫪毐の舎人たちは蜀《しょく》に流された。あきらかに官吏よりも食客の存在が秦の政治を左右していたことは間違いない。秦王政が嫪毐の乱を制圧したあとは、李斯自身が食客を抱えるような反秦王勢力を排除していくことになる。

近年の竹簡文書には国境を越えて秦に入国する人々を取り締まる法令が見える。戸籍（命）から離脱して他国に逃亡することを亡命といい、秦は出入国を厳しく取り締まり、亡人（亡命者）を隠匿《いんとく》する者を厳罰にし、国外逃亡者には懸賞金もかけた。秦国自身は間諜《かんちょう》を積極的に送り、秦に対する六国の合従《がっしょう》を分断した。戦国時代は各国で法治が徹底し、富国強兵がすすむなか、食客たちは社会や国家のはざまでアウトロー的な行動を行った。

統一戦争の背後の任侠

秦王政は李斯の提言を受け入れて東方六国の君臣を離間させる策を実行した。策謀の士を諸侯に遊説させ、名士たちを金品で味方に引き入れ、拒否されると刺客に殺害させた。そのあとに良将を送りこんで武力で攻撃した。秦の良将として名の知られる、王翦《おうせん》・王賁《おうほん》父子、蒙驁《もうごう》・蒙武《もうぶ》・蒙恬《もうてん》三代、李信《りしん》、かれらの活躍の陰には名もなき任侠や刺客がいた。

秦の大義は統一戦争であったが、実はそれは征服戦争であり、そこには国境を越えた任侠や刺客が暗躍して重要な役割を果たす余地があった。呂不韋亡き後、李斯は客卿、典客（東方諸侯国との外交を司る大臣）としてかれらを先導した。李斯の配下には非合法的な隠密活動をする任侠者がいた。

六国最後の斉の滅亡は、秦が斉の丞相の后勝《こうしょう》を間金を用いて取り込んでいたことが功を奏した結果であった。后勝が秦のために賓客《ひんきゃく》を多く送り込むと、かれらは帰国後には秦の反間（スパイ）として動き、斉王建《けん》に秦王に朝貢することを勧め、秦軍への軍備も怠らせた。斉は五国軍の秦攻撃にも協力しなかったために、五国は秦に滅ぼされてしまう。燕《えん》、代《だい》（趙の残存勢力の国）が滅ぼされた翌年、王翦の子の王賁将軍に率いられた秦の軍隊が都臨淄《りんし》に入ると、斉は抵抗することもなく降伏し、斉王は追放された。この無血開城の時点で天下は統一された。

楚漢抗争の任侠

秦帝国が崩壊し、項羽《こうう》と劉邦《りゅうほう》が対峙した楚漢《そかん》抗争の時代に目をやれば、ここでも任侠者の役割が大きかったことがわかる。『悪の歴史　東アジア編(上)』(清水書院、二〇一七年)ではすでに項羽と劉邦を取り上げたので、本書では二人を再度取り上げることはしなかった。そこで任侠という観点からとくに行動をふりかえってみよう。

劉邦が最終的に項羽に勝利するまでには、任侠的な行動が多く見られる。劉邦自身の性格は、はじめて咸陽《かんよう》で始皇帝を見かけたときのことばにあるように、始皇帝のような権力者を志向していた。一方地方の村社会においては泗水亭長《しすいていちょう》の役人として多くの人々の人間くさい行動を見てきた。亭長は郷里の社会の治安を守るのが使命であり、管轄地にはあの孟嘗君の居城の薛城《せつじょう》があった。かつて食客三〇〇〇人の子孫が居住し、のちの司馬遷の時代にも任侠の風が残っていたという。劉邦が亭長の任として始皇帝陵の建設に刑徒を送っていたとき、途中の逃亡者が多かったために、夜にかれらを潔く解放し、みずからは酒を飲んで寝入ってしまった。そのような任侠的な行動にまずは十数人が従ったという。

その数がのちに五〇〇〇(沛公《はいこう》として挙兵)、一〇万(鴻門《こうもん》の会)、五六万(漢王として西楚覇王《せいそはおう》項羽と戦った彭城《ほうじょう》の戦)と増えていく。それは決して順調なものではなく、自身が戦死する危機を何度もくぐり抜けてきた。一〇〇余騎で乗り込んだ鴻門の会では、殺害の危機を張良《ちょうりょう》と樊噲《はんかい》に救われた。張良は劉邦の参謀として知られるが、その行動も任侠的であった。もともと滅ぼされた母国韓《かん》と亡くなった弟のために始皇帝への復讐を目指した。殺人を繰り返した項伯《こうはく》（項羽の叔父）を張良が匿《かくま》ったことが、のちに鴻門《こうもん》の会で項羽から劉邦を救うことになる。樊噲は劉邦と同郷者、劉邦の舎人となって生涯仕えた。劉邦の周辺には任侠的に集まってきた者が多い。滎陽《けいよう》で項羽軍に囲まれたときにも数十騎で脱出、そのとき身代わりになった紀信《きしん》は殺された。成皐《せいこう》でも夏侯嬰《かこうえい》と脱出した。かれは劉邦と同郷の下級官吏、命をかけて劉邦を救い、のちには劉邦の家族まで保護している。

漢王劉邦が劣勢から攻勢に出たのは、彭越《ほうえつ》、英布《えいふ》、韓信《かんしん》ら漢王劉邦にならぶ勢力を最終的に味方に引き入れたからであり、垓下《がいか》の戦いで項羽軍を追い詰めた。彭越はもとは盗賊で少年たちに担ぎ出されていた。英布は黥布《げいふ》と呼ばれ、始皇帝の驪山陵《りざんりょう》にかり出された数十万人の刑徒の一人であったが、かれらを率いて逃亡し、盗賊となり、数千人と項梁《こうりょう》に従い、最後は項羽側から漢王劉邦側に寝返った。在地の任侠無頼の少年たちとつきあっていた韓信も、兵法を学び、独自な集団を率い、斉王となった。漢王、西楚覇王と天下を三分する勢いであった。司馬遷は游侠列伝で大盗賊の盗跖《とうせき》と荘蹻《そうきょう》には手下との間に信義があったと述べている。本書でも伝説の盗跖を取り上げた。司馬遷は、小さな盗賊は罰せられるが、国を盗んだものは諸侯となり、そこには仁義があるということばを肯定している。盗賊の彭越はのちに梁王《りょうおう》となり、盗賊の黥布は項羽の九江王となっていた。劉邦も自身が一人の任侠者でありながら、任侠者を集めた別の反乱集団を吸収し、最後は権力を掌握して皇帝に上り詰めたのである。

一方の項羽は叔父の項梁とともに兵を挙げた。項梁が戦死するまでは、項梁が反乱集団を先導した。当初項梁は人を殺し、仇を避けて項羽とともに呉の地方に逃亡していたが、項梁の能力はすぐに頭角を現した。賓客（呉の外から来た人々）や子弟（家から出された若者）たちを兵法に従って指導し、日頃から個人の能力を知り尽くしていた。徭《よう》役《えき》や葬儀といった非常時には、項梁がまとめ役を行い、大量に人々を動員できたという。戦国時代の楚が秦に最後まで抵抗し殺された将軍項燕《こうえん》の子が項梁であり、人々は項梁を信じて立ち上がった。瞬く間に集まった八〇〇〇人の兵力が、六、七万人となり、楚の懐王《かいおう》の孫を立てて、勢力を誇った。項梁が戦死し、項羽軍が秦の都に入ったときには劉邦軍の十万を超えて四〇万となっていた。項羽は懐王を義帝とし、自ら西楚覇王と称して十八王の上に立った。項羽はたえず劉邦に優位に立ちながらも、最後に逆転して敗北した。垓下の戦いの項羽軍は十万、包囲した漢軍は韓信軍だけで三〇万であった。項梁・項羽に義侠心で仕えてきたのは范増《はんぞう》だけであった。その参謀も劉邦側の離間策で項羽の信頼を失ったあとは、項羽は勢力を挽回させることはできなかった。漢王側の酈食其《れきいき》のことばにあるように、項羽は楚の懐王との約束に背いて沛公劉邦を関中の王にしなかったこと、懐王を義帝《ぎてい》に掲げながらすぐに殺害したこと、功績のあるものにも相応の報償を与えなかったことによって、民

司馬遷

衆との信頼関係をことごとく失ってしまった。

漢代の任俠

司馬遷が游俠列伝で司馬遷と同時代の武帝の時代の游俠として取り上げた人物が、河内の郭解《かくかい》である。一巻のかなりの分量をさいてかれの伝記を記述している。司馬遷自身が郭解の風貌を直接見ているが、その印象はあまりかんばしくない。しかしその評判を聞くと、筆をとらざるを得なかったという。最期は国家に対する大逆《たいぎゃく》無道の罪で一族とともに死刑になっている。郭解自身の行動は、歴史を変えるような人物として取り上げるものでもないが、郭解の行動は、前漢武帝の時代の証言者であり、地方社会の秩序の安定のためには、郭解のような任俠者の存在が求められていたことがわかる。郭解は自分の前で足を投げ出して無礼を働いた者にも、尊敬されないのは自分の責任だとし、こっそりと裏でその者の徭役を免除させた。敵討ちのもめごとがあれば、密かに仲介し、地元の有力者に手柄を譲り、自分は決して表にはでない。郭解が匿った亡命者を助けるために、夜半にこっそりと迎えに行く車がいつも十数台はあったという。余財を残さないから家は貧しく、武帝の茂陵《もりょう》の陵邑《りょうゆう》に移住する財産の資格もなかったが、武帝みずからが許可し、餞別金《せんべつきん》だけで千余万銭も集まったという。

司馬遷は朱家《しゅか》と劇孟《げきもう》という任俠者にも多少筆をさいている。朱家は前漢高祖の時代の游俠で大俠とも呼ばれ、魯の出身、儒家の故郷で任俠ぶりを発揮した。名士を匿い、貧者を救い、家には余財も残らず、食も切り詰めた。少しも誇るところがなく、多くの人々に慕われた。項羽側につき、漢王劉邦を苦しめた任侠の季布《きふ》を匿い、処刑されるのをやめさせている。劇孟は景帝《けいてい》の時代に知れ渡っていた洛陽の游侠であった。呉楚七国の諸侯王の反中央の反乱が起きたときに、景帝側に付き、敵国を味方につけたようだと称された。母の葬儀には遠方から千台の車が集まったが、本人の死に際しては余分な財もなかったという。あとの任侠は名前を列挙する程度であり、游侠列伝は郭解、朱家、劇孟の三人のために書かれたといってもよい。

班固《はんこ》（後三二―九二）も『漢書』に游侠列伝を書き、郭解、朱家、劇孟に続けて武帝後の游侠として萬章《うしょう》、楼護《ろうご》、陳遵《ちんじゅん》、原渉《げんしょう》らを詳しく取りあげている。萬章は長安の豪族、郡周辺を治める京兆尹をしのぐ顔役、楼護は長安城中に住み、王莽に仕えながらも蓄財には関心がなく、任侠を重んじた。陳遵は長安で賓客を集めて酒宴を開くも、本人は大酒飲みで酩酊、しかし王莽には実力を認められて地方の郡太守を務めた。原渉は、都に近い茂陵に住み、長安や五陵という皇帝陵の都市に住む任侠が集まってきた。貧者を救済するも、不法行為で最期は長安の市場でさらし首となった。

おわりに

『漢書』以後も歴史上の任侠者はたえず現れたが、正史には立伝されなかった。本書では、司馬遷も班固も游侠列伝には取り上げなかった女性の任侠の存在に注目した。『史記』外戚世家に登場するような皇妃たちではなく、民間に活躍する逞《たくま》しき女性たちに注目した。呂母《りょぼ》を任侠者として取り上げたが、呂母は前漢末の赤眉《せきび》の乱に先立って反乱を起こした人物である。呂母から連想すると、ほかにも数多くの女性たちの存在が浮かび上がってきた。また、『後漢書』以降の正史に游侠列伝が立てられていないことを、「游侠の儒教化」として取りあげた。

漢代以降も任侠者は数知れない。三国時代は劉備と任侠で結ばれた関羽《かんう》、張飛《ちょうひ》、趙雲《ちょううん》を取りあげた。その後も南北朝時代では二人の人物を取りあげ、激動の時代を読み解いている。唐代では、三人の官僚の任侠を取りあげた。じつに個性的な人物を通して、それぞれの時代の歴史が見事に浮かび上がってくる。そこには各執筆者の強い思いが込められている。「侠の歴史」は「悪の歴史」と同様、けっして歴史の裏面をえぐり出すようなものではなく、歴史の本質を正面からじつによく語ってくれるものになった。歴史とは権力者が過去を正当化してきれいに作り上げたものではなく、人間味あふれる泥臭い民衆が作り上げてきたものなのである。

⊙参考文献

宮崎市定『史記を語る』(「岩波新書」、一九七九年)
増淵龍夫『中国古代の社会と国家――秦漢帝国成立過程の社会史的研究――』(弘文堂、一九六〇年)

「侠の歴史」東洋編【上】

目次

❖本書に掲載した各人物論におきましては、各執筆者の考えや意向を尊重して、「游」や「侠」の字形、年代など数字の表記を除いて、論説内容や見解などの統一は一切はかっておりません。論説の展開上、同一の「侠者」が別のテーマでも重複して取りあげられることもありますが、執筆者によってその評価や視点が異なるケースもあります。また、読者の便宜を踏まえまして、各テーマごとの重要人物には生没年を付記しましたが、これも別のテーマで重複したケースがあることをお断りいたします。（編集部）

「侠の歴史」

東洋編

【上】

「俠の歴史」に寄せて

増淵龍夫の任俠研究

土屋紀義

「任俠《にんきょう》」、「俠客《きょうかく》」、「遊俠《ゆうきょう》」などの言葉は、我々が日常耳にし目にするものであり、これらの内実に実際の関わりなどがあるわけではないにしろ、なじみのないものではない。「任俠映画」が流行したのも記憶に新しいところである。中国の古典『史記《しき》』、『漢書《かんじょ》』に游俠列伝、游俠伝の収められていることも周知のことであろう。

古くは、弘法大師《こうぼうだいし》（空海、七七四―八三五）の『三教指帰《さんぎょうしいき》』に「游俠」の語が見え、やや時代の下がった『本朝文粋《ほんちょうもんずい》』に収められる漢詩に「俠客」がみえ、更に時代が下がると、室町時代の漢籍注釈書や辞書にもこれらの語がみえる。江戸時代になると儒者《じゅしゃ》の文章や漢詩に使われ、後期に至ると草双紙にまで現れる。それぞれの用例の具体的意味についてはともかく、日本では、古くから、かなり広い範囲でこれらの言葉が用いられていたことがわかる。

しかし、『史記』に游俠列伝がたてられ、さらに『漢書』に游俠伝がたてられ、中国の戦国時代から秦漢《しんかん》時代、三国時代、魏晋南北朝《ぎしんなんぼくちょう》時代にわたって、多くの文献にこれらの言葉が頻繁《ひんぱん》に現われ、これらによって形容される人々が活躍したことの実態や、その歴史的意味について論じられることは殆《ほとん》どなかったのではないだろうか。

日本で近代的な歴史学研究が行われるようになって、はじめて歴史研究者のあいだにこのような存在の歴史的な意義が認識されてきたようである。管見の範囲では、内藤湖南《ないとうこなん》（一八六六―一九三四）が最初にこの問題を取り上げている。その講義ノートをもとに出版された『支那《しな》上古史』（後に『内藤湖南全集』第一〇巻に収められる。その「解説」によると一九二一、二二（大正十、十一）年度の講義によるという）に「游俠」について論ずるなかで「此《こ》の不逞《ふてい》の徒《と》を用いることや富人の自衛を来たし、君主も此等の富人を軽んずるを得ず、又游俠は己《おのれ》の子分を有して警察力の欠陥に乗じて郷曲《きょうきょく》（むらざと）に武断することになった」等といっている。その後、一九三四（昭和九）年にいたって、宮崎市定《みやざきいちさだ》（一九〇一―九五）の論文「游俠について」（『歴史と地理』第三四巻四・五号、故内藤博士追憶紀念論文集）が発表された。この論文は、「游俠」の字義の検討からはじめ、春秋戦国時代、秦漢時代にかけての在り方の変遷について包括的に論じたものである。「游俠」をテーマにした日本で最初の近代歴史学による本格的な研究と言ってよいであろう。ちなみに、本論文のあとがきで、宮崎は「史学科一回生たりし時内藤教授普通講義論文の題目に曰く「史記貨殖《かしょく》伝、游俠伝等に現れたる漢代の社会状態」と、（略）今再び游俠伝を題として拙文を草し、先生を追悼す。（下略）」と言っている。この論文が、内藤湖南の講義にヒントを得て書かれたことが推測できる。宮崎は、一九二二（大正十一）年に史学科一回生であった。

一九五一（昭和二六）年に至って、このような動向とは全く別個に、増淵龍夫《ますぶちたつお》（一九一六―八三）の論文「漢代における民間秩序の構造と任俠的習俗」（『一橋論叢』二六ノ五　一九五一年十一月）が発表された（本論文において、増淵が宮崎の「游侠について」を参照していないことについて、著書『中国古代の社会と国家』に本論文を訂補のうえ収録する際に附された「付記」で言及されている。ちなみに、台湾の労榦《ろうかん》が一九五〇年に「論漢代的游侠」(『国立台湾大学文史哲学報』第一期)を発表している)。増淵がこの論文を引くのは、一九五二(昭和二七)年に発表された「漢代における国家秩序の構造と官僚」(『一橋論叢』二八ノ四)である。司馬遷《しばせん》が游侠列伝で「游侠」をとりあげて、その生活態度を高く評価する一方、『漢書』や一部の諸子文献ではその反社会的傾向が非難されている。正反いずれの面からにせよ、春秋末期から秦漢帝国の時期にかけて、「游侠」が社会的に無視することのできない大きな存在だった事は否定すべくもないことであった。増淵は、「游侠」が当時の社会において果たした役割について広い視野に立って明らかにし、その存在を善悪の観点から論ずるのではなく、「游侠」の社会的機能、社会的諸形態を具体的にあとづけるという観点から論ずるべきであると提言する。

その論は、まず『史記』の記述によって「游侠の倫理というものは、これを機能的に見ると、実はそれは一つの勢力形成としての人的結合関係をささえるいわば精神的紐帯《ちゅうたい》の役割をはたすものであり、当時の豪侠《ごうきょう》の地方的勢力はこの人的結合関係の上になりたっているものであること」を確認することからはじまる。そこには、春秋時代中期から従来の氏族的血縁によって成り立っていた貴族社会が、氏族の解体によって揺るぎはじめ、一方で諸侯の一族が勢力を拡大し君主の地位を脅かし、また春秋末期から戦国時代初期にかけて、氏族的な紐帯から切りはなされた下級貴族(「士」と呼ばれる)や大量の遊民があらわれたという歴史的な背景が存在した。戦国時代には「好游任侠の風が盛行した」が、それはこの時代に至ると「万人が安んじてたよりになるような秩序がないために人々はみずから人と人とのつながりを求めて徒屬《としょく》を組みあるいは有力者と結」ぶ必要があった。有力者は、自らの勢力を強化すべく、人材を周辺に引き付ける必要があり、一方では遊民層は団結によって自衛し、またその才力によって、有力貴族の支配下にはいり生存を維持してゆく必要があった。このような関係を維持する力は、一方的な支配と被支配の関係のみではなく、両者を内面的に結び付ける「任俠の気風」という「非合理的な心的態度ともいうべきもの」でもあった。「游俠」とはこのような社会において重要な機能をはたした存在であった。増淵は、これらの諸問題を、『史記』だけではなく、『漢書』、先秦諸子をはじめとする広い範囲の文献資料を駆使して明らかにして行く。

秦漢時代に至っても、「游俠」の存在は大きなものであった。秦末の混乱のなかで相争った軍事的諸勢力の集団の原理も地方の豪俠と呼ばれていた勢力のそれにほかならなかった。そして、このような集団の一つであった劉邦《りゅうほう》集団の初発を規定していたのも「任俠」的な関係であったことが詳細に明らかにされる。一方漢帝国の確立する過程で、それが、上下の支配関係の性格を強めてゆくことも指摘される。官僚組織が整備され、「任俠的習俗の紐帯から専制君主権下に統御する法術的紐帯」へと変わって行く。なかでも戦国時代に諸国の君主のブレーンであった文学遊説の士は、漢帝国の官僚に組み込まれてゆく。

そのような中で、民間においては依然として任俠的習俗は大きな力を持っていた。当時の地方社会の実質的秩序を維持していたのは、郷曲に武断するといわれる豪族であった。これら地方有力者の力の源泉は、具体的な人間的つながりによって強化される集団の力であり、それを具体的に保証していたのが任侠的習俗であった。そして、豪族の支配力は、その直接の隷属民のみならず周辺の一般民にまで及んでいたことが指摘される。豪族を中心とする集団の任侠的習俗は、その内部においては、秩序を維持する機能を果たすが、外部に向かっては恐るべき秩序破壊者ともなりうる。このような状況のなかで、彼等の存在を、公権力の末端である郡県の吏が脅かすこととともなる。しかし、その一方で、「公権力は、民間の土豪・豪侠の土着勢力を利用することによってその浸透をはかった」。

増淵は、漢帝国の樹立以降の、地方社会における任侠的習俗の盛行の実態を、三国時代に至るまで、詳細に跡付けた。そして、後漢以後の歴代の正史が游侠列伝を立てないのは、「游侠の活動の衰退を意味するものではなく、歴史記述の視点が一方的に固定したものにほかならないものである」という。なお、この点については、『アジア歴史事典』(平凡社、一九六二年)に執筆した「游侠」の項において、魏晋《ぎしん》以降の中国の歴史において一貫して游侠の活動がみられ、とりわけ王朝末期の混乱期にその活躍が顕著となり、清末の会党にまでつながるという展望が示されている。

「漢代における民間秩序の構造と任侠的習俗」につづいて、「漢代における国家秩序の構造と官僚」(『一橋論叢』二八ノ四、一九五二年十月)が発表された。前の論文で、漢代に任侠的習俗が社会全般で盛行する一方で、帝国の確立する過程で、官僚組織が整備され、皇帝と官僚の間に、法術による支配被支配の紐帯も強化されていったことがあきらかにされた。この論文では、漢代における皇帝による支配と官僚との具体的なありかたが検討される。「法術的原理の全面的展開とともに、君主と官僚との結びつきは法術的制度のもとに機構化され」たが、その機構が現実に機能するためにはすみずみにまではりめぐらされた官僚組織を強力に支配することが必要であった。社会で根強い人的結合の習俗と一方的な権力支配をめざす制度的体系とが具体的にどのようなものであったか、検討される。一方的支配の観点からみて、現実の官僚の在り方との矛盾が、主として『史記』酷吏《こくり》列伝を手掛かりにあとづけられる。当時、皇帝の一方的権力意志の自動的な浸透を阻むものが、任侠的習俗の中にある官僚たちの間にあった。そこを突破するためには、特別な意志と方策が必要であった。この関係を具体的に反映しているのが、『史記』酷吏列伝を中心にみられる所謂《いわゆる》「酷吏」の活動であった。とりわけ、景帝《けいてい》の時代からはじまり、武帝《ぶてい》の時代に至り、内政・外交の両面から一元的支配を貫徹する必要が大きく、官僚達の間に根強い生活感情を粉砕せねばならなかった。「酷吏」の活躍がこの時代に顕著である理由でもある。

さらに、官僚たちの人的紐帯を重んずる生活感情は、彼らの間に党派的つながりを形成することともなった。このような皇帝と官僚の関係は、地方社会における豪族・豪侠と地方の末端官僚組織との関係に対応するものでもある。

集権的官僚制国家の形成が戦国時代から開始され、任侠的習俗が盛行し始めるのもこのころからである。この二つの動きは、これまでみてきたように一見矛盾するように見える。

この問題を統一的に理解する手がかりを追求したのが「戦国秦漢時代における集団の「約」について」(東方学会編『東方学論集』三、一九五五年)である。ここでは、戦国秦漢社会における任侠的結合と、上からの強制的支配という二つの面が確認されたものの、この二つの要素が具体的に取り結ぶ構造関連には思いが至らなかったという反省に立って、戦国秦漢時代における集団、とりわけ武装集団における「約」または「約束」というものに焦点がすえられる。

春秋時代までは人と人との信頼関係を保証するものであった、神の前での誓約が、春秋中期以降だんだんと効力を失って行き、その結果、とりわけ上下の支配関係が重要な武装戦闘集団において採用されるに至ったのが「約」とか「約束」と呼ばれた決まり事であった。それは、軍法あるいは軍律《ぐんりつ》として作用した。春秋中期以降の新興勢力が「次第に拡大して一つの独立の政治勢力となって行くにつれて、その人的結合関係を法と術をもって拘束する支配の形式が強化されてゆくことは、戦国期諸国の中央集権的官僚制度の動きがこれを物語る」といわれる。「約」とか「約束」が集団においてつくられるのは、このような動きを具体的にあらわすものである。

この論文に先だって「墨侠《ぼくきょう》」(『一橋論叢』三二ノ四、一九五二年十月)が発表されている。墨子《ぼくし》思想については、それまで、民衆の側に立った革命的思想であるという説と君権の強化をはかる専制的政治思想であるという全く対照的な説が出されていた。増淵はこれを批判して、墨子思想を正確にとらえていないといい、誰をも平等に愛すべしとする「兼愛《けんあい》」説と支配体制に同化すべしとする「尚同」説が矛盾なく結びついている墨子の説が、任侠的習俗をあらわすのみでなく、新興君主の支配関係における法の賞罰による支配関係を内在させるものであり、儒家の「仁《じん》」の思想から出発しながらそれを変形しつつ天下の治道《ちどう》を説いたのが墨子思想であるとする。

戦国秦漢時代における上からの支配と言う面に焦点をあてたことで、「戦国時代における集団の「約」について」に対応するものである。

以上一連の論文において春秋中期以降、戦国時代、秦漢帝国期と一貫して任俠的習俗が社会全般に盛行したこと、その一方で中央集権的官僚制度が徐々に整備され、君主による上からの支配とが矛盾なく両存し、むしろ支配の浸透を助ける機能を果たしたことなどが明らかにされた。ついで、一九五五年に「戦国官僚の一性格」(『社会経済史学』二一ノ三)が発表された。そこでは、以下のようなことが明らかにされた。漢代の中央官僚は、系譜的には戦国時代の君主の私臣に由来する。春秋中期以降、氏族制の秩序が崩壊するなかから析出された新興の士の階級が、歴史的動きのなかから興隆する家父長的集団の中に吸収されることになり、これが君主の手足としての官僚制を生む基盤となる。君主と官僚を結ぶきずなには人と人との関係における恩の授受を示す言葉である「徳」による関係があるが、一方で臣下が君主に人質をさしだす「質」という慣行が広く行われ、「徳」の内実が、『韓非子《かんぴし》』の議論に顕著にみられる君主による支配の「術」による統御の面をつよめる傾向が出現し、戦国官僚にはこのような性格が確認される。

一九五四(昭和二九)年に「漢代における巫《ふ》と俠」(中国古代史研究会編『中国古代史の諸問題』所収)が発表された。この論文では、とりわけ後漢時代以降顕著になる民間宗教の団体、あるいは「巫」(まじない師)と任俠的習俗の関係に焦点があてられ、「巫術者のもつ民衆に対する根深い内面的作用力を組織化し武装するものが游俠で」あり、平常時には、社会の底辺で活動しているこれらの存在が、王朝の混乱期には、顕著な働きを示すこと、両晋南北朝期へとつながっていくことなどが明らかにされている。

以上が、増淵龍夫の任俠研究のあらましである。

増淵は、これらの諸論文のあと、「先秦時代の山林藪沢《そうたく》と秦の公田」(中国古代史研究会編『中国古代の社会と文化』所収、一九五七年)と「先秦時代の封建と郡県」(一橋大学研究年報『経済学研究』二、一九五八年三月)を発表する。前者においては、春秋戦国時代に山林藪沢が君主の家産として占取され、それが専制君主権力形成の経済的基盤となってゆくこと、さらに、秦の君主の家産としての秦の公田の拡大が、藪沢の開墾によって顕著になることが明らかにされた。後者では、まず、周代の所謂封建制のもとでの地方社会の構造と秩序の特徴が明らかにされ、さらに、中国で古来「封建」と「郡県」と対照されて論ぜられてきた「県」の語が、早く春秋時代にみえるにもかかわらず、その内実は戦国時代以降のものとは相違し、秦漢帝国の県と内実を同じくするものは、社会秩序の巨大な変革にともなう、従来の氏族制的秩序の破壊によってはじめて可能となったことが明らかにされた。

以上の諸論文は、「中国古代社会史研究の問題状況」という序論を加えて、著書『中国古代の社会と国家―秦漢帝国成立過程の社会史的研究―』(弘文堂、一九六〇年。本書は増補をへて一九九六年に刊行された。岩波書店)として刊行された。本書の副題は、増淵の任俠研究の問題意識の所在を端的にあらわしているといえよう。秦漢帝国はどのようにして形成されたのか、その形成過程と内実にどのような特徴があるのかを明らかにすることが追求された。任俠的習俗の盛行、官僚制形成の過程、帝国形成の経済的基礎、この三本柱を軸として、それらが相互に作用しあいながら秦漢帝国が形成されてゆく過程を究明したのである。したがって、増淵の任俠研究は、それだけで完結するものではなく、それを超えるはるかに広い視野の下に行われたことを認識すべきである。

つぎに、任俠的習俗が、戦国秦漢期に社会的にきわめて重要な役割をはたしたことを、独自の視点から明らかにした増淵の画期的業績の原点がどこにあったのかと言うことについて若干考えて見たい。その経歴は、中国史研究者としては、きわめてユニークなものである。研究者としての出発点は、ドイツ中世史であった。卒業論文のテーマは「中世独逸《ドイツ》マルク協同体の若干問題――マルク協同体の研究史的考察――」で、大学卒業の年（一九四〇年）、雑誌『社会経済史学』に公刊された論文のタイトルが「ワイズテューマーと後期中世独逸マルク・村落協同体の若干問題」（一、二）であった。その後、次々と、主としてドイツ中世史における農村団体や領主と農民の関係についての論文や書評があらわされた。ここで、研究の対象が、「村落協同体」や領主と農民の関係であったことには留意しておくべきであろう。その後間もなく増淵は、東京商科大学東亜経済研究所の所員となった。その際に直接の師であった上原専禄《うえはらせんろく》、あるいは東亜経済研究所を主宰していた三浦新七《みうらしんしち》の教示により中国史を研究対象とするようになったと思われる。このあたりの事情について、『一橋大学附属図書館史』への寄稿「三浦文庫について」において増淵は「先生は晩年、比較文化史研究の視点から、東洋文化、殊には中国古代文化の研究に精力を注がれたが、（略）私が三浦先生に接して教えをうける機会をうける機会をあたえられたのは先生のこの時期である。（略）昭和一七年頃より、神田一橋講堂に、東洋文化研究室を設けて、これを主宰し、(略)主として本学の歴史関係の先生を集めて研究会を開き、私たち若いものにその研究を奨励した」という。ちなみに、三浦は一九四三(昭和十八)年に論文「シナ古代の団体意識」を発表している(後に『東西文明史論考—国民性の研究—』岩波書店、一九五〇年、に収められる)。

中国に関して最初に公刊された業績が「中国郷村社会研究の若干問題」(『東亜経済研究所報告第一〇輯』一九四四年)である。このような背景のもとで、『史記』を精読したといわれているが、『史記』に見えている「游侠」の重要性を発見するに至るには、もう一つの重要な示唆があったと思われる。増淵の、マックス・ウェーバーの社会学についての造詣は自他ともに認めるものであったが(『アジア歴史事典』の「ウェーバー、マックス」の項はその寄稿であり、最晩年の成城大学大学院におけるゼミのテキストは『経済と社会』であった)、なかでも『宗教社会学論集』の諸論文からの示唆も影響があったのでないかと考えられる。もうひとつは、その研究者としての経歴からうかがえるドイツ歴史主義の影響である。増淵の中国史研究に対する姿勢は、一貫して、それまでの多くの中国史研究にみられる既成の理論に寄りかかって、中国史固有の論理、実態を内面的にとらえることをないがしろにして、外側から裁断する傾向に対する批判であった。特に『歴史家の同時代的考察について』(岩波書店、一九八三年)は、方法的に特にこの面に重点をおいた諸業績の集成である。ウェーバーの宗教社会学の評価、歴史における、地域、時代による固有の在り方を重視するドイツ歴史主義の評価、および増淵の歴史学の方法論については、本書に収める「経済史と歴史学」が参考になる。従来一部の例外を除いてほとんど認識されてこなかった「游侠」という存在の、中国のとりわけ戦国・秦漢時代に果たした意義に就いて気づかせたのは、このような方法論上の基礎があったからと言えるのではあるまいか。

『中国古代の社会と国家』は、当時あいついで発表された、木村正雄、西嶋定生《にしじまさだお》などの業績と並んで、その後の中国古代史研究において必ず参照すべきとされる、重要な研究成果である。以下に、増淵の業績を踏まえて、これを直接に展開させた二、三の例をあげる。一九九〇年、現在スタンフォード大学教授のマーク・エドワード・ルイスが"*Sanctioned Violence in Early China*"State University of New York Press, 1990において、「任俠的習俗」の盛行をふまえて、家産官僚制的一元支配の強化に果たす儒家の礼学の役割や、日原利国の『春秋公羊伝《くようでん》の研究』(創文社、一九七六年)における『春秋公羊伝』にみえる「復讐《ふくしゅう》」というありかたの重要性の指摘に依拠し、これが同様な役割を果たしていたことを明らかにして、増淵説を補強した。また、籾山明《もみやまあきら》は、秦漢時代の出土資料についての重要な研究『秦漢出土文字資料の研究』(創文社、二〇一五年)に収める「漢代結僤習俗考」において、一九七〇年代に出土した石刻資料の詳細な分析によって、後漢時代の地方の結社の在り方が、制度的な外殻に、増淵の所謂「血と肉を与えている」具体的な姿を明らかにした。一昨年(二〇一七年)、中国の復旦大学教授呂静《りょせい》の長年の苦心の成果である中国語訳『中国古代的国家与社会』(上海古籍出版社)が刊行された。以上、増淵龍夫の「任侠」研究が、日本のみならず、中国、欧米の中国古代史研究に影響を与えていることのほんの一端を紹介した。

孔子も逃げ出す
最兇の哲学者

盗跖

…とうせき…

竹内康浩

孔子を秒殺

本項の主人公である盗跖《とうせき》（生没年不詳）の面目躍如たる話から始めよう。戦国時代、諸子百家《しょしひゃっか》の道家《どうか》に属する『荘子《そうじ》』の中に、彼の名を付した盗跖篇がある。その冒頭に置かれたエピソードであるが、大変長いので、ここではあらすじをたどるにとどめよう。

孔子《こうし》（前五五二—前四七九）には、柳下季《りゅうかき》という友人がいた。この柳下季もまた賢人とされる人物であるが、彼の弟こそが実は盗跖であった。盗跖は九〇〇〇人もの部下を従えて天下に横行し、諸侯の国で乱暴狼藉《らんぼうろうぜき》をはたらいていた。家の壁に穴をあけて室内に侵入し、他人の牛馬を追い散らしたり婦女をさらったりしては自分のものとしている。父母や親戚の面倒も見ず、祖先を敬う気持ちもない。彼の一党が通過する所は、町の大小を問わず、人々はみな逃げ隠れて困り果てていた。

孔子は柳下季に対し、兄であるあなたが弟の盗跖を戒め導くことができないのではまことにみっともない、私が代わって盗跖を教え改めさせようと思う、と話を持ちかける。盗跖は頭もまわるし弁もたつからやめた方がよい、と柳下季は孔子に言うものの、孔子は弟子を連れて盗跖のもとへと出かけてゆく。

盗跖が泰山《たいざん》の南で手下たちを休ませ、人間の肝《きも》を食べているところに孔子がやって来て面会を請う。孔子の名を聞いて盗跖は激怒し、帰らないとお前も殺して肝を食ってやるぞ、と脅すけれども、孔子が再度面会を求めるので、盗跖も面会を許す。

いざ出会うと、孔子は盗跖を誉めまくる。この天下には三つの美徳があって、容姿端麗《ようしたんれい》なる美《び》丈夫《じょうぶ》であるのが上の徳、博識多弁なのが中の徳、勇猛果敢《ゆうもうかかん》で人に将たる者が下の徳であるが、あなたにはその三つとも備わっており、まことに立派な資質をお持ちなのだが、いかんせん行いが悪く、盗跖などと呼ばれているのは惜しみても余りあるところ、もしその気があるならばあなたが諸侯になれるよう、自分が奔走《ほんそう》して諸国に掛け合ってみよう、そして無道をやめ、先祖を崇《あが》め祀《まつ》り、聖人才子の行いをして天下の願いに答えてください、と孔子は提案する。これを聞いた盗跖は激怒し、孔子に向かって大演説を開始する。

「人をおだてて利益でもって釣ろうとするお前の今の態度は実にくだらない。堯舜《ぎょうしゅん》や殷《いん》の湯王《とうおう》も周の武王《ぶおう》も自身は天子となりながら子孫は絶滅してしまったが、それはみな

孔子像(山東省曲阜文廟大成殿蔵)

利益の大きさを求めたが故にそうなってしまったのだ。

　こんなことも聞いているぞ。太古の時代は人々が互いに傷つけあうことのなかった最高の徳の時代と言ってよい。ところがその後現われた黄帝《こうてい》は徳が不足したので蚩尤《しゆう》と戦争をし、堯舜の時には君臣の上下の隔たりが確立し、湯王は君主である夏の桀王《けつおう》を放逐《ほうちく》し、周の武王は殷の紂王《ちゅうおう》を殺すことになった。それ以降、強者が弱者を淩《しの》ぎ多数が少数をしいたげる時代となってしまった。お前ときたら、文王・武王の道を修め、輿論《よろん》を自分に引きつけ、後世にまで教えを垂れようとしている。偉そうな格好をして嘘を並べ、偽善の振る舞いをして君主たちを惑わせ、そして自分は利益を得ようとしている。お前こそ『盗』のナンバーワンなのに、どうして世間はお前を『盗丘《きゅう》（丘は孔子の名）』と呼ばず、俺のことを『盗跖』と呼ぶのだろう。お前が甘言《かんげん》でなつかせた弟子の子《し》路《ろ》は衛《えい》の国で殺されて塩漬けにされ、お前自身も到る所で迫害を受け身の置き所もないありさまではないか。お前の説く教えなんか、何の価値もない。

　世間がもてはやす尊き王は、黄帝から周の武王まで、みな欲のせいで天賦の良い性を捻じ曲げ素直な情に背いた者ぞろいで、むしろ恥ずかしい輩ばかりだ。また、世に賢士とされる者では伯《はく》夷《い》・叔斉《しゅくせい》がトップだが、結局首陽山《しゅようざん》で餓死して遺骸《いがい》は野ざらしのまま。他の賢士とされる者も世間の評判ばかりを気にして大切な命を失くした奴らに過ぎない。忠臣とされる比干《ひかん》（殷の人）や伍子《ごし》胥《しょ》（春秋時代の呉の人）も、結局主君を諫めて非業の死を遂げ、天下の笑いものとなった。世間でもてはやす人物たちは所詮《しょせん》はこの程度のもので、お前が説くのもこうした輩の話であるなら、俺はとっくによく知っていることばかりだ。

人間の感性は美しいものや喜ばしいものを好み、心に満足を得ようとするが、寿命は長くても百年ほどでたかが知れたもの。限りある命の中で心に満足を得てゆくこと、それこそが貴ぶべき道というものだ。お前の言うことなどイカレた嘘ばかりだ。話すにも値しない!」

孔子は再拝して帰ろうとするが、手綱《たづな》を三度も取り落とし、茫然自失《ぼうぜんじしつ》で顔には生気がない。都に戻って柳下季に会うと、彼は「先に警告したとおり、気を逆なでするようなことを言われたのでしょう?」と言い、対して孔子は「その通り。『悪いところもないのにお灸《きゅう》をする(自ら進んで痛い目に会う)』とは私のことです。もう、早くどこかへ行ってしまいたい。虎の頭を撫《な》で鬚《ひげ》をもてあそんだら、食われてしまうに決まっていますよ」と答えた。


儒教《じゅきょう》の開祖とされ「聖人」として尊敬される孔子先生もまるでかたなし、何の反論もできず、完膚《かんぷ》なきまでにやり込められて逃げるしかない。注意しておきたいのは、ここでの盗跖は、話中でまさに孔子が誉めたように、博識で弁舌優れた人物であることである。ここでの盗跖は、中国の歴史に通じ、多くの人物の生き方のポリシーを理解し、古今に跨《また》がり世界を貫く法則について思索を凝らした立派な哲学者である。儒家と同じ歴史知識を共有しつつ儒家の認識の誤りを正す、そういう仕方で孔子をやり込めている。もともと盗跖は殺人もためらわない極悪人であるはずである。かねてより気に食わない孔子が来たというのだから暴力で応対するかと思いきや、ここでは暴力は行使しない。孔子(儒家)を批判しやり込めるのであれば、暴力でつぶすのでは決して勝利とは言えない。むしろ儒家の主張やその前提となっている歴史認識を受け止めた上でそこに矛盾や過ちを見いだして攻撃するという方法によって、あくまでも言論の場という土俵で勝たねばならないのだ。議論は盗跖の圧勝で終わる。それにしてもここでの孔子はひどくカリカチュアライズされていて、おべっかを使い利益で相手に取り入ろうとする卑屈な人物に成り下がっている。盗跖を誉めて「将軍はこの三者を兼ね、身長八尺二寸(一八〇センチ以上)、輝くような顔、唇は真っ赤、貝を並べたような美しい歯並び、響き渡る朗朗たる声」とその姿をほめそやすなど、たいこもちとしか言いようがない。しかし、諸書に見える戦国期の諸子の態度は概《おおむ》ねこのようなものであるし、まず相手を自分の方へ振り向かせて懐に入り込むために採る常套的《じょうとうてき》な手段ではあった。実際には儒家もこうした態度で権力者に取り入ろうとしていたのであろうし、それを孔子にまで適用したというところであろう。

『荘子』には別な箇所にも儒家を小ばかにした話がある。

盗跖に向かって子分が「泥棒にも〝道〟はあるんですかい?」と尋ねた。盗跖は、「この世に〝道〟がないものなんかあるものか。第一に、部屋の中のどこにお宝があるかを察するのが〝聖〟だ。最初に屋敷に突入するのが〝勇〟、しんがりを務めるのは〝義〟だ。うまくいくか事前によく思案するのが〝知〟で、獲物を平等に分配するのが〝仁〟だ。この五つが備わらないで大盗賊になったものなど、これまでにいたためしはないな」と答えた。

『荘子』胠篋《きょきょう》

儒者の貴ぶ徳目の仁・義・知・勇そして聖は盗の道にも存在するという、まさしくその道の大家である盗跖ならではの解説である。これが儒家の唱えるお題目に対するかなりひどいパロディであることは一目瞭然である。あるいは先の話の中の盗跖のセリフにあったように、孔子(儒家)こそが「盗」であるということを暗に言っているのかもしれない。

以上のように、『荘子』の中で盗跖は大活躍だ。但し注意すべきは、天下の財宝を盗んだとか難攻不落の施設をやぶったとかいうような盗賊としての〃業績〃の話ではないことだ。儒家をからかいやっつける言論の士として盗跖は活躍しているのである。

盗跖という人物

さて、ここで盗跖という人物について、諸書の記述をたどりつつ、少し触れておきたい。

盗跖とは、名前からして既に尋常ではない。盗などという姓はないので、盗跖とは「盗の跖」ということになり、ニックネームのようである。本当の姓はわからない。中国においては父方の血統を示す姓は非常に重要なものであるので、姓が不明であるというのは基本情報としてまことに不審である。名前の字にしても跖とも蹠とも書かれ、要は「せき」の発音ならよい。一九八八年に湖北省江陵県張家山《ちょうかさん》の一三六号漢墓から出土した竹簡《ちくかん》では、「跖」と書かれている。要は、この人物の名前は「盗のせき」ということである。なお、もし前引の『荘子』盗跖篇の話を真実とみなすと、盗跖は柳下季(恵)の弟に当たり、柳下季の本名は展禽《てんきん》であるから、盗跖の名は「展跖」ということになる。

盗跖がいつの時代の人であるかについては、実ははっきりしない。先の『荘子』は孔子と問答させているので春秋時代末期、紀元前五世紀の初めあたりに活動していた人らしく見える。ところが、『史記』の注釈である『史記正義』は黄帝の時の人との説を記す。あるいは、「盗跖の犬は(聖王である)堯に向かって吠える」という話が『戦国策』斉策にあり、そこでは堯の時の人ということになる。前者は典拠不明で、後者はたとえ話であるので、これらは拠るに足りない。それに黄帝や堯の時の人であるならば、殷周時代の話を孔子にするなど、全くあり得ない時代の混乱である。では『荘子』のいうように孔子と同時代の春秋末期でよいかというと、これもそうはいかない。盗跖の兄とされる柳下季(柳下恵)は生没年不詳ながら、臧文仲《ぞうぶんちゅう》が柳下季を推薦しなかったことを孔子が責めた文が『論語』衛霊公《えいれいこう》にあり、臧文仲は『春秋《しゅんじゅう》左氏《さし》伝《でん》』荘公二八年(前六六六年)に名が見える人で、孔子が生まれる(前五五二年頃)よりも一〇〇年も前の人である。その同時代の柳下季と孔子が逢うとか友人であるとかいうことは到底ありえない。要は『荘子』の文自体が「寓言《ぐうげん》」なのであるから、そこから確かなことを引き出そうとしてもムダである。前三世紀前半には存在したであろう『孟子《もうし》』に(善なる伯夷と対比して悪たる)盗跖の名が見えているから、その頃までにはその名と悪人たる評価が出来あがっていたことは確かである。

さて盗跖の「盗」であるが、現代日本での「盗む。泥棒」の意味だけに解釈するならば、それはあるいは違う。前漢の江陵張家山二四七号墓から出土した竹簡に「盗律《とうりつ》」と称される一群の文書がある。「盗」に関する当時の法律規定であり、「盗」は「ぬすむ」の意味で用いられているが、「盗出財物于辺関徼(財物を国境から盗出する)」といった際には「不正に」の意味に解される。また、個人が勝手に銭を偽造することを「盗鋳《とうちゅう》」というが（銭律）、この場合も何かを「ぬすんだ」のではなく「不正に」の意味である。また『史記』刺客《しかく》列伝に、戦国時代の人である聶政《じょうせい》が韓《かん》の大臣である侠累《きょうるい》を白昼暗殺する話があるが、この事件につき同じく『史記』六国年表は「盗殺韓相侠累」と記す。聶政は侠累を殺害するとその場で自害して果てたので、財物を盗んだわけでは全くない。「盗」とは広く「悪い奴。無法者」の意味があるのであろう。盗跖は「泥棒の跖」とみなしても問題はないけれども、さらに広く「悪党の跖」というニュアンスにもなる。

また、盗跖は、一人で他人の家宅に忍び込み財の掠奪《りゃくだつ》を行う単独犯ではない。多数の部下を抱えており、前引の『荘子』盗跖篇によればそれは九〇〇〇人にも及ぶ大集団である。小説においては『水滸伝《すいこでん》』の梁山泊《りょうざんぱく》を想起させるし、歴史的には前漢末期の緑林《りょくりん》、後漢末期の白波《はくは》のような大集団になる。それならば盗跖の率いる集団が狙うのは、特定の個人ではなく、町や村を単位としたよほど大がかりなものになろうし、それは実在したかつての「盗」の姿そのものであった。ところが、前引の『荘子』盗跖篇の記述では、人家の壁に穴を開けて牛馬を追い散らしたり婦女を誘拐したりといったレベルであって（無論庶民には充分に迷惑だが）、大集団を形成して行うほどの内容とは見えない。盗跖の具体的な盗みの成果を記した本はない。何をどれだけ奪ったのか、どれほど多くの人を死傷させたのかといった悪の〝業績〟はまるでわからない。同じように人々を苦しめた場合でも、夏の桀王や殷の紂王のような暴君についてはやけにリアルな話が多数残っているのに対し、盗跖についてはおよそリアルな記述がない。「昔々の大泥棒」「古い時代の大悪人」というイメージで語られる人物である。

盗跖の死については、『史記』伯夷列伝に「盗跖は毎日罪もない人々を殺害し、肝を食らい、狂暴な振る舞いのし放題、数千人の仲間を集めては天下に横行したが、最後は天寿を全うして死んだ。何の徳があってこうなったのだろうか！」とある。盗跖が罪人として捕まることもなく、長生きして畳の上で死ねたのは（中国に畳はないが）いかなる徳の故かと司馬遷《しばせん》は憤る。『史記』の注釈は、河東郡大陽に盗跖の冢《つか》（墓）があったことまで指摘している（現在でいえば陝西省西安市《せんせいしょうせいあんし》から東に二〇〇キロほどのあたり）。盗跖が大勢の仲間に囲まれて安楽に息を引き取るさまが、イメージとしては浮かんでくる。ところが一方、『荘子』騈母篇《へんぼへん》には「伯夷は名声のために首陽山に死に、盗跖は利益のために東陵の上で死んだ。二人が死に至った理由こそ同じではないが、命をなくし本性を損なったことでは同じである」とあり、盗跖は何らかの利益（財物か？）を求めてその結果東陵山にて死んだことになっている（東陵山は唐代の地理書『元和郡県図志』では済南郡章丘《しょうきゅう》県にあるとする。今の山東省済南市《さいなんし》である）。この騈母篇の書きようからすれば、盗跖は欲に駆られて何らかの行動に走り東陵山で不慮の死を遂げたという印象になり、彼の死は長寿とか安楽なものとは考え難いように思われるが、この説の詳細は不明とせざるを得ない。

戦国諸子の中に見える盗跖

盗跖の名は戦国諸子の文献に見える。それらを検討してみると、いくつかの特徴がある。ここでは二つの点に注目しておこう。

第一は、悪人として夏の桀王《けつおう》と並べられることが多いことである。すなわち、

下には桀・跖あり、上には曾《そう》(＝曾参《そうさん》)・史《し》(＝史鰌《ししゅう》)あり。　『荘子』在宥

焉《いずく》んぞ曾(＝曾参)・史(＝史鰌)の桀・跖の嚆矢《こうし》とならざるを知らんや。　同

其の善なるもの少なく、不善なるもの多きは、桀・紂《ちゅう》・跖なり。　『荀子』勧学

以て堯《ぎょう》・禹《う》と為るべく、以て桀・跖と為るべし。　『荀子』栄辱

堯・禹と為りては則ち常に安栄たり、桀・跖と為りては則ち常に危辱たり。　同

桀・跖の世も汚す能《あた》わず。　『荀子』儒効

彼の人の情性なるや桀・跖と雖も……　『荀子』王制

凡そ人の性は、堯・舜の、桀・跖とともに、その性や一なり。　『荀子』性悪

といった例がある。中国の古典においては「悪」の代名詞として夏の桀王と殷の紂王を挙げることがきわめて多く、桀紂《けっちゅう》という熟語にもなるが、そこにさらに加えられるのが盗跖であり、それら究極の暴君と並べられるのは悪党としては名誉でもあろう。但し、右の例でもわかるとおり、盗跖はなぜか桀王とペアを組むことが多く、紂王とのペアは全くないことは注目される。残虐無道で具体的な話が多数伝えられる紂王ではなく、あるいは紂王の話の焼き直しのような話がいくつか伝わる桀王と盗跖が組み合わせられることは、具体性の欠如という点で共通すると言ってよかろう。し

かも上記の引用例でもわかるように、『荀子』と『荘子』という二種の本がこの言い方を多用しており、その著者たちが好む言い回しであったのかもしれない。

第二は、善人と悪人の対比として、伯夷とともに言及されることが多いことである。

(陳)仲子《ちゅうし》居るところの室、伯夷の築くところなるか？ 抑《そもそも》また盗跖の築くところなるか？ 食らうところの粟、伯夷の樹《う》えるところなるか？ 盗跖の樹えるところなるか？ これ、未だ知るべからざるなり。 『孟子』滕文公《とうぶんこう》下

伯夷は名に首陽の下に死に、盗跖は利に東陵の上に死す。二人の者、死する所は同じからざるも、其の生を残ない性を損ずるに於いては均《ひと》し。 『荘子』駢母《へんぼ》

人主、法を離し人を失えば、則《すなわ》ち危うきこと伯夷においても妄《みだ》りに取らず、田成においても免れざるなり。盗跖のみ可なり。 『韓非子』守道

賞罰を明らかにせば伯夷・盗跖は乱れず。 『韓非子』用人

(人主)怒れば則ち君子を毀《こぼ》ち、伯夷と盗跖とを倶《とも》に辱《はずかし》む。 同

善く治める者は跖をして信ぜしむるべし、況《いわん》や伯夷においておや。治める能《あた》わざる者は伯夷をして疑わしむるべし、況や跖においておや。勢い姦《かん》を為すあたわざれば跖と雖《いえど》も信ずべきなり。勢い姦を為すを得れば伯夷と雖も疑うべきなり。 『商君書』画策

伯夷は周を醜《みにく》しとし、首陽山に餓死するも、文武其の故を以て王を貶《おとし》めず。跖・蹻（＝荘蹻《そうきょう》。戦国時

代の大盗とされる）は暴戻《ぼうれい》なるも其の徒は義を誦《しょう》して窮まりなし。

『史記』游侠列伝

善の代名詞としての伯夷と、悪の代名詞としての盗跖、というコントラストであることは容易に見て取れよう。問題は、どうして盗跖に対比されるのが伯夷なのであるか、ということである。

伯夷は殷末期から周の初めの人で、弟の叔斉《しゅくせい》とともに伯夷叔斉と称される。その事跡は『史記』伯夷列伝に載せられているものの、情報は極めて少ない。並べると、

・伯夷と叔斉は孤竹君《こちくくん》の子であること
・二人とも君の位を避けて逃げたこと
・周の文王が老人を大切にすると聞いたので周へ行ったこと
・周に着くと武王が紂王討伐の軍を出そうとするところであり、二人は「父の葬儀が終わらないうちに兵を出すとは孝と言えようか。臣下が主君を伐つとは仁と言えようか」といって武王を諫め、左右の者に殺されかける。呂尚が「義人である」と言って助け、その場から逃がしてやる
・武王は殷に勝ち周の天下となるが、伯夷と叔斉はそれを恥じ、首陽山に隠れ住み、薇《び》を採って食べていた。「彼の西山に登り、その薇を採る。暴を以て暴にかえ、その非を知らず。神農・虞・夏、忽焉《こつえん》として没す。我、いずくにか適帰せん。ああ徂《ゆ》かん、命の衰えたるかな」と歌って、結局
　餓死してしまった

ということになる。伯夷（と叔斉）は自分の信じる「義」のために命懸けで行動し、それを貫いて死

んだという生き方が高い評価を受けている人物であると言えよう。孔子が「志を落とすことなく、我が身を汚すことがなかったのは伯夷・叔斉だな」と評価している(『論語』微子)のは、要を得たまとめである。但し、本来の志を得たとは言えないので、伯夷の話を聞くものは、果たして伯夷が満足していたか否かについて疑問を持つことになる。孔子も『論語』において、「伯夷・叔斉は過去の悪事を気には留めなかった。怨むことはまれであった」(公冶長)、「(伯夷・叔斉は)古の賢人である。……仁を求めて仁を得たのだから、怨みがましいことはなかった」(述而《じゅつじ》)と述べて、伯夷の行動と心情を疑いなく高いものとして他人にも理解を求めている。しかしながら、もと国君の子である伯夷が何か積極的に国や民のために働いたという話は皆無であり、周に赴いても実は何一つ治績はない。但し、君主の位をめぐる態度及び君主の採るべき行動について伯夷がポリシーを持っていること、そしてそれはいかにも儒家的な道義に基づくものであることは見てとることができる。とすれば、この伯夷なる人物の表徴するものは儒家的な「義」なのであって、それを貫いたという点で善の代表となることができる。司馬遷が「伯夷・叔斉のごときは善人と謂うべきに非ずや?」と述べるのも、その意味である。

一つの疑問は、悪の盗跖と対比させる人物としてなぜ伯夷が取り上げられるのか、ということである。二人は時代も隔たり、表面的には何の接点もないように見える。これは全くの想像になるけれども、「暴力の行使についての姿勢」を基準としているのではないであろうか。伯夷らは周の武王が殷を滅ぼしたことを「暴を以て暴にかえ」とうたった。暴虐なる紂王を懲《こ》らしめる正義の出師《すいし》であると言ってみたところで、徳によらず、所詮《しょせん》は露骨な暴力の発動による力の威圧に過ぎない、それが伯夷の見方である。いかなる名目があろうとも暴力の行使を容認はしない、非暴力の姿勢である。それに対し、野放図な暴力を行使して自分の欲望を充足させる、暴力の権化として盗跖の存在は他に例を見ない。悪としては桀王や紂王のような人物が確かにいた。しかし彼らは権力を握った王である。王の職分には武力の行使ももともと含まれているので、王は実は暴力と無関係の存在ではない。それに対し、盗跖は民間人に過ぎない。武威を持たず、また武威を発揮してはならない存在である。にもかかわらず、盗跖は徒党を組んで乱暴をほしいままにする、いわば暴力志向型の人間である。ここに暴力に対する姿勢をめぐって伯夷と盗跖にはっきりしたコントラストが生まれる。暴力の否定者たる伯夷と暴力の濫用者である盗跖、善と悪の対決図式が定まるのである。

盗跖の偉大な業績

さて、ではあらためて盗跖に話をもどそう。

結論としては、盗跖なる人物は実在しない幻の人とするほかない。いつからかは不明ながら、「せき」という名の盗賊(悪党)がいて、徒党を組んで悪事を働き人々を大いに苦しめたことがあった、という伝説が形成され、悪の代名詞としてその噂が広まっていた。『史記』游俠列伝で言うように、盗跖は「俠」であるが、「おとこだて」の欠片《かけら》もない、単なる乱暴者としての「俠」である。国家からも社会からも、ただただ迷惑な「俠」であった。あるいは何らかのモデルはいたかもしれない。現実に多数いたはずの盗賊たちである。財貨の掠奪、婦女子の誘拐、殺人、都市や農村の破壊、いずれもエピソードを創作しなくても理解できるものであった(そこが暴君とは違う)。人々を苦しめる、リアルな悪の存在として、現実の盗賊認識に基づきつつ膨らませ、盗跖という人物イメージは形成され、諸子の議論の場において使われていったのであった。大盗盗跖の正体は、ほぼこうしたところに尽きるものであった。

しかしそうした大悪党であればこそ、きれいごとでは済まない現実世界に対する冷徹な観察と確固たる信念を持つことができる。冒頭に紹介した盗跖の大演説を振り返ってみよう。そこにあるのは自分の悪事の言い訳ではない。厳しい現実世界をいかに生き抜いてゆくかという至上命題への彼なりの答えである。一度しかない人生、一つしかない命、その使い方を説いたのが儒家であるならば、その保ち方を説いたのが道家でありここでの盗跖であると言えるのではないか。儒家は生き方を説くように見えて、実は死に方を説いているとも言え、その矛盾や偽善を暴き叩くには、盗跖こそ最適任であったろう。盗跖は、自己の生を全うするためのタクティクスを実行し、ついでに独善的な「聖人」を存分にやっつけたという点では快男子、あっぱれな男と言えるであろう。

最後に一言、盗跖という人物は架空の無意味な存在だったとして片づけてよいかと言えば、決してそうではない。中国における歴史の父、司馬遷は、その大著『史記』の中で多くの人物たちの人生や運命を描くにあたって、必然的に人間や社会・世界の摂理について煩悶した。かねてより「天道には依怙贔屓《えこひいき》はないが、常に善人の見方をする」と言われてきたけれども、実際にそうか。善人である伯夷・叔斉は首陽山で餓死して死んだ。孔子第一の愛弟子の顔回《がんかい》は貧困にて夭折《ようせつ》した。これでどうして善人の味方などと言えようか。一方、集団を率いて殺人掠奪など暴虐をほしいままにした盗跖は天寿を全うして安らかに死んだ。彼にいったい何の徳があるというのか。その後の多くの人の例を見ても、道に外れた行いをしながら生涯楽しく暮らした者もいれば、慎み深い生き方を持し正義を求める行動をとりながら災いにあった者が数え切れぬほどたくさんいる。私はとまどってしまう、「天道は正しいのか、正しくないのか」と。

有名な「天道、是か非か」という司馬遷のこの問いは『史記』伯夷列伝にある。まさにあの伯夷の伝記である。伯夷の人生と盗跖の人生とは、ともに司馬遷に人間・社会・世界のあり方に対して深い思索を迫らないではいなかった。彼自身の身の上に起こった悲劇（李陵《りりょう》の弁護～死刑宣告～宮刑）もそれに加わり、人生に対する観照《かんしょう》は深まったはずである。盗跖の存在こそがまさにそのきっかけであったし、また思索の上で格闘し超克すべき相手でもあった。天道を超えて人間のつとめはいかにあるべきか、司馬遷は最終的に方向性を見いだすに至ったと思われる。『史記』という大著そのものが答えなのであった。

このように、中国における歴史学の誕生と発展の初期段階で、盗跖という人物は大変に大きな役割を果たしたと言えよう。彼にとっての唯一のポジティブな手柄として評価できるのではないか。

子路《しろ》

侠気の必要性を身を以て示した儒者

高木智見

はじめに

孔子《こうし》（前五五二―四七九）は、聖人の後裔《こうえい》として、また礼を好む人物としても、若い頃から将来を嘱望《しょくぼう》されていた（『史記《しき》』孔子世家）。ある時、その孔子の前に、ひとりの若者が現れ、無礼な振る舞いをした。冠《かんむり》に雄鶏《おんどり》の羽をさし、剣《つるぎ》の鞘《さや》を豚皮《ぶたかわ》で飾るという侠士風の出で立ちで、孔子の弟子達が書物を読み上げると、羽を揺らし、剣を振り回して奇声をあげ、孔子を悩ませた（『論衡《ろんこう》』率性）。一本気で粗暴なこの荒くれ者こそ、後に顔回《がんかい》とならび最愛の弟子となる子路《しろ》（前五四二―前四八一）である。孔子より九歳若く、孔子は礼により徐々に導き、最終的に本人自らが儒服《じゅふく》を身につけて入門し、生涯を通ずる師弟関係を結ぶに至った。

子路には出で立ちのみならず、下述の如く、侠者と共通する点が多々ある。なおかつ孔門には、侠者とおぼしき人物が他にもおり、孔子自身や孟子《もうし》にも侠なる側面がある。視野を広げると、侠気を備えた儒者《じゅしゃ》、すなわち「儒侠」は、秦漢時代以降、つい百年前の民国期に至るまで、その存在を継続的に確認することができる。

小文では、子路の侠気の様相を明らかにし、侠気がなぜ儒者と結びつくのか。儒家思想が侠気を必要とするのであれば、その内在的な理由は何か。こうした問題を刺客や侠者達の行動や心性と照らし合わせ探ってみたい。まず子路をはじめとして、孔子周辺における侠気について概述し、ついで儒家思想が本質的に抱える困難な課題を明確にする。それらを踏まえて、子路や儒者にとって侠気が持つ意味について考えてみたい。それは、理想の実現がかなわず海外へおもむく事態となれば、私に従うのは子路一人だけだ(公冶長)、と口にするほど、孔子が子路を愛し、必要とした理由を明らかにする作業ともなる。

なお侠気は、子路や孔子の時代には、「勇」なる語により表された。また「侠」の定義については、本書全体の議論に譲り、ここでは主として『史記』刺客《しかく》列伝、游侠《ゆうきょう》列伝に即して、次のように考えておく。彼らは、宗法《そうほう》的血族社会から析出され、自らの実力だけに頼って生きる流動的かつ孤立的存在であった。多くの場合、武勇に覚えがあり、暗殺その他の過激な行為に出ることも辞さなかった。この意味での侠は、春秋以前の文献には見えず、戦国時代以降の歴史的存在であることを示す。彼らの行動は時に法律や禁令を犯し、必ずしも社会一般の正義にかなうものではなかった。しかし、口にしたこと

孔子と弟子たち 左端が孔子。(漢代の画像磚《がぞうせん》。Alamy提供)

は必ず実行し、実行すれば必ず成し遂げる。あるいは死により中断するまで努力を続ける。命をかけて他人の窮地を救う大仕事をやりとげても、それを誇らず、恩着せがましくすることも羞《は》じる。ちなみに『説文解字』巻六には、俠の別字として「俜《へい》」「甹《へい》」なる文字が見え、長安近辺では、財を軽んずる者を「甹」という、とある。司馬遷《しばせん》が取り上げた俠者も多くは「家に余財なし」、「貧」とされ、財利を重視しないことを特徴としている。

要するに俠とは、既存秩序を逸脱することはあるが、自らが使命と見なす仕事や役割を、他の一切に優先して貫徹・実現することに努めた人、あるいは自己の職分や価値観を貫徹あるいは厳守する精神として、議論を進めることにする。

孔門の俠気

❶子路

魯国《ろ》卞邑《べんゆう》の庶人。『論語』には四〇回登場し、弟子の中では最多を数える。孔子が弟子達に対して質問や提案を行うと、常に真っ先に愚直で些《いささ》か短慮な反応をした。逆に、熟慮をつくし、時に師をも越える理想的見解を示したのが顔回であった。二人は孔子に愛されたが、ともに師に先んじて世を去る。顔回が病死した時、孔子は「天、予《われ》を喪《ほろぼ》せり」(先進《せんしん》)と嘆じ、子路が討ち死にすると、「天、予を断《た》てり」(『公羊伝《くようでん》』哀公十四年)と叫んだ。

孔子が師として子路を批判・教育したのは当然であるが、子路もまた何憚《はばか》ることなく孔子に意見した。孔子もそれを受け入れ、子路が従うようになってから、自分に対する悪い評判を聞かなくなった、と述懐している(『史記』仲尼《ちゅうじ》弟子列伝)。それは子路が武芸にまかせて沈黙させたという意味ではなく、子路という愚直な存在が身近に控え、直接あるいは間接的に孔子の欠点や弱さを補い、その処世を正しく導いた結果であろう。孔子にとっての子路は、まさに「仁に当たりては、師に譲らぬ」(衛霊公《えいれいこう》)、力強い「益友《えきゆう》」であり「師」であった。ならば子路のいかなる部分が孔子にとって、学ぶ対象であったのか。それは、小文全体の結論として答えるべきであろうが、あらかじめ言えば、尋常ならざる実行力と勇気、つまりは侠気にほかならない。以下、子路の人となりから見ていきたい。

❷子路の勇

まず『史記』仲尼弟子列伝には、粗野で勇力を好み、剛直とあり、また「強禦《きょうぎょ》(権勢ある強者)を畏《おそ》れず、矜寡《かんか》(身寄りの無い弱者)を侮《あなど》らず」、腹蔵なく本音を語り、威風堂々として、戦争の指揮を任《まか》すにたる才能があった、と伝えられる(『孔子家語』弟子行)。孔子は、こうした子路について、「勇《ゆう》を好むこと我に過ぎたり」(公冶長《こうやちょう》)と、「勇」なる語を以て評している。さらに、「素手で虎に立ち向かい、徒歩で激流を渡って命を落としても後悔しないような輩《やから》は、ともに行動できない」(述而《じゅつじ》)、「勇を好みて学を好まざれば、その弊や乱」(陽貨《ようか》)、「君子、勇有りて義なければ、乱を為す」(陽貨)などと、血気の勇ではなく、学や義により裏付けられた勇をこそ体得すべしと戒めている。

この点を興味深く伝える入門時の説話がある。子路は、武芸に対する自負に基づき、南山に自生する真っ直ぐな竹が、そのままで矢となり、犀皮《さいがわ》の鎧《よろい》を射抜くことができるように、人間も真っ直ぐでありさえすれば学ぶ必要などない、と孔子に述べた。すると孔子が、その竹に矢筈《やはず》と羽を加え、鋭利な鏃《やじり》をつけるからこそ、深く命中するのだ、と応えると、子路は得心した(『説苑』建本)。

❸戦士

以来、孔子のもとで修養に努めるが、武勇を重んずることは終生変わらなかった。孔子から抱負を問われると、「ひとりで長戟《ちょうげき》を振り回して敵の大軍を撃滅し、後方に獰猛《どうもう》な母虎がいて、前方に殺気に満ちた敵が待ちかまえようと、遮二無二《しゃにむに》攻め込み戦争にケリをつける」(『韓詩外伝』巻七)、「鍾《かね》鼓《たいこ》が鳴り響き、旗頭《はたがしら》が大地を覆《おお》いつくす大会戦で、敵旗を奪い首級をあげ、領地千里を拡大すること、これは私にしかできない」と応えている(『孔子家語』致思)。さらに「戦陣では死ぬまで全力を尽くすのが、人臣たる者の節義」(『孔子家語』曲礼子貢問)、「努力奮闘できず、貧窮に恬淡《てんたん》たることかなわず、死を易々と受容できぬ者が、自分は義を実行できると大言しても、信じられない」(『説苑』立節)とも述べている。

無論、気構えだけでなく、常に命のやりとりをする用意があった。孔子一行が、包囲され殺されそうになると、真っ先に武器を手にとり闘おうとした(『説苑』雑言)。母国の魯が大国の斉《せい》から攻撃を受ける情勢になると、善後策を練る孔子に対し、斉との交渉の使者に立つことを最初に申し出た(『孔子家語』屈節)。いずれも孔子の判断で実行には及ばなかったが、後述の如く、彼の見事な死に際は、常時「戦闘態勢」にあった生き方の必然的な結末であったと言わねばならない。

❹実行第一

子路は、人との約束は、翌日に延《の》ばさず実行し（顔淵《がんえん》）、善言を実行しないうちに、新たな善言を聞くことを憚《はばか》った。実行できないことが、一つ増えるのを恐れたからである（公冶長）。また、善言は（危険が伴っても）ただちに実行すべきですか、と孔子に尋ね、両親の存命中に聞くままに行うなど、もってのほか、とたしなめられている。無論、何事も人に先んじようとする子路には、抑制が必要であると考えての教誡である（先進）。

しかし子路は、信義を重んずることで、広く信頼を勝ち得ていた。この点は、訴訟ごとの当事者を、一言二言《ふたことふたこと》の裁《さば》きの言葉で納得させられるのは子路である、と孔子も褒《ほ》めている（顔淵）。また魯国にほど近い小邾《しょうちゅこく》国の大夫、射《えき》が、句繹《こうえき》の土地と臣民を以て魯に帰属することを求め、子路と約束できれば、魯国と盟約を結ぶ必要はない、と申し入れてきた。子路がこの栄誉有《あ》る役目を意外にも辞退したため、盟約よりあなたとの約束を信ずる、という申し出を断《ことわ》るのは何故か、と魯の執政から問われた。すると、我国が小邾と戦さをするなら、命を惜しまず闘う所存。されど今、人臣の道を尽くさぬ輩《やから》と約束すれば、その行動を正当化することになり、それはできかねます、と応えた（『左伝』哀公十四年）。

言行の一致、信義の重視は、孔子が目指す所でもあり、「君子は口にする言葉が、実行したことを越えるのを恥とする」（憲問《けんもん》）、「人として信がなければ、何事も成就できない」（為政《いせい》）と述べている。子路はこの点でも、孔子の思想を実践していた。

❺鮮やかな死に際

子路の俠気を象徴するのは、その死に際である。自らが仕える衛国《えいこく》の執政《しっせい》、孔悝《こうかい》が内乱に巻き込まれたと聞くや、直ちに修羅場《しゅらば》へ向かい、ちょうど退避しようとしていた孔門の後輩、子羔《しこう》に出くわす。子羔にとって子路は、最初の仕官の世話をしてくれた恩人でもあり、押しとどめて言った。間にあいません、危ないマネはおやめください、と。しかし子路は、お仕えしている以上、危難を避けるわけにはまいらぬ、と応えて進む。城門でも別人に止められるが、俸禄を受けたからには、何としても救い出す、と押し入る。ただちに火を放ち相手方を怯《ひる》ませようとしたが、敵の一撃が頸《けい》部《ぶ》を直撃、冠の紐《ひも》を断ち切った。深傷《ふかで》を負いながら、「君子は死すとも、冠は免《ぬ》がじ」と、紐を結び直し絶命した。齢《よわい》六三を数える子路の武骨な最期である。孔子は以前から、勇にすぎる子路は普通の死に方はできないと危惧《きぐ》し(先進)、内乱が発生した時も、子羔は必ず逃れ、子路は討ち死にする、と予言していた(『左伝』哀公十五年)。それが適中すると、前述の如く天を仰いで慨嘆《がいたん》し、その亡骸《なきがら》が醢《しおから》にされたと聞くや、家中の醢を棄てさせ、我が子同様の喪礼を以て臨んだ(『礼記』檀弓上)。

以上のように、子路は、武勇と信義を重んじ、為すべきは直ちに実行に移して完遂し、守るべきは命をかけて守り切る俠気の持ち主であった。

❻儒者の俠気

ただし孔門の俠者は、子路ひとりではなかった。『孟子』公孫丑《こうそんちゅう》上篇の「不動心」を説く章に次の記載が見える。北宮黝《ほっきゅうゆう》なる戦士は、白刃が身に迫ろうとピクリともせず瞬《まばた》きもしない。人から受ける侮辱は、極めてわずかでも、衆人環視のもとでの鞭打《むちう》ちと同じ屈辱と見なし、相手が大国の君主であれ卑賤な者であれ、一切、甘受せず、君主も躊躇《ちゅうちょ》なく刺し殺す。悪口を言われたら、諸侯であれ、遠慮なく罵《のの》り返す、というように勇気を養った。これに対して孟施舎《もうししゃ》が、自分の勇気の養い方について言う。勝ち目のない戦さでも、絶対に勝てる相手と闘う時と同じ気持ちで闘う。敵の力をはかって前進し、勝利を見極めてから矛《ほこ》を交えるのであれば、大軍勢と対峙した時、必ず懼《おそ》れる。私とて常に勝てるわけではなく、ただ懼れることがないだけだ、と。

注目すべきは、孟施舎の不動心は孔門の曽子《そうし》(前五〇五—前四三五?)に似、北宮黝のそれは子夏《しか》(前五〇七?—前四二〇?)に似ている。単純に優劣はつけられないが、孟施舎のほうが勇気を養う要領を心得ている、と孟子が述べていることである。さらに、その孟施舎の勇も、曽子が孔子から伝え聞いた「大勇」には及ばない、ともいう。大勇については後文で述べることとし、まずは孟子の挙げた弟子達の侠気の様相を確認したい。

❼子　夏

孔子晩年の弟子で、ともに詩を語りあい自分を啓発してくれるのは子夏だけ、と孔子が褒《ほ》めたことで知られ、詩書など儒家経典の継承に貢献した。孔子の死後、魏《ぎ》に仕えて文侯《ぶんこう》の師となり、その変法政策を支え、李悝《りかい》や呉起《ごき》を弟子とした。

博学多聞の学者で、侠気や武事とは縁遠いとも思われるが、その侠者ぶりを示す記述が『韓詩外伝』巻六に見えている。魯君が晋《しん》の執政・趙簡子《ちょうかんし》と会見した時、趙簡子はザンバラ髪で矛《ほこ》を杖《つえ》とする無礼千万な格好であった。そのため子夏は敢然と趙簡子の前に進み出て、正装に改めていただけぬなら、この場でお命を頂戴し、私も果てる所存、と脅して改めさせた。『詩経』大雅・烝民《じょうみん》にいう「矜寡《かんか》を侮《あなど》らず、強禦《きょうぎょ》を畏れず」とは、まさに、この子夏のことである、と記されている。『史記』刺客列伝に見える魯の曹沫《そうばつ》（後述）さながらに、大国の実力者を匕首《あいくち》で脅すという強硬手段に出て、主君を屈辱から守ったのである。なお「弱きを助け、強きを挫《くじ》く」を想起させる『詩経』の句は、子路を形容する場合にも用いられ（前引『孔子家語』弟子行）、『晏子春秋《あんししゅんじゅう》』問上篇にも、孔子の志気がにぶった時、子路と子夏がそば近くで励ましたとある。両者には武勇や志気の面で共通する側面があったことを示唆している。また子夏の言葉に、「君子は飢寒に迫られても志気は衰《おとろ》えず、武器で威嚇《いかく》されても怯《おび》えが言葉に出ない。大事に臨んでも日頃の主張を変えない」（『荀子《じゅんし》』大略篇・楊倞《ようりょう》注所引『尸《し》子《し》』佚文）とあり、逆境に屈せぬ不動心の持ち主であったことが分かる。そのほか子夏は、父母、兄弟、叔父や従兄弟といった肉親の仇《かたき》に復讐する心構えと闘いかたについて、孔子に教えを請うている（『礼記』檀弓上）。博識を謳《うた》われた子夏の武勇の面を窺うことができる。

❽曽子

『大学』や『孝経』の作者ともされる重要な弟子。孔子の思想を孝の観点から展開したその学説は、『大戴礼記』のいわゆる「曽子十篇」として現存する。

曽子《そうし》の侠なる処世としては、子路に匹敵する印象的な死に際を指摘しなければならない。臨終の床にあった曽子の世話をしていた童子が、曽子の敷く簀《すのこ》（敷物）が大夫身分のものであることに気づき指摘した。曽子がそれを認めて取り替えを命ずると、急変を恐れた長男は、明朝、替えますと返事をした。すると曽子は、君子は徳によって人を愛し、小人は姑息《こそく》を以て愛する。私に対するお前の愛は、童子に及ばない。私は正しさを貫いて死にたいだけだ、と訴えた。やむなく取り替えると、息が定まらぬうちに絶命した(『礼記《らいき》』檀弓《だんきゅう》上)。この説話は、人の死を意味する「易簀《えきさく》」なる語の典拠である。曽子にとって、簀を替えることが、正しさを貫くことである。命の尽きる瞬間まで正義を希求した点において、致命傷を受けながら冠の紐を結び直した子路と通ずる。これまた儒者が死に際で見せた鮮烈な俠気である。

曽子の俠気が行動に表れたのが易簀説話であるとすれば、「恥に満ちた裕福より、誉《ほまれ》ある貧困がよい。辱めを甘受《かんじゅ》する生でなく、名誉ある死を選ぶ。避けられる辱しめは、避けるだけ。避けられぬ時、君子は家路につくように死ぬ」(『大戴礼記』曽子制言上)といった語は、俠気が言葉としてほとばしったものである。

❾漆雕氏の儒

あまり馴染みがないが、儒家に「漆雕氏《しっちょうし》の儒」と呼ばれる学派が存在した。『韓非子《かんぴし》』顕学篇によれば、孔子の死後、弟子達は、子張《しちょう》の儒、子思《しし》の儒など八学派に分かれ、その一つに漆雕氏の儒があった。彼らはどんな相手にも顔色ひとつ変えず、目線をそらさず、自らの行いに非があれば、奴隷《どれい》にも譲歩し、正しければ、諸侯の君主が相手でも気色ばんで怒った。蒙文通《もうぶんつう》「漆雕之儒考」(『図書集刊』三巻、一九四二年)は、この記述が、前述の『孟子』に見える北宮黝《ほっきゅうゆう》に関する記述と似かよっていることに基づき、北宮黝は漆雕氏の儒の一人で、「儒にして俠なる者」とし、郭沫若《かくまつじゃく》「儒家八派的批判」(『十批判書』、一九四五年)も、漆雕氏の儒は「孔門における任俠」とする。清の学者・翟灝《てきこう》は、漆雕が北宮黝の字《あざな》である可能性を認めながら、その思想を伝えていたはずの『漆雕子』なる書物が散逸し、検証の術がないという(『孟子正義』公孫丑上)。孔門には漆雕を姓とする弟子を四人確認できるが、断片的な記述しか無く、いまは漆雕なる姓の人物を中心とする学派であるとしておく。

以上、孔門の弟子達が俠気を備えていたことを確認した。では何故、俠気が儒家思想と結びつくのか。俠気を必要とする内在的な理由があるのか。儒家思想の原理に立ち返って考えてみたい(なお、『礼記』儒行篇、『春秋公羊伝』など、儒者自らが俠気の必要性や存在意義を記した文献が残されているが、紙幅の関係から、他の機会に論ずることにしたい)。

儒家思想が抱える困難

儒家が依って立つ徳治の原理は、『論語』為政篇の一文に明らかである。「政治や刑罰により民を治めれば、民は免れることを考え恥ずる心を失う。しかし、徳と礼により治めて民の自覚を促《うなが》せば、恥を感じ自ら善に向かう」。朱子『論語集注』は、これについて、「君子が自ら実践して民を導けば、民はその行動を見て自覚し、善に向かって興起する。かりに民の興起や自覚の程度に浅深・厚薄の差があっても、礼により一つに整えれば、民は不善を恥じ、善に至る」と解説している。

つまり、政治的上位者たる君子がまず己を修め身を以て仁を実践し、あるべき処世を民に示して自覚を促せば、民もまた自らの力で善に向かう努力をして、最終的に万民が君子となる理想社会が実現する、というのである。確かに、論理としてスジが通り説得的ではある。しかし少し考えれば、君子の自覚はどこから来るのか。自己修養の努力を貫くことは可能か。民もまた、それほどたやすく感化されて自覚し、善に向かう努力を貫徹できるのか、といった疑問が浮かぶ。これらの疑問を、もう少し詳しく述べてみたい。

❶修己の困難

そもそも孔子自ら修身を実践する難しさを告白している。徳を修められない、学問が進まない、正しいことを聞いても従えない、欠点を改められない、これらが私の憂《うれ》いだ(述而)。仁者は憂えず、知者は惑《まど》わず、勇者は懼《おそ》れずというが、その全てが自分にはできない(憲問)。君子の道を自ら実践することは、いまだ不充分である(述而)、と。

ならば困難な理由は何か。第一に、「どうすれば良い、どうすれば良いと自分に問いかけない者を、導くことはできない」(衛霊公《えいれいこう》)、「仁は遠くはない。自分が欲すれば、そこに仁がやってくる」(述而)の如く、仁を体得したいという確固たる意志を持つことが難しい。この点は、たとえば後漢の儒者、徐幹《じょかん》(後一七一—二一八)『中論』も鋭く指摘している。

才能が有っても志が確立していなければ、立派な仕事は成し遂げられない。それ故、学問は、才能の不足が問題ではなく、志が確立していないことを憂うるべきである。古来、学問をした人の数は億兆に達するが、成就した者はほとんどいない。かくて君子は、必ず志を立てる（治学）……他人の評価だけを気にかけているエセ君子が、自分は善を為したと言っても、信じられない。行動の源が、内側から涌き出たのではなく、外から来たものだからである。そうであれば、道に処する覚悟や義を守る決意は不明確で、いかに古の聖王にならい詩書を称《とな》えたとしても、全く役に立たない（考偽）。

儒家思想は、自らを見つめ、不完全なる自己を少しでも完全に近づけたいと志すことから出発する。しかし志や自覚は、外側からは与えられず、内に生ずるのを待つしかない。ただし、ひとたび何かを契機として自覚できれば、向上の可能性が大きく広がり、前途に困難があろうと、ひたすら前に進もうとする。たとえば舜《しゅん》は、深山にいる時は、常人と変わるところは無かったが、善言を聞き善行を見るに及ぶと、決壊した大河の激流のように、善に向かって前進し、誰にも止められなかったという（『孟子』尽心上）。

しかし孔子が強調するように、君子となる過程に終極はない。終始一貫、弱い自分に打ち克ち、最後まで倦《う》まず厭《いと》わず努力を続けることは至難のワザである。それ故、孔子は、この点を何度も繰り返し教誡《きょうかい》している。曰く、「実力の無い者は、途中で放棄する。前進できないのは、自分で限界だと決めるからである」（雍也《ようや》）。孟子も「止めてはいけない状況で止めてしまう者は、何事であれ成し遂げられない」（尽心上）と言い、荀子もまた「物事は、努力を止めないことで成就する。途中で止めれば、朽木《くちき》すら切れないが、止めなければ、金石に彫刻することもできる」(勧学)、と唱えている。それ故、孔子周辺には、途中で放棄することを戒める説話が少なくない。子貢《しこう》が、自分は学問に疲れ、道の実践も苦行としか思えず、仕官を休みたいと打ち明けた。すると孔子は、仕官をはじめ、親や家族、朋友とのあるべき関係を維持すること、さらには農作業も休むことは一切許されない。君子は墳墓に葬られて後、ようやく休むことができる、と戒《いまし》めた(『孔子家語』困誓)。かの孟子が学業半ばで帰郷すると、母は織りかけの布を断ち切り、学問を中途で止めるのは、これと同じで将来が危ぶまれる、と諭《さと》した。孟子は恐懼《きょうく》し、それ以降、学に勤めてやまず、ついに天下の名儒となった(『列女伝』鄒孟軻母《すうもうかぼ》)。これまた努力の貫徹を求めている。ちなみに知行合一《ちこうごういつ》を唱えた日本の儒者、大塩平八郎(一七九二—一八三七)は、「自己省察を行い、天賦の善性を発揮して一瞬の間断もなく君子の処世を貫けば、確かに仁義礼智に悖《もと》ることはなくなる。だが、そのように張りつめて過ごす一日は、一年の長さに相当すると見ても不充分。百年とすら思え、一日を無難に乗り切ることは決して容易ではない」、と述べている(『洗心洞箚記《せいしんどうさつき》』上)。克己を貫徹する困難を表現して余りある。

❷治人の困難

儒家思想には以上に述べた、志を立て努力を貫く「修己《しゅうこ》」の難に加え、民を教化して善に導く「治《ち》人《じん》」の難がある。これについて董仲舒《とうちゅうじょ》は、天は、善となる可能性を持つ民を生じ、王を立て善に導かせた。民の性は、天意に基づく王の教えを待って初めて善になる、と明言している(『春秋繁露』深察名号)。しかも、何度も述べるように、その教えは、君子が修己の実践を民に示し、民が自らの力で善に向かって動き出すまでの影響を与えることによって実現する。

強調すべきことに、この修己治人説は、民の性が善であることを前提としなければ成立しえない。すなわち君子が教化をすれば民は必ず覚醒《かくせい》して善に向かって興起し、覚醒した民は、君子同様、善に向かう努力を死に至るまで貫く、という前提であり、これこそ儒家思想が依って立つ基盤である。しかし、その前提の正しさを検証する術はない。現実には、民の性の可塑性《かそせい》に望みを託して教化を行い、その善なる側面を引き出す努力を続けることができるだけである。加えて、どれほどの修己をすれば、民に対する教化が可能になるのかという目安も基準もない。要するに、君子の修己が、必ず民の自覚と興起を促すという保証は何もない。したがって、君子による修己や克己の行動は、人性の善に対する信仰にも似た確信に基づき、尋常ならざる圧倒的に善なる行動（侠気）を示し、その誠意の衝撃力により小人の心を善へ向けて覚醒させねばならなかった。

たとえば前漢末の杜欽《ときん》は、官僚が皇帝を補佐する勤めを充分に果たせぬ時は、辞任を乞い咎《とが》を引き受け、我が身を削って自責し、その至誠が多くの人々の心を動かし、愚者も知者も、すべての人が感じ傷《いた》むほどの自己批判を為すべきである、と述べている（『漢書』杜欽伝）。詳述は控えるが、拙稿「修己と治人の間—漢代翕然考《きゅうぜん》」（参考文献所掲）では、漢代官僚による修己の圧倒的な躬行実践《きゅうこうじっせん》が、統治下の民衆を感動・覚醒させ教化に成功する事態が存在したことを史料によって確認するとともに、覚醒させられた民が自らの力で善を目指すに至る心の動きを翕然《きゅうぜん》なる語で形容していたことを明らかにした。

結局、修己治人説においては、教化を行う君子であれ、教化される民であれ、善に向かう覚悟をし、それに基づく努力を誠意を以て貫徹しなければならない。しかも、そうした困難な課題を抱える君子や民を律するものは、ほかでもない自分の心だけである。繰り返せば、理想主義としての儒家思想の最大の弱点は、聖人にあらざる人間が自身の覚悟により善に向かう決心をし、その実践のための努力・克己をたえず継続しなければならないという点にある。弱点を克服して努力を継続するためには、強力な心の力が必要となるのである。

侠者達の「修己治人」

儒家思想が抱える如上の困難を念頭において、いわゆる侠者達の行動を見ると、彼らの興起する力、使命を貫徹する力、周囲の人々を感化する力の大きさに驚愕《きょうがく》させられる。結論を先取りして言えば、その全てを可能にするのが彼らの侠気であった。以下には、『史記』刺客列伝により、それぞれの様相を見ていきたい。

❶興起する力

「士は己を知る者のために死ぬ」という刺客・豫譲《よじょう》の言葉が象徴するように、自らの存在や能力が他者に認められると、彼らは決然と目的に向かって興起した。魯の曹沫《そうばつ》が、斉の桓公《かんこう》を匕首《あいくち》で脅《おど》し、失地返還を迫る挙に及んだのは、戦場で三戦三敗した敗軍の将である自分を信頼し、地位を安堵《あんど》してくれた主君、荘公に報いるためであった。呉の専諸《せんしょ》が、己の命とひきかえに呉王僚《りょう》を刺殺したのは、公子光から「私とあなたは一身同体」との言葉で直接、依頼されたからである。豫譲は、「国士」として扱ってくれた智伯《ちはく》の恩に感じ入り、自らも「国士」として報いてこそ「吾が魂魄《こんぱく》、愧《は》じず」と誓い、死に至るまで暗殺を試みた。聶政《じょうせい》が刺客に立ったのは、韓《かん》の卿相・厳仲子《げんちゅうし》が、自分を「深く知り」、「親しく信じ」てくれたことに心を動かされ、「己を知る者の用と為らん」としたためであった。

荊軻《けいか》による始皇帝暗殺の試みには、何人かの侠者が協力したが、彼らが興起して実行に及んだ顛《てん》末《まつ》も尋常ではない。首謀者である燕《えん》の太子丹《たん》がまず頼ったのは、深謀遠慮にして沈着冷静なる田光《でんこう》であった。高齢で衰老を感じていた田光は、実行役になることは辞退したが、自分のかつての能力に大きな信頼を寄せてくれたことに感激し、「節義ある侠者」として対応する。実行役に荊軻を推薦した後に、自らの首を刎《は》ねて荊軻を鼓舞し、同時に秘密を守り通したのである。荊軻もまた、田光が生命をかけて推薦・鼓舞してくれたこと、それに基づき太子丹が「国の大事」を託してくれたことを強い動機として興起する。燕《えん》に逃れていた秦の将軍、樊於期《はんおき》が自分の首を始皇帝への手みやげとする策略を進んで受け入れたのは、強大な秦にあくまで屈服しない太子の「義」に、限りなく共感するとともに（『史記』鄒陽《すうよう》伝）、行く当てのない自分に居場所を与え、鄭重《ていちょう》に扱ってくれた太子のために、自分の首が役に立つ、と判断したからであった。荊軻の客、高漸離《こうぜんり》は、暗殺計画の失敗後、五年以上にわたり、身をやつして逃亡していたが、筑《ちく》（琴に似た楽器）の名手であったため、視力を奪われた後に始皇帝に近づく機会を得る。スキを見て鉛を仕込んだ筑で撲殺《ぼくさつ》を試みるが、失敗して誅殺《ちゅうさつ》される。高漸離が捨て身の暗殺を敢行したのは、荊軻の本懐を自分の本懐とするまでの一体感を共有していたからである。二人は、高漸離の筑にあわせて荊軻が歌うと、互いに感情が高ぶり傍らに人なきが如く泣き出すほどの「知音《ちいん》」であった。

以上の如く、実現困難な目的達成のために俠者達が勇躍、興起したのは、いずれも依頼者が彼らの能力と存在を認めてくれたことに感激し、意気に感じたことを契機としていた。

❷継続する力

立ち上がった俠者達、とりわけ刺客は、驚くべき精神力を発揮し、絶対に自らを裏切らず、目的実現にむけ、ひたすら邁進《まいしん》した。前述の如く豫讓は、国士として扱ってくれた主君、智伯の仇に報いるため、趙襄子《ちょうじょうし》に対して二度の暗殺を試みた。最初は、姓名を変え刑徒になりすまして敢行しようとしたが、事前に察知される。この時、趙襄子は、跡継ぎもいない旧君のために執拗《しつよう》に自分をつけ狙う豫讓の「義」に心打たれ、「賢」として放免する。二度目は体に漆をぬり不治の病の姿となり、炭を呑み声を変え、乞食の格好で試みようとした。それを知った友人が、愚直な行いを繰り返すより、才能を売り込んで一旦、趙襄子に仕えてから暗殺すればよい、と入れ知恵した。これに対し、それでは二心《ふたごころ》を懐いて臣従することになる。自分が目指していることは達成困難ではあるが、天下後世の二心を持って仕える者どもを恥じ入らせるためでもある、と言い切る。かくて待ち伏せをするが、やはり気づかれ殺されることになった。それでも諦《あきら》め切れず、いまわの願いとして、趙襄子の衣服を賜り、一太刀あびせ、本懐を明らかにしてから死に就きたい、と請う。趙襄子が再び「大義」として衣服を与えると、三たび飛び上がり剣で撃ち、「これで、地下の智伯様に報告できる」と言い自尽した。切られた衣服からは血液がほとばしり、趙襄子はただちにその場を去ったとする奇怪な説話まで伝えられている(『史記索隠』刺客列伝所引『戦国策』逸文)。この説話は、憐れとも愚かとも思えるまで自分を裏切らず、敢然と目的実現に立ち向かった豫譲の自己貫徹に対する当時の人々の心からの共感が残さしめたに違いない。こうした最期を知った趙国の志士は、みな涕泣《ていきゅう》したという。

『史記』が記す多くの復讐譚《ふくしゅうたん》の中で最も侠気を感ぜしめるのは、伍子胥《ごししょ》である。暗愚な主君、楚の平王に父と兄を殺された伍子胥は、復讐を志して宋国から鄭《てい》国へ逃げ、さらに乞食をしながら呉国に行きつき、その軍事力を借りて本懐を遂げることにする。まず呉国の政治情勢を読み切り、自らの地歩を築くために、刺客・専諸を公子光に推薦して、時を待つ。五年が過ぎる頃、専諸が呉王僚の暗殺に成功し、公子光が即位して呉王闔閭《こうりょ》となる。かくて伍子胥は国政にあずかり、これ以降、呉軍は楚を攻め続け、数年後、楚の国都を占拠するに至る。亡命後十六年を経て復讐の機会を得た伍子胥は、すでに死亡していた平王の墓をあばき、死体を引きずり出して(一説には墓を)鞭《むち》打つこと三〇〇回に及んだ。

こうした刺客達の尋常ならざる侠気が可能にした興起する力、継続する力について、司馬遷は言う。彼らの「義」がすべて成就したわけではない。しかし、その立意は明白で、自らの志を欺くことはなかった(『史記』刺客列伝)、と。自らを欺くことなく、志を貫いたからこそ、約束は必ず誠意を以て守り切り、あるいは死によって中断するまで、実現への努力を継続し、社会に実効をもたらすことができたのである。

彼らのそうした俠気は、他者を動かし、新たなる行動を引き起こした。刺客・豫譲の義行は、命を狙われた当の趙襄子すらも動かし、一度は放免し、最後の願いも許している。豫譲の最期を知った趙国の志士は、みな涕泣した。田光の「節義ある俠者」としての自尽は、荊軻や太子丹の魂を揺さぶり励ました。

俠気が人を動かした例として特筆すべきは、「田単列伝」の「太史公曰く」に特に記される斉の義士・王蠋《おうしょく》である。燕軍《えんぐん》が斉の全土を占領した時、王蠋を懐柔するため、燕軍は彼の住む地域には進入せず高位を以て招いたが、拒絶される。そのため住民を皆殺しにする、と威嚇《いかく》した。王蠋は、忠臣は二君には仕えず、「義」を捨てて生きるより、煮殺されたほうがよい、と言い、首をくくり自決した。この壮絶な選択は、斉国の禄を食《は》む大夫達に衝撃を与え、新たな王を擁立し、領土を回復する足がかりとなった。一人の庶人の俠気に満ちた行動が、出処進退を決めかねていた多くの人々を動かし、駆り立てたのである。

さらに一例、斉の田横《でんおう》の場合は、劉邦《りゅうほう》の天下統一に最後まで抵抗し、五〇〇名の従臣を引き連れて海島に立てこもった。皇帝となった劉邦はその勢力が気がかりで、使者を送り、田横が洛陽まで来れば王に封じ、さもなければ攻撃する、と迫った。田横はやむなく二人の食客とともに洛陽に向かうが、謁見の直前に機を見て自決し、その首を二人に届けさせた。劉邦はその潔さに感動、流《りゅう》涕《てい》し、王者の礼を以て葬らせ、二人の食客を取り立てることにした。しかし二人は埋葬後、墓側に自らの墓穴を用意して後を追った。劉邦は再度、心を動かされ、田横に従う者は皆が「賢」であるとして、全員を召し抱えようとした。しかし五〇〇の従臣は、田横の死を知ると、うちそろって自決した(『史記』田儋《でんたん》列伝)。司馬遷は、「田横」を「高節」、「義を慕い」死んだ食客達を「至賢」の語で賛《たた》え、俠気が人を動かす力を最大限に評価している。

以上のように見てくると、司馬遷が記録した俠者達は、他者に自己の能力や存在を認められたり、他者の節義に共鳴する、といったことを契機として、敢然と勇気を奮って興起し、圧倒的な実行力を以て、与えられた使命の貫徹、目的の達成に努めた。その過程で生命を犠牲にすることも厭《いと》わず、最後まで努力を継続した。彼らの処世は、周囲の人々の魂に訴え、心を揺り動かし、同じように興起させ、意外にも、儒家の理念である修己治人と同じことを見事に実践していたのである。それ故、理想の実現のため、自己修養の努力を示し、教化を行うことを志す儒者が、彼らから学ぶ所は小さくはなかった。

❹不可を知りて為す

おおよそ理想を実現するには、いかに達成困難であろうと、実現の可能性をかたく信じ、すべてを投げうって最後まで貫徹する「俠気」あるいは「狂気」が必要である。それを実行して見せたのが刺客や俠者であった。そもそも儒者が俠者の処世から大きな示唆を受ける必然性を考えるうえで、最大の理由とすべきは、両者がともに達成の極めて困難な課題の解決を目指しているという点である。刺客の使命は、始皇帝や斉の桓公、晋の趙襄子といった皇帝や君主、それに匹敵する実力者を暗殺することであり、一介の俠者からすれば、成功はほぼ不可能な任務である。彼らは要するに、「其《そ》の不可を知りてこれを為す者」(憲問)であった。たとえば、天下を統一し、空前の大帝国を造りつつあった絶頂期の始皇帝を暗殺することは、かりに天下無双の勇士が試みても成功は覚束《おぼつか》なかったに違いない。まして、「書を好み」「刺剣の術」に通ぜぬ荊軻や、盲目となった高漸離には、ほぼ不可能であった。また伍子胥が、敵国に亡命し、二〇年近くの辛苦の末に本懐を遂げたのは、まさに奇跡的な例外と見るべきであろう。

不可能事の実現を目指す点では、全構成員が君子となる社会を志向する儒者はさらにその度を増している。これについて、拙稿「孔子――その行き過ぎた理想主義は欠点か」(参考文献所掲)では以下の如く述べた。孔子をはじめとする儒家にとって、理想とは、その実現を共通の課題とする人々による時空を超えた弛《たゆ》まざる努力によって達成されるべきものであった。不可能として諦めるなら、理想には永遠に届かない。届かぬ理想を目指すことに意義があり、「其の不可を知りてこれを為す者」が孔子であり、儒者である、と。清末民初の梁啓超《りょうけいちょう》(一八七三―一九二九)は、晩年の講演で次のように訴えている。

我々の最後の光明(理想社会の実現)は、もとより数千万年、数億年という遠い将来にある。我々の責任は、今すぐ目的地に到達することではなく、常に近づき続けることにある。堯《ぎょう》、舜《しゅん》、禹《う》、湯《とう》、孔子、孟子などといった我々の祖先は、そうした努力の過程で、長ければ一尺、短かければほんの数寸だけ前進し、その不断の蓄積が、今日を造りあげたのである。我々は今、たとえ一寸であれ、その半分であれ、ただ前進すればよい……道が果てしなく遠く、到達できないことは十分に分かっている。それでも、死により解放されるまで努力を続けなければならない(「治国学的両条大路」)。

このように侠者と儒者は、ともに常人ではかなわぬ不可能を可能にすることを目指したのであり、彼らの行動を貫徹させる原動力が侠気であった。それ故、孟子と孔子にも本来は、侠なる側面があったはずである。この点を改めて検証してみたい。

孔孟と侠気

❶孟 子

孟子(前三七二?—前二八九)の侠気は、思想面に顕著に表れている。臣下が君主を殺してもよいのか、と問われ、仁義に悖《もと》れば、君主でなく一介の賊夫にすぎない、当然、誅殺してよい(梁恵王下)と応え、「君主が臣下を土芥《ちりあくた》の如く扱えば、臣下もまた君主を寇讎《あだかたき》の如く扱うまで」(離婁下)と言い切る。自らの処世に関しても、生命と正義はともに失いたくはないが、選択を迫られるなら、生命を捨て正義を取る(離婁下)と言明する。こうした言説が、後の王朝体制下はもとより、孟子の同時代においても極めて大きな危険性を帯びていたことは言うまでもない。

孟子の高潔な理想と強烈な覚悟は、天が自らを選び大任を与えたとの自負と矜持《きょうじ》から来ている。

「天はこの世に民を生じ、民の中の先知の人に後知の人を覚《さと》らしめ、先覚の人に後覚の人を覚らしめる。我こそは先覚者であり、後覚の民に道を覚らしめたい。我以外の誰が覚らせるのか」(万章上)、「我を舎《お》きて其れ誰ぞや」(公孫丑下)といった語が、自負と矜持に基づく責任感を強烈に表わしている。それは、孟子をして尋常ならざる努力の継続を可能ならしめるとともに、その覚悟を雄弁に語らせている。

天がある人物に大任を降《くだ》そうとする時、必ずその心志を苦しめ、筋骨は疲労し、肉体は餓え、生活は窮乏させる。さらに、その行いが為そうと考えている所と食い違うようにさせる。それにより、発憤させ、強靫な人格を作り上げ、不可能事を実現できるようにさせるためである。人は常に過《あやま》ち、その後よく改める。心の中で困しみ、思いあまり、その後に興起し、やる気が満面に表れ声に出るに至り、はじめて生きる道理を悟る(告子下)。

侠気を強く感じさせるこの一文は、我が国をはじめ、理想の実現を目指す東アジア世界の人士に多大な影響を与えてきた。やはり梁啓超は、次のような発言をしている。

これは、私が疲労した時の興奮剤、失望した際の延命湯である。常に諳《そら》んじていると、奮闘精神が自ずと湧き上がり、困難に遭遇しても退却させない。ただし、一点、是非とも注意すべき事がある。それは、順境が人間の精神を蝕《むしば》むことは、逆境がもたらす苛酷な圧迫に比べ、ずっと恐ろしい。それ故、孟子は繰り返し厳重な警告を与えている……人類の堕落はしばしば失意（逆境）の時にではなく、得意（順境）の時におこる。順境では、自らを守る力が弛緩《しかん》し、劣悪社会の腐食が我が身に及んでも、気がつかない。かくて、道を求め学を志す者が社会に対峙するには、たえず全精力を注ぎ続けなければならない、と訴えているのである（『老墨以後学派概観』）。

❷孔　子

一方、過不足のない中庸《ちゅうよう》を理想とする孔子は、孟子から見れば「甚しきを為さざる者」（離婁下）であり、侠気とは関わりが無いように思える。しかし、孔子も時に激しい闘志を示し、「志士仁人は、生を求めて以て仁を害することなく、身を殺し以て仁を成すこと有り」（衛霊公）と、仁のためには死をも厭《いと》わぬ決意を唱えている。また「志士は殺されて死骸が溝に捨てられることを覚悟し、勇士は自分の首が取られる時を常に意識している」（『孟子』滕文公下）、「国に道が無い時は、死んでも志を変えない」（『中庸』）とも述べている。

実際、『史記』孔子世家や『孔子家語』等によれば、魯国で官途にあった数年間に孔子が見せた行動は、相当に過激で、「礼を知りて勇は無し」と孔子を侮《あなど》っていた大国斉を警戒させた。主君定公《ていこう》に随行して、斉の景公《けいこう》と会盟をした時には、斉側の無礼な振る舞いに、毅然としてその非を責め、役人に命じ斉の優倡侏儒《ゆうしょうしゅじゅ》（滑稽・わざおぎの類）を斬殺させている。「義」に基づく孔子の対応は、斉に領土を返還して謝罪することを余儀なくさせた。また魯国の実権を握る三桓氏《さんかんし》の居城の城壁を取り壊し、公室権力を回復する計画を子路とともに実行した。しかし、その過程で国都は戦乱に陥り、定公の身にも危険が及ぶなど、危うい「冒険」であり、三桓氏も孔子の真意に気づき、計画は頓挫《とんざ》する。この事件は、その後の斉の画策とあいまって、孔子が魯を去り放浪の旅に出る契機となった。さらに魯の司寇《しこう》となりわずか七日で、大夫の少正卯《しょうせいぼう》を政治を混乱させた罪で誅殺し、その屍《しかばね》を三日間さらしたとも伝えられる。それより少し前、理想の実現にはやる気持ちを抑えられず、費《ひ》の地で謀反した公山弗擾《こうざんふつじょう》の招きに応じようとして、子路に諫められている（陽貨）。

こうした孔子の行動を支えていたのも、やはり天に守られているという強固な自負であった。生命の危機に何度瀕《ひん》しても全く動ぜず、そのたびに「天が私に徳を持たしめた以上」（述而）、「天がいまだ斯文《しぶん》（理想・文化）を滅ぼさない限り」（子罕）、他の人間が私をどうにかできるはずがない、と口にしている。また自らの修己について、「自分は天を怨まず人を咎《とが》めず、ひたすら学問を修め徳を身につける努力をしてきた。自分を理解しているのは、天だけである」（憲問）の如く、天に対する強い信頼が、その努力を可能にさせたと明言している。さらに「道を目指して進み、老いて余命がないことも気づかず、毎日努め励んで怠らず、死により止めるまで続ける」（『礼記』表記）、「聖とか仁などという言葉に、自分ごときが当たるとは思えない。ただ、それを体得することを目指し、努力して厭《いと》わず、人を教えて倦《う》まずという生き方を貫いてきたとは言える」（述而）のように、終始一貫、努力してきたことを自負している。また、道にしたがい君子となる努力をしても、途中で挫折する者があるが、自分は「已《や》むる能わず」とも述べている(『中庸』)。梁啓超は、孔子人生哲学の「第一要件」は、「厭わざること、倦まざること」である、と喝破《かっぱ》している(「教育家的自家田地」)。

❸大勇と浩然の気

『孟子』公孫丑上篇によれば、理想実現のための努力を継続する心の力を、孔子は「大勇」と呼び、孟子は「浩然《こうぜん》の気」と呼んだ。大勇とは「反《かえ》りみて自分が間違っていれば、相手が身分の低い者であれ、懼《おそ》れずにはいられない。逆に自分に正義があれば、たとえ相手が一千万人であろうと、かまわずに立ち向かう、という心のあり方である。『論語』顔淵篇に見える「内に省みて疚《やま》しからざれば、それ何をか憂え、何をか懼れん」という一文は、大勇に関する孔子の自述であると理解できよう。

浩然の気の「浩」は滔々《とうとう》と広がる水域を指し、浩然は「盛大にして流行する貌《さま》」(集注)である。結局、浩然の気と大勇は同意で、道にのっとり義なる行いを重ねているうちに養われ、「富貴も淫《いん》する能《あた》わず、貧賤も移す能わず、威武《いぶ》も屈する能わず」という不動心となる。吉田松陰《よしだしょういん》(一八三〇—五九)は、孟子もいわく言い難しとする浩然の気について、「首が刎《は》ねられ、腰を斬られようと、操《みさお》は最後まで変えない。高位厚禄を与え、美女淫声を並べても、断じて節を曲げない。まことに剛の極みである。金属は烈火で熔かせ、玉石は鉄鑿《てつさく》で砕けるが、この気だけはいかんともし難く、天地に通じ古今を貫き、森羅万象の外に独り存する。何と至剛ではないか」(『講孟劄記《こうもうさつき》』公孫丑上)と説明している。大勇であれ、浩然の気であれ、以上のような観点から言えば、孔孟による侠気の発露であるということができる。

激しい情熱と大勇、侠気を以て道を求め続けた孔孟の処世は、多くの人々に影響を与えた。孔子は、子路だけでなく、顔回を導き命を縮めるほどの努力を尽くさせ(子罕)、全ての弟子を感化し、孟子を私淑させ、司馬遷をはじめ、多くの人士の心を孔子に向かわせた。のみならず、些《いささ》かでも理想を求め、自己の向上を志す者は、孔子の処世と求道精神に魅せられ、共鳴・共感の情を自らが前進する力に変え続けてきた。孟子の場合も、特に宋代以降は、孔子と同様であり、その過激さ故に忌避されることも含め、後人の心に訴える力の強さ、深さの点では孔子を凌駕《りょうが》しているとも言える。それ故、孔孟が同時代さらには後世に与えた影響を論ずることは、中国思想史、東アジア思想史の全体を通史で考察する作業に匹敵する。ここでは、象徴的な例として、梁啓超に言及するにとどめる。

❹孔孟の影響力

梁は「孔子や孟子のような遥か二〇〇〇年前の人間の精神が、我が国民の脳裏に浸潤していること少なしとしない」(「治国学的両条大路」)あるいは「論語と孟子の二書は、中国人の内的および外的生活の支配者である」(『国学入門書要目及其読法』)の如く、同時代の中国社会が孔孟の影響下にあることを明言している。その梁自身が孔孟に規定されていたことは、小文で引用したいくつかの文章によってすでに明らかであろう。孔孟両者のうち、梁をより大きく規定していたのは孟子であり、その点を確かめておきたい。

破壊と創造が同時進行する清末民初にあり、梁は中国社会の犠牲を最小限にくい止めつつ、「新中国」のあり方を大胆に模索した。理想へ一歩でも近づこうと、自らの過去の言説にとらわれず挑戦し続けた処世は、時に変節漢《へんせつかん》の語を以て批判されたが、心は常に公明正大であった。それは、天職を遂行する「豪傑（孟子）」の侠気そのままの心情を吐露《とろ》した早期の詩文に明白である。曰く、「大丈夫は、事を行うに磊磊落落《らいらいらくらく》、吾が心の志す所を行い、必らず至るを求めて後に已《や》む」（「善変之豪傑」）、「男児、天下の事に志《こころざ》せば、ただ進むこと有りて止まること有らず」（「志未酬」）、と。その心情は終生変わらず、最晩年にも次のように鼓舞している。「現在の社会には、改造が絶対に必要である。改造しなければ、没落を座視するのみ。我々にとっては大変な恥辱だ。ならば一体、誰が改造をするのか。些か遠慮無く言えば、我々自身にほかならない。我々でなければ、いったい誰がやる。社会の改造は、まず個人の修養から始めるべきである。それを順に周囲に広げ、一人から二人へ、さらに一千万人に及ぶ。我々自身がたえざる努力をすれば、最終的に成功しないはずはない……私はこの点に関して、諸君に大きな願いを持っている。どんな願いかと言えば、諸君が社会風気の改造を、自分自身の責任と見なす、ということである、と（「北海談話記」）。このように孟子の口吻《こうふん》を髣髴《ほうふつ》とさせるほど、孟子は梁啓超を動かしていた。さらに梁は、『孟子』は青年の修養に最適の書物であり、精要なる語を選んで諳んじ、書き出して常に目に入れ、その精神を潜在意識に浸透させれば、一生を生き抜く人間的基礎が築かれ、日日、向上前進し、老いてなお衰えを知らぬようになる（『要籍解題及其読法』）、と力説している。

以上の如く、儒家思想の中心に位置する孔子と孟子においても、侠気は彼らの実行を支える決定的な機能を果たしていた。

おわりに

小文では、子路が備える侠気をいかに理解すべきかについて考察を行い、侠気こそが儒家の理想実現にむけての最大の難関である実行・実践を可能にしていたことを明らかにした。それは同時代の刺客や侠者達が達成困難な使命を侠気によって果たしたことと軌を一にしている。君子は、ひとたび遠大な目的に向かい行動する覚悟を定めれば、自ら限界を決めず一心に前進した。その際の突破力となるのが勇、侠気であり、自分を見失わず、欺かず、逃げず、ひるまず、曲げず、ぶれず、最後まで努力を貫くことであった。そうした自己貫徹の姿勢が小人の心を感化し、彼らも同様に理想へ向けての実践に努力する。こうした善に向かう過程で君子と小人の双方、とりわけ君子に求められるのが、勇つまり侠気であり、孔子以下の儒者達が等しく持ち合わせていた理由である。

❶君子の衆人に優る所

劉向《りゅうこう》は、こうした勇の意味について次のように言う。士の中には、仁義を成し遂げるため、生命を犠牲にしても何とも思わない者がある。「勇断（勇気と決断力）」がなければ、できることではない。もとより彼らとて、生を嫌い死を楽しんでいるわけではない。富貴を悪《にく》み貧賤を好んでいるのでもない。彼らは、『詩経』に「我が心は石ではない。コロコロとは変われない。我が心は敷物ではない。簡単には仕舞い込めない」とあるように、どんな状況でも自己を見失わない。そうした士君子でこそ、ともに危難を乗り切ることができ、その点が彼らの衆人に優《まさ》る所である、と（『説苑』立節）。

前稿「孔子」（『悪の歴史』東アジア編〔上〕所収）で引用した劉沢華《りゅうたくか》氏は、高すぎる理想の実現に邁進する儒者達は、中国文明の背骨として豊かで内容のある精神的遺産を残したが、安楽な人生をおくるという観点からすれば「愚か者」でしかなく、彼らの突出した行動は、精神的超越の追求と解釈する以外、理解できない、と述べていた。小文の考察によれば、劉氏の言う「精神的超越の追求」は、「俠気の発露」と言い換えることができよう。

以上、子路の俠気について論じてきたが、なお疑問が残る。上述の如く自らも俠気を備えた孔子が、子路に対し、血気の勇ではなく学問や義に裏付けられた勇(大勇)を体得すべし、と戒めつつ、その子路を最も愛していたという点である。それは何故か。また四〇年以上も孔子に親炙《しんしゃ》した子路は、当然、人格的な成長を遂げたに違いない。俠気の存在意義を理解するには、この点も明確にする必要がある。関連する重要な事実を指摘した後、順に考えていきたい。

❷狂狷の人

孔子から評価された俠気の持ち主は、子路ひとりではなかった。孔子は、ともに理想を目指す同志として中庸の人を得られぬ時には、「進取」する人、すなわち自らの志のままに過激に走る「狂者」、あるいは理想に違うことを断固拒否する「狷者《けんじゃ》」を選ぶ、と断言している(子路)。孟子も、中庸の人が得られなければ、狂者か獧者《けんじゃ》(狷者)とともにする、という(尽心下)。吉田松陰は、孔孟にとっての狂狷の意味を説き、中庸の士が得難いのは今も同じで、道は「気力雄健」の狂者でなければ興らず、「性質堅忍」の獧者でなければ守れない。それ故、自分も孔孟同様、狂狷の人を渇望している。のみならず、自分こそが時に「礼法を乱り政教を害する」狂者にほかならず、道を担い天下後世に伝える役目を辞することはない(『講孟劄記』尽心下三八章)、と述べている。

また孔子は、「士」の理想像を問われ、恥があり君命を辱めない人物が第一、宗族郷党から孝悌《こうてい》を称《たた》えられる人物が第二、これに次ぐのが言動に信義を貫く硜硜然《こうこうぜん》たる「小人」で、今の執政者達は全くの論外で士とは見なせない、と応えている(子路)。朱注によれば、硜硜然の硜とは固い小石で、狭量の小人物ではあるが、自らの節操を守るという点で落ち度はなく、士の範疇《はんちゅう》に含まれる、という。この場合の小人は、君子の対概念《ついがいねん》としてのいわゆる小人とは異なり、如上の狂者、狷者とほぼ重なる。

孔子がこれらの狂者、狷者、小人を、最低ランクの士と位置づけながら、凡庸な官吏やエセ君子より遥かに高く評価し、親近感を抱き可能性を見出していたことは明白である。子路を含め、彼らに対して、その「小」を批判しながら、他方では同志として期待している。そこには、いかなる理由があるのか。

そもそも一口に勇といっても、内容は様々に異なる。たとえば荀子は、狗彘《くてい》の勇、賈盗《ことう》の勇、小人の勇、士君子の勇という四段階とし、そのうち小人の勇とは、暴虐で命を軽んずる。士君子の勇は、義に基づき権勢になびかず、利を顧みない。国中を敵に回しても、主張を変えない。軽々しくは死なず、義を守り切り挫《くじ》けない、という勇である(栄辱)。また劉向は、工匠、漁夫、猟夫、武夫、君子それぞれの勇気を列挙して、武夫の勇気は、斬首され腹を裂かれ、骨を暴《さら》し広野で流血しようと意に介さない。君子の勇気は、朝廷で主君の怒りを買うことも顧みず、感情をあらわにして正論を吐き続ける。褒賞として高位高官の地位を提示されても心を動かさず、事後に処刑の危険性があろうと恐れずに敢行する勇気である（『説苑』善説）。ともに最後の（士）君子の勇に理想を見いだしている。こうした点を踏まえ、あらためて儒家の勇、すなわち侠気について考えてみたい。

❸克己の勇

本来、儒家思想において、仁を体得・実践して君子になるためには、善に向かう修養を日々重ね、欲望を抑え、欠点や過誤を認める努力を継続しなければならない。この点を極めて印象的に述べた説話がある。

子夏が肥ったため、曽子がその理由を尋ねると、戦いに勝利したから、と応えた。曽子がその意味を問うと、子夏は言った。私はこの前まで、先王の義を考えると素晴らしいと思う一方、外出して富貴の楽しみを目にすると、これも素晴らしいと思いました。両者が心の中で戦って決着がつかず、悩み疲れ痩せていたのです。いま、先王の義が勝ち、安心して肥りました、と（『韓非子』喩老）。

理想を実現する最大の困難は、他者との関係性の中にではなく、修養により自分自身に克つことにあり、常に自らを直視し、迷いを断ち過誤を改め、修養を続けることが求められる。とりわけ、過誤への対処が重要であり、孔子は、修養の根幹に関わる大事とした。曰く、過ちは様々あるが、対処の仕方で、その人物が仁か否かが明らかとなる（里仁）。小人は過てば、取り繕《つくろ》う。君子も過つが、改めれば、人に仰ぎ見られる（子張）。過ちは改むるに憚《はばか》ることなかれ（学而）、過っても改めないのが過ちである（衛霊公）、と。しかし、それは容易ではない。あの孔子すら「もう終わりだ。自らの過ちを知ったうえで、内面から自己を批判しようと思う者はいない」（公冶長）、「徳が修まらない、学問が進まない、義を聞いても従えない、欠点を改められない、これらが私の憂いだ」（述而）、と告白している。

したがって仁を体得・実践するには、己の欠点や過誤と対峙して打ち克つ克己の勇が必要となる。拙著『孔子』（山川出版社、二〇一三年）で述べたように、「我、戦えば則ち克つ」（『礼記』礼器）という孔子の言葉は、戦場で敵に克つという意味に加え、内面における自己との戦いに克つことも意味した。同じ論理で、戦場の戦いに勇気が不可欠なように、克己の戦いにも勇気が必要であると考えられたのである。かの王陽明《おうようめい》が「山中の賊を打ち破るのは容易だが、心中の賊（私心・邪欲）を破ることは困難だ」（『王文成公全書』巻四）と述べたように、仁の実現のためには、心中に巣くう邪念に打ち克つ勇気が要請されるのである。

孔子は克己の勇の必要性を明言している。すなわち、君子の要件として仁智勇の三者を挙げ（憲問）、その一方で、「仁者は必ず勇有り。勇者は必ずしも仁有らず」（憲問）と述べている。つまり、孔子が力説する勇は、仁、智とともにいわゆる「三達徳（三つの普遍的徳目）」を構成する勇であり、単なる蛮勇ではない。『中庸』には「恥を知る」ことが三達徳の勇に近いとあり、朱子は「恥を知るは勇にあらず。然れども以て懦《だ》を起こすに足れり」（『中庸章句』）という。恥は、外側に向かう勇気ではないが、自らの懦弱《だじゃく》な精神を奮い立たせることができる、というのである。克己の勇については、出土文献にも明確な記述がある。たとえば子思・孟子学派の文献『窮達以時《きゅうたついじ》』（郭店楚墓出土）は、善と不善のすべての原因は自分にあり、「君子は己を反《かえり》みるに勇なり」と、勇気を以て己を反省することが君子の要件であると強調している（朱淵清『知識的考古』（上海人民出版社、二〇一二年）。前述の如く儒家思想が抱える最大の困難は、自己を律するものが、甚だ脆弱《ぜいじゃく》で不確実な自分の心しかない、という点であった。それ故、理想へ向かう努力を貫くには、常に己を失わず裏切らぬよう、克己の戦いに勝利し続ける必要があり、勇気が不可欠となる。これは、儒者である限り、孔子であれ子路であれ、狂狷の人、「小人」と雖《いえど》も全く同じである。

孔子の大勇とは、反省の結果、相手が誰であれ、自らに非があれば懼れ、正しければ敢然と立ち向かうという心のあり方であった。これは、自らの行いに非があれば奴隷にも譲歩し、正しければ諸侯に対しても気色ばんで怒る、という漆雕氏の儒の勇と重なる。儒俠を形容する語として頻見する「矜寡《かんか》を侮らず、強禦《きょうぎょ》を畏れず」も、自らの不善と懦弱を克服し、己の正しさを貫く勇気ある処世を意味している。さらに孟子の浩然の気も、常に反省して自らの行いを正し続け、心に愧《は》ずる所が無ければ自ずと湧きあがる勇気であり（朱子注）、逆に「慊《こころよ》からざること」が有れば直ちに消えて無くなる（『孟子』公孫丑上）。いずれも自己と対峙して打ち克つ勇気であり、他者や外部と対峙する勇気とは異なる。

子路も単なる蛮勇の持ち主ではなかった。そもそも子路は、他人が自分の欠点を指摘するのを喜ぶ性格であり(『孟子』公孫丑上)、前述の如く、善言を実行できぬうちに、新たな善言を聞くことを憚り、誠意を以て修養に努めた。たとえば子路には、瑟《こと》の演奏が未熟なうえに亡国の楽を学んでいた時期があった。孔子がそれを知り、君子治安の楽と小人亡国の楽の違いを説き、今のままでは、自分の命も守れない、と戒めた。すると子路は、非を認めて悔い、食事も喉を通らず、痩せこけて骨が浮く有り様となった。それを見た孔子は、子路は過っても能く改める。必ずや向上する、と述べたという(『孔子家語』弁楽)。

このように、子路や狂狷の人、「小人」は、克己して過ちを改め、自己を貫く侠気を備えているという点で、孔子も志向する君子の要件を満たしていた。彼らを愛した理由である。

❹大勇と小勇

ならば孔孟の侠気を大勇とし、子路などの侠気を小勇として批判するのは、何故か。大小は何を意味するのか。史料が比較的多い浩然の気を手がかりに考えてみたい。

自己を省みるとは、当然ながら、過去から現在に至る自らの存在を、理想や価値観に照らして振りかえることである。孟子であれば、天命観や性善説に基づく理想に照らして反省する。すなわち、凡ての民は自らの内面に備わる天賦の善を成長させ、完成の度合いに応じて天爵《てんしゃく》を得る。天爵のもとにおける「天民」は誰もが対等であるが、先覚先知の人は、後覚後知の人を導かねばならず、最高の天爵を得た人物が「天吏(君主)」として、徳政を施し、民が日々善に遷《うつ》る社会を造りあげる。

このような孟子の理想が、堯舜《ぎょうしゅん》以来の道統を踏まえ、孔子の理想を継承していることを自覚して、その実現に邁進《まいしん》しているかを自問・反省して、何ら恥ずべき所が無い時、自ずと浩然の気(大勇)が湧き上がってくるという。孟子曰く、徳を尊び義を楽しめば、常に囂囂《ごうごう》(泰然自若として余裕あるさま)としていられ、いかに困窮しようと義を失わず、どれほど栄達しても道から離れない。王侯貴族に説く時も、彼らを軽く見ることができる。彼らが目指すものは、自分とは異なり、彼らの持つものは、自分が望むものではない。自分は実現すべき理想を持っている。そんな自分が何故、彼らを懼れようか、と(尽心下)。吉田松陰が浩然の気について、「天下がいかに広く、民の数がいかに多かろうと、この気が及ばぬ所はない……天地に通じ古今を貫く」と形容しているように、まさに時空を越える「至大至剛」の勇気である。

前述の如く、孔子を始祖とする儒者は、全ての構成員が君子となる理想社会を実現するという不可能事を自らの課題とする、「其の不可を知りてこれを為す者」であった。その点は、数千万年、数億年という遠い将来に存在する目的地に到達することではなく、常に近づき続け、少しでも前進することにある、という梁啓超の言葉が象徴的に表している。要するに孔子の大勇、孟子の浩然の気とは、全ての民を導き仁の社会を実現するという両者が抱く至大の理想に見合った至大の勇気なのである。というより、到達不能の永遠の理想であるからこそ、それに向かって敢然と挑み続ける至大の勇気が求められるのである。

孔孟の掲げる大きな理想と、子路や狂狷の人、あるいは刺客達が実現・解決を目指した統治や戦闘、暗殺といった課題は、前述(六八頁)の如く、いずれも現実的には極めて達成困難であり、俠気あるいは狂気を以て臨まねば、実現への努力を貫徹できない。しかしながら、孔孟の理想が「数千万年、数億年」という遠い将来における実現を目指すのに対して、たとえば伍子胥は、艱難辛苦《かんなんしんく》を極めたとは言え、「二〇年足らず」で本懐を遂げている。本質的に見れば、前者が人類永遠の理想であるのに対して、後者はあくまで眼前の局面的な課題にすぎない。その大きな落差は、孔子と弟子の対話に顕著に表れている。たとえば、子路が孔子に、かりに衛国の統治を任されたら何を優先するか、と尋ねると、孔子は「名を正す」、すなわち社会秩序を支える諸制度の名称を正しくすると答えた。子路はあきれて、「迂《う》なるや」、あまりに迂遠で現実からかけ離れている、と批判した(子路)。子貢も、孔子の道は「至大」で、天下に受け入れられない。もう少し小さくすべきでは、と迫った。これに対して孔子は、道を修めても、必ず容れられるとは限らぬ。道を修めもせず、容れられることだけを望むお前は、理想には程遠い、と切り返した。孔子の大勇を理解する顔回も、受け入れられないことが君子の証《あかし》であり、恥ずべきは道を修められないこと、と言い切っている(『史記』孔子世家)。孔子の孫である子思も、「大きな道が受け入れられないのは天命である。受け入れられようとして、大きさを損なえば、罪である」(『孔叢子』公儀)と言明している。敢えて言えば、侠者や小人の小勇は、目前の課題解決を目指すために必要な侠気、言わば「対症療法」に求められる勇気であり、孔孟の大勇は道の実現を志す「根治療法」の貫徹に必要な勇気である。

ただし特筆大書すべきことに、「人は努力すれば誰でも堯舜になれる」(『孟子』告子下)ように、浩然の気も努力によって「養う」ことができる。それは、外側から唐突に与えられるのではなく、「集義」

の生ずる所、すなわち、義なる行動を一つ一つ積み重ねていく中でしだいに生ずる（公孫丑上）。しかも『論語』に「義であると判断して実行できないのは、勇気がない証拠」（為政）とあるように、本来、義の実行は勇気により可能となる。したがって「集義」は、「集勇」を前提とするのであり、浩然の気は、小さな課題に臨み勇気を以て解決し、義を成就することを繰り返していくうちに生ずる、と考えられる。別言すれば、大きな理想を掲げ、その実現に向かって一歩一歩着実に現実の小さな課題を解決・前進していく努力の過程で、勇気も漸進的に拡大して浩然の気・大勇に近づくのである。勇気の大小は、目指す理想や克服すべき課題の大きさに応じて変わりうる。それ故、克己の勇を備える子路や狂狷の人に対して敬愛の念を抱いていた孔子は、彼らが目前の課題にとどまることなく、より大きな理想を抱き、大勇を持つことを期待して批判し、叱咤激励し続けたのである。

❺子路の成長

孔子に初めて出会った時、子路が備えていた勇は、剣を手にして、せいぜい一人を敵にできる匹《ひっ》夫《ぷ》の勇（梁恵王下）であった。しかし、その時点で孔子の導きに従い師事したこと自体、己を省みる勇を、少なくともその端緒は備えていたことを示している。また前述の如く、子路は自らの欠点を指摘されることを喜び、過ちを改める姿勢は、孔子をして「必ずや向上する」と断言させるほど真摯《しんし》であった。

その子路が孔子の側近くで修養に励んだ結果、着実に成長し、とりわけ「政事」に抜きんでる才能を認められるようになる（先進）。孔子は、子路の「果（果断）」なる人格について、政治を行う立場になれば十分職務をこなせる（雍也）と評価し、仁とは言えないが、千乗の国を治めることはできる（公冶長）とも述べている。実際、孔子は、晩年の子路が三年間治めた蒲《ほ》なる地を訪れ、民が耕作に尽力し、秩序が安定した状況を目の当たりにして、子路の執政が恭敬にして信義あり、忠信にして寛大であることがもたらした結果である、と絶賛している（『韓詩外伝』巻六）。

小文冒頭で引用した『論衡』率性篇は、子路の猛々しい物腰や驕《おご》り高ぶりが、孔子の導きによって改まり、政治で頭角を現すようになったのは、教化が人間の性格を悪から善に変えた明らかな事例である、とする。かくて子路は、己の過ちを改め、正義と見れば進んで行い、危難にある人は必ず救うという処世をおくることになった。君子に近づく成長を内面から支えていたのは、俠気、すなわち克己の勇であり、成長に伴い、子路が抱く理想や備える勇気も拡大していったと思われる。この点は、孔子から大勇について伝え聞き、自らも俠者であった曽子が、子路を畏怖《いふ》していた（公孫丑上）ことからも推察できよう。

孔子が、子路をそばに置き特別な存在として扱った理由は、仁の実現に向けて直ちに実行する志の純粋さ、克己の勇、俠気を最大限に評価し、そのさらなる成長を期待したためであり、同時に、勇を好むことにおいては孔門随一の人物によって、孔子自らの処世が常に糾《ただ》されることをも望んでいたからであろう。孔子は、「丘《きゅう》や幸いなり。苟《いやしく》も過ち有れば、人必ずこれを知る」（述而）の如く、欠点を指摘されることを幸いとする謙虚な性格であったが、自らの過ちを指摘する役割を、子路に最も期待していたと考えられる。子路を愛することは、同時に自らを叱咤することでもあったのである。

⦿参考文献

李啓謙・王式倫『孔子弟子資料滙篇』（山東友誼書社、一九九一年）

高木智見「修己と治人の間――漢代翕然考」（『名古屋大学東洋史研究報告』三五、二〇一一年）

高木智見『孔子――我、戦えば則ち克つ』（山川出版社、二〇一三年）

高木智見「孔子――その行き過ぎた理想主義は欠点か」（『悪の歴史』東アジア編〔上〕、清水書院、二〇一七年）

『史記』に描かれた

戦国時代の封君と任侠たち

藤田勝久

戦国時代は、諸国が国家の政治制度を整えてゆくなかで、思想家や兵法家、遊説家など、さまざまな個人が流動し、活躍した時代である。そのなかで儒家《じゅか》は、のちに評価されているのに対して、あまり名前を知られずに、義理を重んじる任侠《にんきょう》の人物が現れている。この時代の任侠は、諸国の官僚や封君《ほうくん》に従って個人として行動し、やがて社会的な勢力となった。その庇護者《ひごしゃ》となる封君の代表は、斉《せい》の孟嘗君《もうしょうくん》（戦国時代中期）、趙《ちょう》の平原君《へいげんくん》（？—前二五一）、魏《ぎ》の信陵君《しんりょうくん》（？—前二四三）、楚《そ》の春申君《しゅんしんくん》（？—前二三八）の戦国四君である。かれらは食客《しょっかく》三〇〇〇人といわれる客をかかえ、その客のなかに任侠の精神をもつ人物がいる。こうした人物のなかから、任侠の人を紹介してみよう。

司馬遷《しばせん》は、『史記《しき》』游侠《ゆうきょう》列伝の序文に、『韓非子《かんぴし》』五蠹《ごと》篇の「儒者は文を以て法を乱し、侠は武を以て禁を犯す」という言葉を引いて、二者はともに譏《そし》られているという。ただし世間では、多くの場合、このうちの儒者をほめている。

游侠の資質は、その行いが正義ではないとしても、その言葉には必ず信があり、その行いは必ず約束を果たし、承諾したことは誠実で、わが身を惜しまず、士の困難に赴き、存亡死生にかかわらず、その能力をほこらず、その徳を誇ることを恥とするという。しかし儒者に比べて、秦《しん》より以前では、匹夫《ひっぷ》の俠としての事績は滅んでしまって世にあらわれず、とても残念だと言っている。『史記』には、戦国時代の任俠の精神をもつ人物を、いくつかの列伝に分散して描いている。

戦国初期の俠の姿——聶政

『史記』刺客列伝は、義によって暗殺をする人物たちの伝記である。そのなかに戦国時代の聶政《じょうせい》（生没年不詳）のエピソードがある。ここに俠の姿を描いている。

聶政は、韓《かん》の人で、人を殺して仇を避け、母と姉と一緒に東方の斉国に亡命した。のちに衛《えい》国の厳仲子《げんちゅうし》が韓の列侯《れっこう》に仕えて、宰相《さいしょう》の俠累《きょうるい》と仲たがいした。そこで厳仲子は殺されるのを恐れ、俠累に報復する人物を探していた。そのとき斉に隠れている聶政を薦められて訪ね、その母の健康を祝福して黄金百鎰《いつ》を贈った。聶政は固辞したが、厳仲子は最後まで主客の礼をつくした。やがて聶政は、母が亡くなり葬儀をすませると、厳仲子の要望に応えることにした。

己を捨てて人を救う游俠の姿
（稲畑耕一郎監修『図説　中国文明史2』、創元社、2007年）

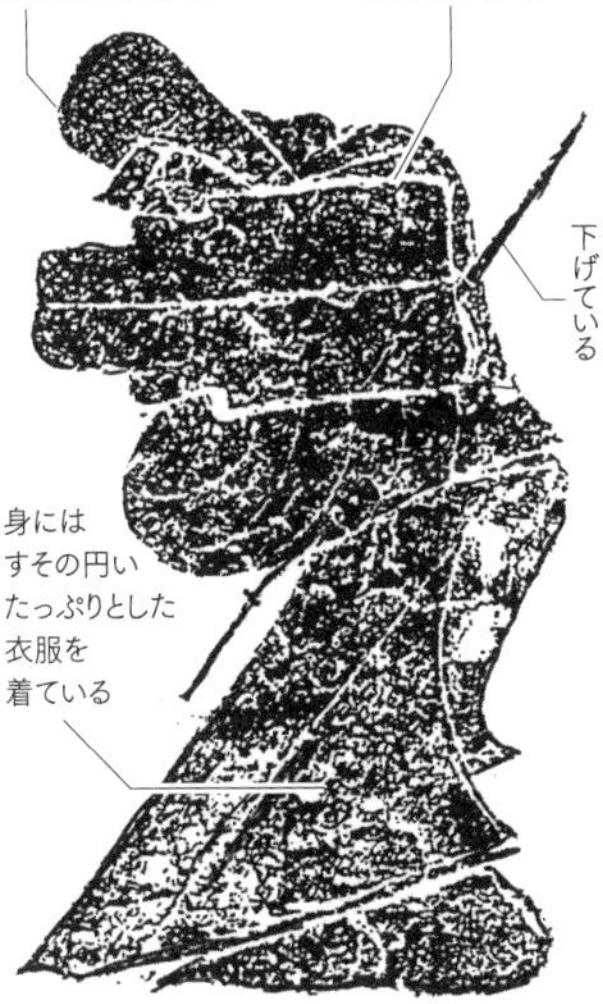
頭には
冠をかぶっている
手には
盾をもっている
腰には長い剣を

聶政は、厳仲子のもとから単身で韓に赴き、俠累を殺した。しかし自分の顔が分からないようにし、腹を切って亡くなった。韓の国では、その屍《しかばね》を市場にさらして、千金の賞金をかけた。それを聞いた姉は、自分が生存しているために名が分からないようにしたと思い、韓の国に赴いた。

そして姉は「『士は己《おのれ》を知る者のために死す』というが、どうしてわたしの罪を恐れ、賢弟の名を滅ぼすことができましょうか」といい、大声で天に三たび呼びかけると、聶政のそばで自害した。

晋《しん》・楚・斉・衛《えい》の人びとは、これを聞いて、聶政が事を成しただけでなく、その姉もまた烈女であるという。そして厳仲子も、またよく人物を見て、有用の士を得たと評価している。このとき、もし姉が告げなければ、聶政の名は知られることはなかった。そして『史記』刺客列伝に、聶政の伝記を載せなければ、逆境に生きた俠の名を残すことはなかった。これは戦国初期の俠の姿を描いたエピソードである。

聶政、韓の俠累を殺す
（中国山東省武祠画像石、後漢時代。Alamy提供）

戦国時代の封君と食客

こうした戦国初期の俠の姿は、どのように社会的な勢力となってゆくのだろうか。

司馬遷は、『史記』游侠列伝の序文で、古の民間の侠を知ることはできないが、近世（戦国時代）では、斉の孟嘗君、趙の平原君、魏の信陵君、楚の春申君が、王者の親族として、天下の賢者を招き、諸侯に名声を得たという。

この封君とは、戦国諸国のなかに、小さな国をもつ領主のような存在である。ここには官僚にあたる文書や財務を担当する客のほか、軍事や外交にあたる客など、さまざまな能力と役割をもつ客がいる。そのなかに、任侠の精神をもつ客もいた。だから封君の食客は、必ずしも任侠が主体であったわけではない。

戦国封君に多くの食客が従うに

戦国時代の諸侯地図（稲畑耕一郎編『中国五千年史　地図年表』、集英社、2001年などより）

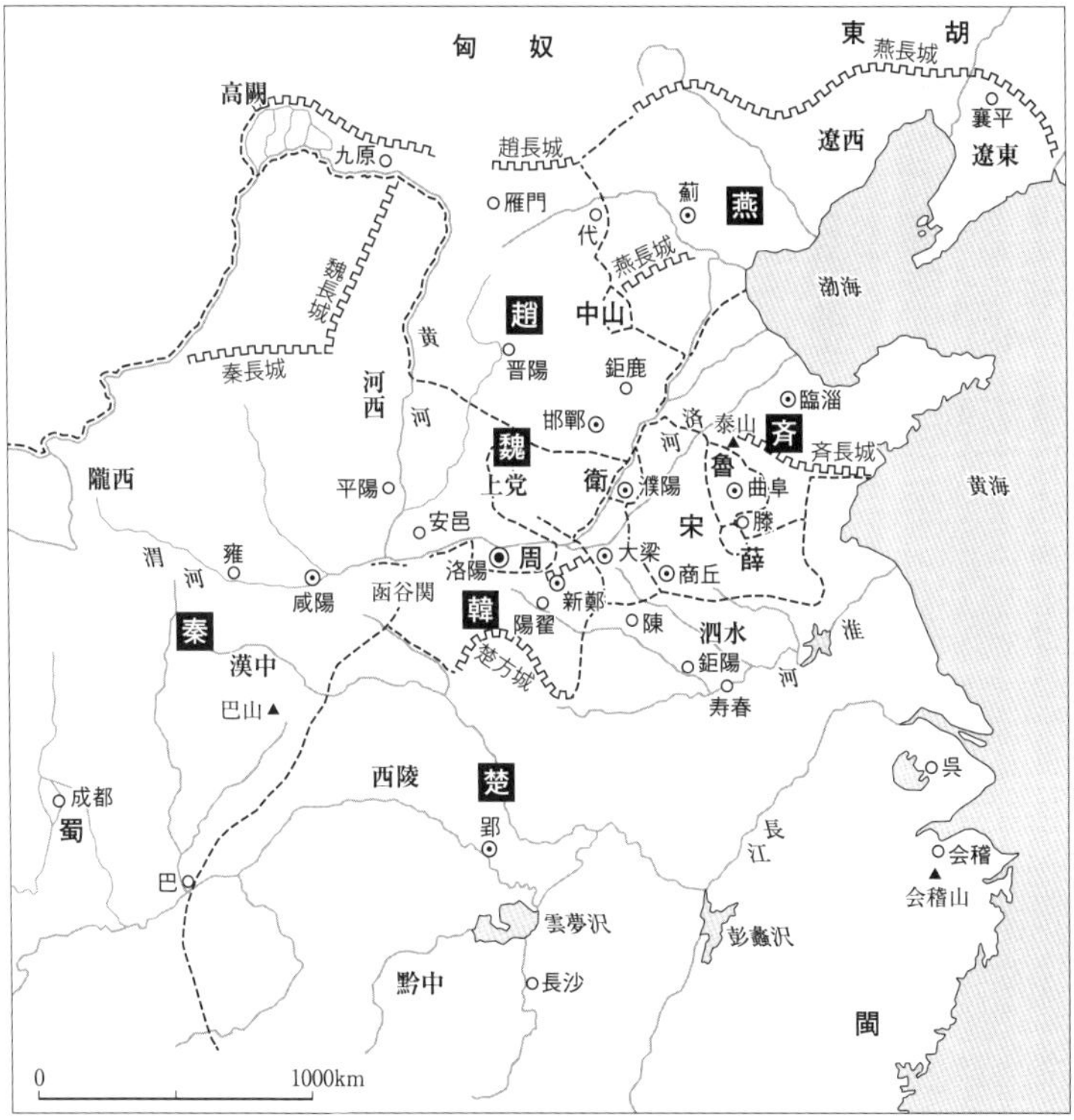

は、いくつかの理由がある、一は、士を大事にすることであり、二は、経済的な理由と権力による。

一に、趙の平原君は、自分の客を笑った美人を殺さなかったために、一年あまりで客が減っていった。そのわけを問うと、君は色を愛し、士を大事にしないとみて、士が去っていったのですと返答された。そこで平原君は、客を笑った美人を斬り、謝罪したので、また門下に客が集まった。これは士を大事にする人的なつながりである。

二に、孟嘗君のエピソードがある。孟嘗君は、斉の宰相から退けられ、客たちはみな去ったが、また召されて宰相になると、客を迎えることをためらった。しかし客の一人に、「富貴であれば士が多く、貧賤であれば交友が少ないのは、事の当然です。位を失い、賓客《ひんきゃく》が去ったことで、士を怨み賓客の道を絶つわけにはゆきません」と言われ、また客を迎え入れることにした。ここには権力や経済力によって、客が集散する様子がみえている。

この封君の客のなかに、任侠の精神がみえることと、戦国時代に任侠の勢力が発生することは、つぎのように言われている。

『韓非子』五蠹篇には、「侠は武を以て禁を犯す」と述べており、戦国時代の終わりには国を乱す勢力とみなされていた。その一端は、封君の客のなかに任侠の精神がみえている。しかしそうした任侠の精神は、もう一方で、社会のなかでも民間の勢力が形成されたという。その具体的な姿は、司馬遷が嘆いたように、十分には明らかではない。

そこで戦国四君の客のなかから、任侠の精神をもつ人物たちをたどってみよう。

孟嘗君の食客と任侠——魏子と賢者、馮驩

孟嘗君は、戦国四君のなかで、もっとも早い戦国中期に活躍している。孟嘗君は、諸侯の賓客や、罪をえて亡命した者を自分の領地に招き、手厚く待遇したので、食客は数千人となったが、貴賤にかかわらず自分と対等にした。また訪客と面会したとき、屏風《びょうぶ》の後ろで書記に記録させ、その親戚の居所を聞いて、すぐに礼物を贈らせたという。そこには、鶏鳴狗盗《けいめいくとう》のエピソードで知られるように、鶏の鳴き声をまねする客と、盗みを得意とする客や、任侠の者もかかえていた。

司馬遷は、孟嘗君の領地（薛《せつ》、山東省滕州市）を訪ねたとき、その任侠たちの感想を残している。

> その風俗は、閭里《りょり》（村落）に暴桀《ぼうけつ》の子弟が多く、（孟子の郷里の）鄒《すう》や、（孔子の郷里の）魯《ろ》（の風俗）とは異なっている。その理由を問うと、孟嘗君が天下の任侠たちを招致したので、悪事をする者が薛《せつ》国の中に入ってきました。それは、おおよそ六万家くらいでした、と答えた。世間で孟嘗君が食客を好み、自ら喜んだと伝えるのは、まったく虚名ではなかったのだ。

だから孟嘗君の食客には、任侠をふくむはずであるが、孟嘗君列伝には、具体的な任侠の人物はみえない。ただ約束を必ず果たし、わが身を惜しまず、その能力を誇らないことでは、領地の収入をめぐる人物が注目される。

孟嘗君が食客三〇〇〇人を養うには、その財源が必要である。これは領地の収入から得たようで

ある。あるとき、孟嘗君の舎人《しゃじん》である魏子《ぎし》(生没年不詳)が、封邑《ほうゆう》の収入を取り立てようとした。しかし三度ほど往復したが、収めなかった。孟嘗君が、そのわけを問うと、魏子は「賢者がいて、内密に貸したので、収められないのです」と答えた。そこで孟嘗君は怒って、魏子を退けた。

数年後、孟嘗君が乱を起こそうとしていると讒言《ざんげん》する者があった。斉の湣王《びんおう》はそれを疑い、孟嘗君は出奔《しゅっぽん》した。そのとき魏子から穀物を得た賢者は、これを聞いて、孟嘗君の無実を証明するために「身をもって誓いを立てさせていただきたい」と上書した。そして宮門で、自ら首をはねた。湣王が驚いて調べさせると、果たして孟嘗君は無実であった。

このエピソードで、魏子と賢者は任侠の者ではない。しかしわが身を惜しまず、その能力を誇らないことでは、侠の精神をもつ人物といえよう。

もう一人は、馮驩《ふうかん》(生没年不詳)である。馮驩は、孟嘗君の客となって一年、何もしなかった。孟嘗君は、封邑の収入では食客を養うのに足りないので、銭を貸し付けていた。しかし多くは利息も払えなかった。そこで適任者を探し、馮驩を行かせることにした。

馮驩は、銭を借りている者から利息十万銭を得た。しかしこれで多量の酒と肉を買い、債務者を集めるように触れを出した。酒宴たけなわのころ、利息を払える者は期限を決め、払えない者は証文の券書《けんしょ》を焼いた。そして利息を取ることと、利息支払いの区別、宴会を設けた処置は、孟嘗君が食客を養うためであることを理解させた。

孟嘗君は、それを聞いて怒り、馮驩を帰らせて責めた。すると馮驩は、「わたしは返済できない無用の証文を焼き、民を君に親しませ、君のよい評判を明らかにしようとしたのです」と答えた。孟嘗君は、手をうって喜び、お礼をいった。

この話は、孟嘗君の伝記が終わったあとに追加されており、銭の取り立てなど、どこまで戦国時代の実情を反映しているか不明である。またこれは一種の弁論と策略であり、けっして任俠の人物ではない。しかしここにも、わが身を惜しまず、約束を果たす行為がみえている。これもまた俠の精神に通じるエピソードであろう。

平原君とその食客——毛遂

趙の平原君も、同じように士を招き、賓客は数千人におよんだという。この平原君列伝でも、明らかに任俠という人物はみえない。しかし戦国後期の毛遂《もうすい》(生没年不詳)のエピソードは、俠に通じる精神を示している。

毛遂は、平原君の舎人となって三年間、とくに目立つところがなかった。このとき秦の国は、すでに趙の軍を長平で破り(前二六〇年)、つづいて趙の都・邯鄲《かんたん》(河北省邯鄲市)を包囲した。趙は、平原君を楚に使いして、楚と合従《がっしょう》して援軍を求めようとした。この危急の際に、毛遂は一緒に楚に行くことを志願した。同行した十九人の者は、毛遂を冷笑したが、楚に着くころには、ことごとくかれの議論に心服した。

楚に着いた平原君は、楚王に合従の利害を説いたが、半日たっても決着しなかった。そこで毛遂は、剣を手にして会見の階に登り、平原君に「なぜ決しないのか」といった。そして楚王にむかって、「わたしを叱責《しっせき》するのは、楚の衆が多いのを頼みにしているからでしょう。しかし今、楚王の命は十歩ほどで、わたしの手うちにあり、楚の衆は頼みとなりません。わが君の前で叱責するとは何ごとか」といった。そして趙と楚が連合するのは、楚のためであることを説いて、合従を約束させた。平原君は、趙に帰って「毛先生の三寸の舌は、百万の軍よりも強い」といい、毛遂を上客とした。

この話は、一つに、戦国時代の弁論による外交戦略を示している。しかしもう一方で、台上に登って楚王を脅した行為は、刺客列伝の人物や、任侠の人物をほうふつとさせる。ここでも毛遂が、わが身を惜しまず、約束を果たしたのは、侠の精神に通じるものである。

司馬遷は、列伝の論賛で「平原君は濁世《だくせ》の佳公子であるが、よく全体の情勢をみることができなかった」とコメントしている。だから平原君の食客や任侠が、どのように活躍したかは、よくわからない。

信陵君の食客と任侠――侯嬴、朱亥

魏の信陵君（公子無忌《むき》）は、安釐《あんき》王が即位したとき封君となった。『史記』は魏公子列伝としている。信陵君は、賢者と不肖とを問わず、謙虚に礼をもって交わり、集まった食客は三〇〇〇人におよんだ。

そのなかに、侯嬴《こうえい》（侯生、？―前二五七）という七〇歳の隠士《いんし》がいる。侯嬴は、家が貧しく、魏の都・大梁《たいりょう》（河南省開封《かいほう》市）の夷門《いもん》で、門番をしていた。信陵君は、自分の車の左を空席とし、後車と騎乗を従えて、自分で夷門の侯嬴を迎えに行き、酒宴の席で上客とした。一座のものは、みな驚き、信陵君が士に対して謙虚であることを知った。このとき侯嬴は、世に隠れている賢者の朱亥《しゅがい》(生没年不詳)を紹介したが、朱亥は賓客とはならなかった。

やがて魏の安釐王二〇(前二五七)年に、秦が趙の邯鄲を包囲した。信陵君の姉は、平原君の夫人となっていたので、趙はしばしば信陵君に書信を送り、魏の救援を請うた。魏王は、将軍の晋鄙《しんぴ》に大軍を率いさせ、趙を救うことにした。しかし秦が使者を遣わして、魏を脅すと、魏は趙を救うことを名義としながら、形勢をみることにして、晋鄙の軍を足止めした。これを憂えた信陵君は、賓客や弁士とともに、しばしば魏王に救援を請うたが、聞き入れられなかった。そこで自分で車馬百余乗を調達し、食客を率いて趙の救援に赴くこととした。その出発のとき、侯嬴の策を聞いている。

侯嬴は、軍を発するとき晋鄙に与えた兵符《へいふ》の片方が魏王のもとにあり、それを得て晋鄙の軍を奪い、趙を救って、秦軍を退けることを勧めた。そして信陵君が出発するとき、晋鄙が割符《わりふ》を疑って軍を与えない場合は、先に紹介した朱亥に撃たせるように提案した。朱亥は、信陵君の恩義に報いて、命をささげることを覚悟している。

さらに侯嬴は、「わたしも従いたいが、年老いています。そこで公子の行程を数え、晋鄙のもとに着かれる日に、北に向かって自ら首をはね、公子を送りましょう」といった。

信陵君が、晋鄙のもとに行くと、やはり晋鄙は疑って従わなかった。そこで朱亥は、袖の下に隠していた鉄槌《てっつい》で、晋鄙を殴り殺した。このとき侯嬴は、約束通り、北に向かって自害していた。

こうして信陵君は、晋鄙の兵八万人を選抜して、秦軍と戦った。このとき、楚の春申君の軍も救援している。そのため秦軍は包囲を解いて退却し、邯鄲は救われ、趙の国を保つことができた。

このエピソードでは、まず信陵君その人が、封君でありながら、不正を許して、その行いに約束を果たすという精神をもっている。そのため魏王は、信陵君が兵符を盗んだことを怒り、信陵君は趙に十年ほど滞在して、魏に帰国しなかった。

また侯嬴は、隠士から信陵君の客となったが、任侠の人ではない。しかし、かれもまた、わが身を惜しまず、約束を果たしており、ここには俠の精神がみえている。朱亥は、どのような結末になったかわからないが、世に隠れたかれに礼をつくした信陵君に、わが身を捨てて行動している。戦国時代には、こうした義侠心が、いくつかの場面にみえている。

信陵君は、趙に滞在しているときも、世に隠れた処士《しょし》と交わり、天下の士も多く集まったという。やがて信陵君は、魏に帰国したが、秦王が晋鄙の食客を求めて、魏王に讒言《かんげん》させ、公子は失脚した。そして四年後に、病死した。

司馬遷は、戦国四君のなかでも、とくに信陵君の人柄に敬意をはらい、自ら大梁の廃墟《はいきょ》を訪れて、夷門(東門)の場所を問うている。そして魏公子列伝の論賛では、上下なく士に接した態度を、高く評価している。

二 天下の諸公子たちのなかにも、士を喜ぶ者は多くいる。しかし信陵君が岩穴に隠れるような隠者に接する態度や、下の者に交わって恥としないのは、理由のあることだった。諸侯の中で名声がトップであるのも、けっして虚名ではないのだ。

こうした信陵君の客には、さまざまな能力をもつ人びとがいたであろう。そこには、まだ官僚制が固定せず、個人の能力にたよる余地がある。

ちなみに司馬遷は、楚《そ》の春申君についても、その封邑《ほうゆう》の都城を訪れ、感想を述べている。

私は楚に行き、春申君の故城を観たが、その宮室は盛んであった。初め、春申君が秦の昭襄王《しょうじょうおう》に説いて、身体をはって楚の太子(考烈王《こうれつおう》)を帰国させたとき、その智恵は明晰《めいせき》であった。

春申君は、楚の太子が秦に人質となったとき、一緒に秦に滞在した。そして楚王が病気となると、一身を投げ出して、偽って太子を帰国させた。秦王は怒って、自害を許そうとしたが、かれを罰せず帰国させた。この太子が考烈王となり、かれは春申君となった。このとき他の戦国封君は、争って士を待遇し、賓客を招いていた。そして趙が長平の戦いに敗れ、邯鄲が包囲されたときには、兵を率いて救援に赴いた。しかし春申君列伝では、かれの食客や任俠の者について、詳しい記載はみられない。

戦国時代の任俠の姿は、司馬遷が述べるように、よくわからない。しかし任俠の精神をもつ人びとが、戦国四君に代表される封君の食客のなかに存在し、あるときは封君から離れて行動したことは、容易に想像できる。こうした人びとが、戦国時代から漢代にかけて、しだいに社会的な勢力となったのであろう。

⊙参考文献

宮崎市定「游侠に就いて」（一九三四年、『宮崎市定全集』第五巻、岩波書店、一九九一年）
増淵龍夫「漢代における民間秩序の構造と任侠的習俗」（一九五一年、『新版 中国古代の社会と国家』岩波書店、一九九六年）
守屋美都男「漢の高祖集団の性格について」（一九五二年、『中国古代の家族と国家』東洋史研究会、一九六八年）

なお、『史記』の翻訳は以下の書物を参照した。
野口定男・近藤光男・頼惟勤・吉田光邦訳『史記』（平凡社、一九六八〜七一年）
小竹文夫・小竹武夫訳『史記』全八冊（「ちくま学芸文庫」、一九九五年）
小川環樹・今鷹真・福島吉彦訳『史記列伝』二、三（「岩波文庫」、一九七五年）

曹沫

…そうばつ…

村松弘一

『史記』の「刺客」曹沫と斉・魯の歴史

曹沫《そうばつ》（生没年不詳）は『史記《しき》』刺客《しかく》列伝の冒頭に登場する「刺客」である。魯《ろ》の荘公《そうこう》（在位前六九三―前六六二）に仕えた曹沫は斉《せい》の桓公《かんこう》（在位前六八五―前六四三）を恫喝《どうかつ》し、奪われた土地を取り戻した勇士として刺客列伝に描かれている。このエピソードの登場人物は魯の荘公・曹沫と斉の桓公・管仲《かんちゅう》（前七二〇―前六九五）の四人である。魯は周の武王の弟の周公旦《しゅうこうたん》の子の伯禽《はくきん》が封建されて始まり、曲阜《きょくふ》を中心に周の伝統を継承した。孔子《こうし》が誕生したのもこの魯国である。斉は太公望呂尚《たいこうぼうりょしょう》が封建されて始まり、今の山東省の臨淄《りんし》を拠点とし、東は海、西は黄河につながる交通の要衝に位置した。隣国同士の魯と斉は婚姻関係を繰り返し、時には共生し、時には戦争をした。恫喝事件の前、魯の荘公は役人の諫めも聞かず、魯にいた管仲を斉に引き渡した。その管仲を政治の中枢に置いた斉は空前の経済発展を遂げた。また、事件後には斉の桓公が覇者《はしゃ》となり、魯では荘公の死後、慶父による混乱が発生した。すなわち、この曹沫による斉桓公恫喝事件はその後の斉と魯の歴史を大きく変えるエピソードであったと言える。刺客列伝の曹沫のエピソードは、長い斉・魯の歴史物語の一部が切り取られたものである。以下、曹沫恫喝事件とその前後の斉魯関係、さらに曹沫の人物像の変化について見てゆきたい。

❶魯の荘公と斉の桓公の即位

紀元前七世紀初め、魯と斉の間に深刻な事件が発生した。魯の桓公が斉で殺害されたのである。魯桓公とは自分の兄の隠公《いんこう》を殺害して即位した人物である。彼は斉の襄公《じょうこう》の妹を夫人に迎え、その間に子の同《どう》が生まれた。前六九四年、魯桓公は外遊を思い立ち、夫人の文姜《ぶんきょう》とともに斉に行くこととした。魯の大夫は斉に行かないように引き留めたが、魯桓公は聞き入れず、ついに斉へと旅立った。もともと、文姜は魯桓公の夫人となる前、異母兄の斉襄公と私通する仲であった。その後、魯に嫁入りし、遠く離れていたが、今回、魯桓公とともに斉に来ると、二人はかつてのように密通した。魯桓公はこれに気付き、文姜に激怒した。文姜は魯桓公に怒られたと斉襄公に告げた。これに対して、斉襄公は魯桓公との宴席を設け、魯桓公が酔ったところで、力士の彭生《ほうせい》(魯世家には公子とある)に殺害を命じた。彭生は泥酔した魯桓公を抱きかかえ、肋骨を拉《くじ》き折り、殺した。この魯桓公死亡の事態に魯が斉に強く抗議したため、斉の国人は彭生を殺して、魯をなだめた。こうして魯桓公の太子同が即位した。これが魯の荘公である(前六九三年)。

この魯桓公の殺害に及んだ斉襄公は、このほかにも、むやみに人を殺し、女色にふけ、しばしば大臣たちを欺いたため、斉国内は混乱していた。斉襄公の次弟の糾《きゅう》は傅育《ふいく》(養育係)の管仲と魯国へ、その次の弟の小白《しょうはく》は傅育の鮑叔《ほうしゅく》と莒国《きょこく》へと逃亡した。斉では大夫の連称《れんしょう》と管至父《かんしふ》と斉襄公の従兄弟の公孫無知《こうそんむち》らが反乱を起こし、斉襄公を殺害する(前六八六年)。その後、斉君となった無知も殺された。そこで、糾と小白の間で後継者争いが発生するが、先に莒から帰国した小白が斉公となった。これが斉の桓公である(前六八五年)。

❷斉の桓公と管仲

斉桓公は魯を攻め、魯は逃亡していた斉の公子糾を殺害した。さらに、斉桓公は糾とともに魯にいた管仲を殺すつもりであったが、鮑叔が「もし、あなたが覇者になろうと思われるならば、何としても管仲を手に入れなくてはなりません。管仲のいる国は国として重きをなします。彼を失ってはなりません」と説得した。その言葉に従って、斉桓公は魯に管仲を生け捕って送るよう通告した。魯国では施伯《せはく》なる人物が魯荘公に対して「斉が管仲を得ようとするのは、殺すためではなく、登用するためです。彼が登用されれば、魯にとって不利です。彼を殺して屍を与えるのがよいでしょう」と諫めたが、魯荘公は聞かず、結局、管仲を斉に引き渡した。

管仲は潁水《えいすい》のほとりの出身で、若い頃から鮑叔と交遊し、鮑叔は彼が賢い人物であることを知っていた。そのため、鮑叔は彼を斉桓公に推挙したのである。斉の宰相となった管仲は鮑叔らとともに斉の国政を整え、物価調節の法や漁撈製塩の利を設けて貧民を救済し、有能な人物に禄を与えるといった様々な経済政策を実施した。その結果、海に面した地の利を活かし、海産物の交易を通じて財産を蓄積し、富国強兵を進め、一気に斉を強国へと成長させたのである。

❸曹沫の斉桓公恫喝事件

管仲の政策によって安定した斉は隣国の魯と度々国境をめぐる争いをおこした。そのころ登場してきたのが、本節の主人公の曹沫である。以下、『史記』刺客列伝の記述である。

魯の出身の曹沫は勇ましい力をもっているということで魯の荘公につかえた。魯荘公は力のある者を好んだので、曹沫は魯の将軍となり、斉と戦ったが、三度敗北した。魯荘公は斉を恐れ、斉に遂邑《すいゆう》の土地を献上して和睦しようとした。曹沫は将軍の位にとどまった。斉の桓公は和睦することを承諾し、魯と柯《か》の地で会い盟約をかわすこととした(前六八一年)。斉桓公と魯荘公は壇上で誓約し終えると、突然、曹沫が匕首《あいくち》を持って斉桓公を脅した。斉桓公の左右の臣は誰も動く事ができなかった。斉桓公は曹沫に「そなたはいったい何を要求しようというのか？」と問うと、曹沫は「斉は強く魯は弱い。大国である斉が小国の魯を侵攻し、その侵略の規模は度を越えてひどい。今、魯の城壁は破壊され、斉の国境は魯に深く入り込んで国都まで迫っている。どうか考え直してくれ」と答えた。そこで、斉桓公は魯から奪った土地を、ことごとく返すことを承諾した。斉桓公が返答を言いおえると、曹沫は持っていた匕首を投げ捨て、壇を下り、群臣の席についた。ところが、曹沫は顔色を変えることなく、乱暴な言葉遣いを続けた。そんな曹沫の態度に斉桓公は激怒し、魯と結んだ約束を反故にしようとした。それに対して、管仲は「それはなりません。小さな利益を貪って、自分だけが良い気分になるのなら、諸侯からの信頼はなくなり、天下の国々の支持を失うことになります。ここは約束の通りにしたほうがよいでしょう」と説得した。そこで、斉桓公は魯から奪い取った土地を魯に返し、曹沫が三度戦って失った土地はまた魯に戻ることとなった。

これが『史記』刺客列伝に描かれた曹沫の斉桓公恫喝事件の全容である。『史記』の斉太公世家、魯周世家、管晏《かんあん》列伝にもこの事件のことが記されているが、いずれも刺客列伝とほぼ同内容もしくはそれを要約したものである。

斉桓公恫喝事件から二年後の前六七九年、斉桓公は諸侯とともに甄《けん》で会盟をおこなった。そこで斉桓公は覇者となった。ここに、斉桓公は絶頂期を迎えることになる。すなわち、管仲の言うとおり、曹沫の恫喝事件で取り決めた約束を反故《ほご》にしなかったことによって、諸侯への評判が高まり、覇者へと駆け上がったのである。このことを管仲列伝では「与えることこそ、取る方法であると知るのが政治の秘訣である」とあり、土地を与えても、結果として諸侯の信頼を得たことが重要であったと説いている。刺客の曹沫は斉桓公・管仲の出世物語の立役者であったと言ってよいだろう。

曹沫像の変遷――『春秋左氏伝』から『史記』へ

さて、恫喝事件の中心的人物であった曹沫は『史記』以前の文献でも「刺客」として描かれているのであろうか。まずは『春秋左氏伝』の記述を見よう。恫喝事件が発生した魯荘公一三年(前六八一年)の柯での会盟については、経文に「冬、(魯荘公は)斉侯と会合し、柯で盟約をかわした」とのみ記されているだけで、『史記』にあるような曹沫のエピソードは語られず、曹沫が会盟に同席していたかどうかも全くわからない。それどころか、その三年前の記事では、恫喝するような人物とは思えないほど冷静な知恵者の曹沫像が記されている。『春秋左氏伝』荘公十年伝(前六八三年)に以下のように書かれている。

十年春、斉軍が魯に攻め込んだ。魯荘公が戦おうとすると、曹劌《そうけい》(曹沫のこと)が魯荘公との謁見《えっけん》を求めた。その同郷の人は「肉を食べる高貴な方が対策を立てておられるのだから、でしゃばるな」と引き止めたが、曹劌は「肉を食べる方は身近のことばかり考えて見識が狭く、遠大な対策を立てられないものだ」と言い、魯荘公に謁見したのである。曹劌は「何に依拠して戦うおつもりですか」と問うと、魯荘公は「暖衣飽食をひとり占めにせず、いつも他人に分け与えている」と答えた。すると、曹劌は「そんな些末《さまつ》なお裾《すそ》分《わ》けでは広く行きわたらず、民は従わないでしょう」と言った。魯荘公は「神に捧げる犠牲や玉帛《ぎょくはく》に余計なものは加えず、かならず信《まこと》をもっておこなっておる」と言い、曹劌は「そんな些末な信では不十分で、神の福は期待できません」とこたえた。魯荘公が「大小を問わず訴え事には、たとえ真実を明らかにできなくても、実情の把握につとめている」と言うと、曹劌は「そうした忠《まごころ》がおありなら、一戦できましょう。戦になりましたら、その折りにはお伴いたします」と答えた。魯荘公は曹劌を戦車に同乗させ、長勺《ちょうしゃく》という所で斉軍と会戦した。魯荘公が攻めの太鼓を打たせようとすると、曹劌は「お待ちください」と引き止めた。斉の人が三回太鼓を鳴らすと、曹劌は「もうよろしい」と討って出て、斉軍は大敗を喫した。魯荘公が敗走する斉軍を追いかけようとすると、曹劌は「お待ちください」と言って、斉軍の轍《わだち》の跡を調べ、軾《しきみ》(戦車のまえの横木)に登って斉軍を眺め渡してから、「もうよろしい」と言って、ついに斉軍を追撃し、勝利をおさめた。魯荘公は「どうしてこのような動きをしたのか」と、その理由をたずねると、曹劌は「戦には気力が肝要です。ひとたび太鼓をうち鳴らせば気力は高まります。二度鳴らせば気力は衰えてしまいます。三度鳴らせば気力は尽き果ててしまいます。敵軍の気力が尽き、我が軍の気力が充実したので、撃破できたのです。斉のような大国というものは測りがたいものです。伏兵があるやも知れません。戦車を下りて調べると、斉軍の轍は乱れ、軾に登って眺めると、斉軍の旗が倒れているのを見たので、追いかけたのです」とこたえた。

この場面で見える曹劌（曹沫）の姿は斉公を恫喝するような激しい気性の持ち主ではなく、冷静な知恵者であり、兵法家である。また、恫喝事件から十年後の荘公二三年（前六七一年）の伝文にはもうひとつ曹沫のエピソードがある。

二三年夏、魯荘公が斉へ社祭の見学に行ったことは、礼に合致していなかった。曹劌は諫めて「それはいけません。そもそも礼というものは民を秩序づけるためのものなのです。ですから諸侯の会合の席では上下の秩序を正し、貢賦《こうふ》の標準をさだめます。朝廷では爵位《しゃくい》の儀式をただし、長幼の序にしたがいます。征伐とは、その道を踏み外したものを討つものです。諸侯は王に朝見し、王は四方への巡幸し、これらは礼を盛大に実習する機会なのです。こうしたこと以外は君主のおこなうものではございません。君主の行動はかならず史官によって記録されます。記録されたことが、法に合わなければ、子孫はそれを見ても役に立たないでしょう」といった。

このことは『史記』魯周公世家には「（荘公）二三年、荘公は斉に赴き、社の祭りに集めた斉の軍器を観覧した」との短い記述を残すのみで、曹沫の記載はない。このように『春秋左氏伝』には他国の君主を恫喝するような曹沫の姿は描かれていない。このようにみると、同じ魯荘公時代の事績の記述でも『春秋左氏伝』と『史記』に採用された主たる事件は異なり、また、曹沫の人物像も異なったものであった。また、近年公表された上海博物館戦国楚竹書には「曹沫之陳」(曹沫の陣法・兵法)と題された一篇があるが、それは魯の荘公と曹沫の政治・軍事にかかわる問答集であり、そこには『春秋左氏伝』のような知恵者・兵法家の一面は見られるが、『史記』刺客列伝と関わるような曹沫像を見ることはできない。

また『春秋左氏伝』に少し遅れ、戦国末期に著された『呂氏春秋』「離俗覧貴信」には少し異なった曹沫像が見られる。

斉桓公は魯を伐《う》った。魯人は軽々しく戦おうとせず、魯の国都から五〇里離れたところを国境として、斉の臣下と同じように従いたいと請うてきたので、斉桓公はそれを承諾した。その時、曹翽《そうけい》(曹沫のこと)は魯の荘公に「あなたは死んでさらに死ぬのですか。それとも生きてさらに生きるのですか」と聞いた。魯荘公は「何を言っているんだ?」と尋ねた。曹翽は「私の言をお聴きくだされば、魯国はかならず広大になり、公の御身はかならず安らかになることでしょう。これが生きてさらに生きるということです。私の言をお聴きくださらなければ、魯国はかならず滅亡し、公の御身は危険と屈辱にさらされることになります。これが死んでさらに死ぬということです」と答えた。荘公は「どうか君の言に従わせてくれ」と言った。そこで翌日、まさに盟約を結ぼうというときに、魯荘公は曹翽とともに剣を懐に隠しもって壇上にあがった。魯荘公は左手で斉桓公をつかみ、右手で剣を抜いて身を乗り出して「魯の国都は国境から数百里もあったのに、今やわずか五〇里しか離れていない。これでは私は生き延びることができない。同じく死ぬのならば、あなたを殺して、私も死にましょう」と言った。そこに管仲と鮑叔が進み出ると、曹翽は剣に手をかけて斉桓公と二人の間を遮り、「二人の君主がまさに地図を改めようとしているのだ。勝手に進み出てはならぬ」と叫んだ。魯荘公は「汶水《ぶんすい》を境界としましょう。そうでなければ、あなたには死んでもらいます」と言うと、管仲は「国土が君主を守るものであって、君主とひきかえに国土をまもるのではありません。どうぞ、この条件をお飲みください」と斉桓公に言った。ついに、斉は汶水の南を境界とするという、盟約を魯と結んだ。

この『呂氏春秋』のエピソードの、魯が斉と盟約を結ぶ際に武具を持って恫喝し、斉から土地を奪うといった場面設定は、『春秋左氏伝』に比べて『史記』刺客列伝に近づいている。ただ刺客列伝と異なり、剣を持って斉桓公を恫喝し、国境交渉をしたのは曹沫ではなく、君主の魯荘公であった。曹沫は剣を懐に持ち、恫喝する提案をし、現場では剣に手をかけ管仲・鮑叔と斉桓公の間に入って応援を遮《さえぎ》るという役回りである。主役が魯荘公、それを支えるサブキャラクターが曹沫である。曹沫が主役となっている『史記』刺客列伝と配役設定が大きく異なり、刺客としての曹沫像は見られない。このように見ると、『春秋左氏伝』でも『呂氏春秋』でも曹沫の知恵者・兵法家としてのキャラクター付けは変わらず、自らの力に頼り、恫喝するような曹沫のイメージは『史記』刺客列伝によってはじめて付与されたものと言えるのではないだろうか。

「刺客」曹沫の誕生

これまで見てきたように『史記』以前、曹沫は知恵者であり、兵法家であり、また、政治家であった。『史記』には曹沫のそういった姿は描かれず、刺客・曹沫という側面のみが描かれている。なぜそうなったのか。『史記』刺客列伝の編集過程を考えてみたい。刺客列伝に登場する「刺客」は、古い順番に曹沫・専諸《せんしょ》・豫譲《よじょう》・聶政《じょうせい》・荊軻《けいか》の五人である。このうち、最初の二人、すなわち、曹沫と専諸の「刺客列伝」の記述は、それぞれ斉太公世家、魯周世家や呉太伯世家のエピソードの一部を切り取ったものである。残りの三人の豫譲・聶政・荊軻の刺客列伝の記述は、『史記』のほかの篇目にはない（事件があったことが書かれることはあるが）。その三つのなかでも荊軻の秦王政暗殺未遂事件は突出して詳しく描かれている。この荊軻の話は司馬遷《しばせん》ではなくその父の司馬談《しばたん》が書いたとも言われており、また、その元ネタは前漢代のかたりものや演劇にあったとも考えられている。そう考えると、司馬談の時代に荊軻のエピソードを軸とした刺客列伝の原型が準備され、その後、司馬遷が荊軻と同じような侠気を持っている「刺客」を『史記』のほかの篇目から選択し、曹沫・専諸のエピソードを刺

曹沫、桓公をおどす　左から魯荘公・曹沫・斉桓公・管仲。（山東省武祠西壁画像石）

客列伝の冒頭部分に付け加えたと考えられないだろうか。すなわち、四人の刺客は、荊軻に至るまでの前座としての位置づけである。『史記』太史公自序には、刺客列伝の主題を「曹子(曹沫)の匕首によって魯は田地を獲得し、斉は信義を(天下に)明らかにした」とある。この太史公自序の著者の太史公は司馬談ではなく、司馬遷である。刺客列伝のなかで分量・内容的に最も充実している荊軻ではなく、冒頭の曹沫をその主題として述べたことは、父の司馬談は荊軻を主題とした列伝にまとめたかったが、子の司馬遷がその前座の曹沫・専諸を世家から付け加えて最終的に刺客列伝を完成させた、という編集過程から記されたのではないだろうか。そうなると、世家を編集する際に、司馬遷は曹沫の恫喝事件のエピソードをどこかの資料から持ってきたことになるが、その資料はよくわからない。

『史記』刺客列伝にとりあげられることによる曹沫の刺客イメージの中国全体への波及効果は大きかったに違いない。後漢時代の山東省嘉祥県武梁祠西壁の画像石には『史記』刺客列伝の荊軻・専諸・曹沫が順に描かれている。そこに書かれた曹沫のエピソードの題名は「曹子劫桓」(曹子桓公をおどす)とあり、左から魯荘公・曹沫・斉桓公・管仲が登場人物として描かれている。曹沫は右手に匕首をもち、斉桓公を脅している。『史記』刺客列伝の曹沫のイメージを図像化しているのである。立ち位置から見て『呂氏春秋』のように魯荘公が剣を持って桓公を脅したり、曹沫が管仲と斉桓公の間に立っていない。このような画像石が描かれているのも、『史記』刺客列伝の話が演劇や語り物で広まり、そこに描かれている曹沫像が多くの民衆の間に浸透したと見ることができるだろう。

⊙参考文献

小倉芳彦『春秋左氏伝（上）』（岩波書店、一九八八年）
宮崎市定『史記を語る』（「岩波文庫」、一九九六年）
太田麻衣子「曹沫像の変遷」『国士舘人文学』四十七号（二〇一五年）

「刺客」の誕生、加えられる伝説

専諸

…せんしょ…

村松弘一

『史記』に見られる呉国の歴史物語と専諸――「刺客」の誕生

専諸《せんしょ》(?―前五一五)は公子光《こうしこう》(のちの呉王闔閭《ごおうこうりょ》(在位前五一四―前四九〇)が即位するきっかけになった呉王僚《りょう》殺害事件の「刺客《しかく》」である。そのエピソードは『史記《しき》』刺客列伝の二人目の人物伝として描かれている。この専諸を公子光に紹介した人物が、のちに呉王闔閭の片腕となる伍子胥《ごししょ》(?―前四八四)である。専諸の名は『史記』のなかだけでも、刺客列伝のほか呉太伯世家《ごたいはくせいか》、伍子胥列伝にも見られる。呉王闔閭は公子光として、本来自分が呉王の位を継承するはずなのに、甥《おい》の僚(在位前五二六―前五一五)が即位したことに怨みをもっていた。伍子胥は楚《そ》の平王《へいおう》(在位前五二八―前五一六)に家族を殺され、呉へ逃亡、楚平王には怨みを持っていた。この二つの怨みを背負い「刺客」となったのが専諸であった。専諸の「侠」を理解するためには、呉王闔閭・伍子胥が専諸と出会う前にどのような怨みを持っていたのか、専諸の呉王僚殺害とはどんな事件だったのか、さらに、その後の呉王闔閭と伍子胥はどうなったのかという呉国の歴史物語全体を見て考える必要がある。以下、『史記』の記載をまとめてみたい。

❶伍子胥の怨み、呉への逃避行

伍子胥は楚の出身で、名を員《うん》と言った。先祖の伍挙《ごきょ》は楚の荘王《そうおう》に仕えた人物で、以後、代々楚の重臣となった。父の伍奢《ごしゃ》は楚の平王《へいおう》の子である太子建《けん》(?―前五二二)の太傅《たいふ》(侍従長兼教育係)となった。秦《しん》の王女を太子の妻として受け入れることとなり、太子の少傅《しょうふ》(副侍従長)の費無忌《ひむき》が秦に出向いた。ところが、費無忌は、秦の王女が絶世の美人であったと平王に報告し、王自ら妻として迎え入れ、太子には別の女性を妻とするのがよいと提案した。平王はその美女を娶《めと》り、子の軫《しん》が生まれた。費無忌はこの一件で、平王に取り入り、平王に仕えることとなった。しかし、もし、太子建が王になった場合には、自分の命が危ないと感じ、太子建を讒言《ざんげん》した。建の母は蔡《さい》の国の女で、すでに平王の寵愛《ちょうあい》を失っていたので、平王は讒言によって建を疎《うと》んじ、建を国境に行かせ外敵に備えさせた。さらに、費無忌は日々、平王に太子が謀反《むほん》を企てているなどの讒言を繰り返し、平王は太子の太傅であった伍奢を召喚し、問いただした。伍奢は費無忌の讒言であると王に言ったが、費無忌が「今、彼らをとらえないと逆に王が虜にされてしまいます」と言い、平王は伍奢をとらえた。これを知った太子建は宋に亡命した。さらに費無忌は、伍奢を人質として、その子の伍尚《ごしょう》と伍子胥を呼び寄せ殺害し、禍根《かこん》を断ってしまいましょうと提案した。平王は使者を出し兄弟を捕縛しようとしたが、弟の伍子胥は逃亡した。伍奢と伍尚は二人とも殺害された。伍子胥との別れに際し、伍尚は「おまえは父を殺した讎《あだ》に報いることもできよう。私は死地に赴くこととする」と言い、また、伍奢は伍子胥が逃亡したのを知ると「楚の君臣は伍子胥の兵難に苦しむことになるだろう」と言い残したという。

ここから伍子胥の復讐への逃避行が始まる。伍子胥は太子建のいる宋に向かうが、宋国内で反乱が発生し、太子とともに鄭《てい》に脱出する。鄭の人々は太子を厚くもてなした。さらに、晋《しん》に行き、晋の頃公《けいこう》から、鄭を裏切って晋に内応するならば、晋は鄭に侵攻して、鄭を滅ぼし、太子に領邑《りょうゆう》を与えようと提案された。太子は鄭に帰還したが、内応の機会を得ないうちに、たまたま自分の従者を殺そうとした。従者は太子の晋との陰謀を知っていたので、鄭に密告した。鄭の定公《ていこう》はそのブレーンの子産《しさん》とはかり、太子建を誅殺《ちゅうさつ》した。

伍子胥は太子建の子の勝《しょう》と鄭を離れ、呉に逃亡した。途中、昭関《しょうかん》で勝と離れ、単身徒歩で逃げ、長江の河岸に出た。たまたま、長江で一人の漁父が船に乗っていたが、伍子胥の危急を知って、向こう岸に渡した。対岸にあがると、伍子胥は百金の価値のある自分の剣を渡そうとしたが、漁父は「楚の法によれば、伍子胥を捕らえた者には、爵位《しゃくい》と粟《ぞく》五万石を与えると聞く。百金ぐらいの価値の剣などいらないよ」と言って受け取らなかったという。その後、伍子胥は呉に行き着く前に病となり、途中、乞食をしながらようやく呉についた。このようにして、楚の平王への復讐に燃える伍子胥が呉に至ったのである。

❷公子光の怨み、伍子胥との出会い

伍子胥が呉に至った頃、呉王僚に対する不満を募らせていた人物がいた。呉王僚の叔父にあたる公子光である。その不満の要因については、もう少し呉の歴史を遡らねばならない。呉の始祖の太《たい》伯《はく》は周《しゅう》の太王の子、周王季歴《きれき》の兄とされる。季歴の子の昌《しょう》は周の文王《ぶんおう》である。すなわち、太伯は西周王朝が始まる少し前、南へ遷り、句呉《くご》という国を建てたのである。それから十九代目の呉王寿夢《じゅぼう》には諸樊《しょはん》・余祭《よさい》・余昧《よまい》(刺客列伝では夷眛《いまい》)・季札《きさつ》(刺客列伝では季子札《きしさつ》)という四人の子がいた。季札が賢明だったので、寿夢は彼を王にしようとしたが、季札は遠慮して聞かなかった。そこで長子の諸樊を立てて摂政《せっしょう》として国事にあたらせた。寿夢の死後、その喪があけると、諸樊は季札に王位を譲ろうとしたが、季札はまたも辞退した。諸樊は太子を立てず、つぎつぎに弟に位を譲って、最終的に国を季札に授けたいと思った。諸樊が没し、弟の余祭が王に即位し、余祭の死んだ後はその弟の余昧が即位した。余昧が死んだ後、季札に王位を継がせようとしたが、季札は辞退して逃亡し、王位に即かなかった。そこで呉の人々は余昧の子の僚《りょう》を王とした。ところが、それに不満を持ったのが寿夢の長子であった諸樊の子の公子光である。公子光は日ごろから「兄弟の順で王になるのであれば、季札が即位すべきである。余昧の子が王になるなら、長子の子である私が王になるべきだ」と考え、密かに腹心の家臣《かしん》を養ってともに謀り、王位を奪おうとしていた。そのような時に楚から呉に逃亡してきたのが伍子胥であった。公子光は伍子胥を賓客《ひんきゃく》として迎え入れた。

❸専諸による呉王僚殺害事件

このころ、楚と呉は淮河《わいが》の南の地域をめぐって激しいせめぎ合いを続けていた。養蚕に従事していた楚の鍾離《しょうり》と呉の卑梁《ひりょう》氏《し》の女が桑を争って両邑の民が攻め合い、怒った楚王と呉王も参戦し、呉・楚が交戦状態になった。呉は公子光に楚を伐たせ、光は居巣《きょそう》・鍾離を破って帰還した。この勢いに任せ、伍子胥は呉王僚に面会し、「今こそ、呉は楚を破ることができます。どうかもう一度、公子光をお遣わしになりますように」と、さらに楚を攻めることを提案した。これに対し、公子光は呉王に「伍子胥は、父と兄が楚王に殺されています。彼が王に楚を伐つよう勧めるのは、自らの楚王への讎《あだ》を報いたいだけなのです。呉のためではありません。いま、楚を攻撃しても破ることはできません」と進言した。これを聞いた伍子胥は、公子光に謀反の心があり、チャンスがあれば王を殺して自ら王となろうと望んでいるにちがいないと察知し、外征の提案は控えた方がよいと悟った。そこで、伍子胥は専諸なる人物を公子光に推薦したのである。専諸は呉の堂邑《どうゆう》(南京附近)の出身で、伍子胥が楚から呉に逃れてきた時に出会い、その才能を見いだした人物である。光は専諸を賓客として待遇した。こののち、伍子胥は身を退き、太子建の子の勝と田野を耕して、専諸が事を成就した後、再び自分の出番がめぐってくる時機を待った。

呉王僚十二年に楚平王が死去した。春、呉王僚は楚が服喪中であることに乗じて、二人の公子蓋余《がいよ》・属庸《ぞくよう》(燭庸《しょくよう》)に命じて兵を率いさせ、楚の六・灊《せん》を包囲した。また、叔父の季札を晋へと派遣し、中原の諸侯の動向を視察させた。楚は兵を出し、蓋余と属庸の退路を絶ち、呉の兵は戻ることができなくなった。ここで公子光は専諸に「この好機を失してはならない、求めることをしないで何を獲ることができるだろうか。私は真に王位を嗣《つ》ぐ者で、当然即位すべき人間なのだ。叔父の季子が帰って来たとしても、私を廃位させることもなかろう」と言った。これに対し専諸は、「いまこそ、王僚を殺す時です。僚の母は老いて、子は年若く、二人の公子は兵を率いて楚に出兵し、楚がその背後を絶っています。まさに今、呉王僚は国外で楚に苦しみ、国内には兵はなく、骨のある家臣はいません。このような状態では呉王僚は我々をどうすることもできません」と答えた。公子光は首を縦に振り、「私の身は、おまえの身である」と言い、殺害計画を実行することとした。

そこで、四月丙子《へいし》、光は兵士を地下室にひそませ、酒を用意して王僚を自分の家に招待した。王は宮殿から光の家までの沿道に兵を配置し、門の階段の左右には王の親戚が並び、両刃の長鈹《ちょうひ》(武器)を手に護衛していた。宴会がもりあがってきたところで、光は足が痛むと詐《いつわ》り、地下室へと下り、専諸に言いつけて、匕首《あいくち》を焼き魚のなかに入れ、提供させた。専諸は料理を王の前に運んだところで、魚の腹のなかから匕首を取り出して、それで王を刺し殺した。王の左右の者は王を刺した専諸を殺した。光は地下室の兵を出し、王僚の手下を攻めてことごとく殺害した。

この呉王僚殺害事件を経て、ついに、公子光は呉王に即位した。これが呉王闔閭である。闔閭は死んだ専諸の子に土地と地位を与えた。叔父の季札は帰国しこの政変を知り、「人君として立った者に従うのが、先祖以来のしきたりである」として、王僚の殺害と闔閭の即位に異議を唱えなかった。楚で包囲されていた公子の蓋余と属庸は楚に降伏したが、その後、楚に侵攻した呉王闔閭によって殺害されている。そして、伍子胥は闔閭に呼び戻され、その側近となり、いよいよ国事に関わることとなった。専諸の呉王僚殺害は、結果として、呉国における呉王闔閭の即位と伍子胥の政権担当の契機となった事件であった。

❹その後の呉王闔閭と伍子胥

専諸の命と引き換えに成立した呉王闔閭と伍子胥の政権は、つぎに伍子胥の楚への怨みを晴らす対楚戦争へと展開する。楚王は平王ののち、軫《しん》が即位し昭王《しょうおう》となっていた。呉王闔閭の九年、呉王は唐・蔡と連合して、楚に侵攻し、ついに楚都の郢《えい》を陥落させた。楚の昭王は郢を脱出し、鄖《うん》・随《ずい》へと逃亡した。呉軍は郢に入城し、伍子胥は楚の昭王を探したが、見つけ出せなかった。そこで、平王の墓をあばいて屍《しかばね》を引き出して、三〇〇回鞭打《むちう》った(「死屍《しし》に鞭打つ」の語源)。ここに、伍子胥の楚王への積年の恨みは晴らされたのである。

この対楚戦争の勝利ののち、翌年の春まで闔閭は郢にいた。その隙をついて、越が呉の本拠地を急襲。さらに、楚は秦とともに郢にいた呉軍を攻撃した。大混乱のなか、闔閭は楚を去り、呉に帰還した。その後、闔閭十九年の夏、呉が越《えつ》を攻撃した。越王勾践《こうせん》(在位前四九六—前四六五)は檇離《すいり》に出撃し、越軍が勝利する。闔閭は、この戦いで負った指の傷がもとで、病死した。臨終にあたって闔閭は子の夫差《ふさ》(在位前四九五—前四七三)を呉王に即位させ、夫差に「おまえは勾践が自分の父を殺したことを忘れるか」と聞いた。夫差は「どうして忘れられましょう。三年以内にきっと越王に復讐いたします」と答えた。いわゆる、「臥薪嘗胆《がしんしょうたん》」で知られる呉越戦争の始まりである。ここでも、新たな讎《あだ》が歴史を動かすことになる。

そして、二年後、呉王夫差は越を攻め、追い詰められた越王勾践は会稽山《かいけいざん》に立てこもった。越王は降伏を申し出たが、伍子胥は「勾践という人物はよく辛苦に耐える人物です。いま滅ぼしておかなければ、将来必ず後悔するでしょう」と諫めたが、呉王はこれを聞き入れず、越と和睦を結んだ。それから十年がたち、伍子胥は呉王夫差の怒りをかい、呉王から属鏤《しょくる》(剣)を与えられ自殺させられた。伍子胥は死に臨んで「わたしの墓の上に梓《あずさ》を植えてくれ、それで呉王の棺がつくれるようにしたいのだ。そしてわたしの眼をえぐって、呉の都の東門に置いてくれ。その眼で越が呉を滅ぼすのを見られるようにしたいのだ」と言ったという。ここにもう一人の主人公、伍子胥は死んだ。それから十一年後、越は呉を破り、呉王夫差は「私は伍子胥のことばを用いることができず、自分からこの禍におちいってしまったことがくやしい」と叫び、自ら首をはねて死んだ。ここに呉は滅亡した。

以上が『史記』に残された春秋時代の呉に生きた専諸・呉王闔閭・伍子胥の人生である。一人は王として、一人は参謀として、一人は刺客として生きた。偶然の出会いとそれぞれが背負った怨み、そして死という要素がひとつにつながる。その一連の物語に人々は「俠気」を感じるのであろう。三人のうち呉王闔閭と伍子胥は、『史記』以前の伝世文献や出土資料から多くの人々に知られていたことがわかる。おそらく、『史記』以前の専諸は闔閭と伍子胥の政権奪取劇の「刺客」という程度の役回りだったのだろう。そういった位置づけであった専諸を司馬遷《しばせん》(もしくは司馬談《しばたん》)が『史記』刺客列伝に呉王闔閭と伍子胥とは別に取り上げたことがきっかけで、荊軻《けいか》や曹沫《そうばつ》・豫譲《よじょう》・聶政《じょうせい》といった天下の「刺客」の一人へと昇格したのではないだろうか。後漢時代には荊軻や曹沫の間に、専諸が呉王僚を刺殺するシーンを描いた画像石も作られた。

『呉越春秋』のなかの専諸——加えられる「刺客」伝説

『史記』刺客列伝の記述は簡潔なため、伍子胥はどのように専諸の才能を知ったのか？伍子胥から紹介されたとはいえ、公子光と専諸はお互いをどうやって信頼し、「刺客」となることを受け入れたのか？なぜ匕首をかくした場所が魚の腹だったのか？などといった疑問がわいてくる。後漢時代の趙曄《ちょうよう》が著したとされる『呉越春秋』では、公子光・伍子胥と専諸との詳しい会話が描かれている。後代に加えられたエピソードであると思われるが、『史記』でしっくりいかない刺客像を後漢の人々がどう理解し、考えたのかを知る上で重要な記述であると思う。以下順を追って、『呉越春秋』オリジナルの内容を紹介しよう。

❶専諸と伍子胥の対話——専諸の風貌・性格付けの付加

専諸は呉の堂邑《どうゆう》の人である。伍子胥が楚を逃れ、呉にやってきたとき、専諸と路上で出会った。専諸は人とケンカし、相手に近寄ると、その怒りは万人を圧倒するほどの勢いがあった。しかし、彼の妻が一たび声をかけると、すぐさま戻ってきた。伍子胥が不思議に思ってそのわけを訪ねた。「あなたの怒りはすさまじいが、しかしたった一人の女の声を聞くとすぐさまもどってしまう。これは彼女のご機嫌をとろうとしているのか」。専諸は「あなたは私の振る舞いを見て、何と愚かなものとお思いになったのでしょう。しかし、そんなことをおっしゃるのはいかにもいやしいことではないでしょうか。私は一人の人間の下に身を屈するとしても、必ずや何万人もの人々の上に頭を出すことができるでしょう」と言った。伍子胥がよくよくその風貌を見ると、臼のように突き出た額、深い眼、虎のような胸、熊のような背で、どんな困難でも勇敢に立ち向かう様であった。その姿に伍子胥は専諸が勇士であることを理解した。そこで密かに彼と手を結び、彼を役立たせたいと思った。公子光に王僚を殺そうとする陰謀があったと知るや、伍子胥は専諸を公子光に推薦した。

『史記』の時には見られなかった専諸の格闘的な性格や風貌、また、自分が必ず万人のなかから頭角を現すと言うような人物という性格付けがこと細かに描かれている。

❷専諸と公子光の対話――刺客の誕生

公子光は専諸を召し抱えると、彼に礼をつくした。公子光は専諸に「天があとつぎになれなかった私をあなたが助けてくれるようにしてくれたのだ」と言った。専諸は「僚が王位を継いだのは、道理にあっています。公子はどうして王僚を殺されようとするのですか?」と問う。公子光は、寿夢から諸樊・余祭・余昧そして僚が王位を継承するまでの過程を説明し、位をつぐ資格があるのは嫡《ちゃく》男《なん》であり、嫡男の子の私が王位につくべきであると説明する。これに対し、専諸は「どうして側近たちが王の面前で堂々と進言しないのですか。前の王の遺命を述べてあなたのお考えを伝え、どなたが位をつぐ資格があるのかを知らせようとなさらないのですか。どうして、剣士などを養い、先王の残された徳を捨て去ろうとなさるのですか?」と問うた。公子光は「王僚という人はもともと欲深く、力をたのんで利益を求めることを知っているが、自分が退いて人に譲ることなどはわかっていない。だから私は憂いを同じくする勇士を求め、彼らと力を合わせようとしているのだ。あなたがこうした道理をわかってくれることを願うだけである」と言った。

専諸は「あなたは他の人にもこうしたことをあからさまに言っているのですか？一体私に何をやれといっているのですか？」と問うた。公子光は「いや、こうしたことは他人に話したことはない。これは国の機密にかかわることだ。つまらぬ人間など到底やれないことで、この使命はぜひあなたにやってもらいたい」と言った。専諸は「それでは私に命じてください」と言った。公子光は「今はまだ時機が熟していない」と答えた。専諸は「君主を殺そうと思ったら、必ず前もってその好物をさがしあてることが必要です。呉王僚の好物はなんですか」と問う。公子光は「ごちそうを食べるのが好きである」と答える。専諸は「どういうものをおいしがるのですか？」と問う。公子光は「あぶった魚を食べるのが好きなのだ」と言った。そこで、専諸は出かけて、太湖《たいこ》で魚をあぶる法を教わった。三ヶ月たつとおいしい焼き魚をつくることができるようになった。あとはゆっくり公子光の命令を待った。

❸呉王僚殺害事件の詳細

呉王僚と公子光の宴たけなわの時、公子光は脚が痛いといつわり、地下室に入って脚に包帯をし、専諸をつかわし、魚腸剣を焼いた魚のなかに入れて王僚に進めさせた。専諸はいよいよ王僚の前に出ると手で焼いた魚を素早くさき、そしてその中から隠してあった匕首を取り出して、王僚めがけ

呉越の抗争　魚の中から匕首を取り出す専諸（中央）、左が王僚。（山東省武祠画像石、後漢時代。CPC photo）

て刺そうとした。するとその時、刃を交錯させていた侍従たちの長い戟《げき》が専諸の胸を刺した。専諸の胸は割かれ、骨は砕かれたが、専諸は匕首をもと通り手にし、王僚を刺した。匕首は王僚の鎧《よろい》を貫き、背に達した。王僚はその場でなくなった。側の者たちが一緒に専諸を殺した。多くの兵士たちが騒ぎまわった。公子光は鎧を着た兵士たちを隠していたが、彼らが王僚の兵士たちを攻撃し、皆殺しにした。

以上『呉越春秋』に見られる専諸の姿である。『史記』には見られない新たな「事実」が描かれている。専諸の風貌や性格、呉王僚は焼き魚が好物で、専諸は焼き魚を作る修業をしていたこと、殺害に使用された匕首は魚腸剣と呼ばれていたことなどが加えられている。

呉国の歴史物語の一殺人者であった専諸は『史記』刺客列伝のなかでクローズアップされ、その物語は広く人々のなかに浸透し、さらに、後漢時代には伝説が付け加えられたのである。これは古代中国の人々が人のために命を投げ出して、人の命を奪うという「刺客」の「俠」を時代を越えて、引き継ぎ、また、増長させたことを意味していると言えるだろう。

⊙参考文献

趙曄（佐藤武敏訳注）『呉越春秋――呉越興亡の歴史物語』（「東洋文庫」、平凡社、二〇一六年）

藤田勝久『史記戦国列伝の研究』（汲古書院、二〇一一年）

「己を知る者」のために死んだ「国士」――

豫 譲

…よじょう…

濱川 栄

豫《よ》(予)譲《じょう》(?―前四五三)は、春秋時代末(前五世紀中頃)、晋《しん》の六卿《りくけい》(六家の有力家臣)の一人・智伯《ちはく》(?―前四五三)に仕えた政治家・武人。智伯がライバルの趙襄子《ちょうじょうし》(?―前四二五)に滅ぼされたさい、智伯の仇討ちを誓い、執拗《しつよう》に趙襄子をつけ狙い、その殺害の機会をうかがった。しかし、最後は趙襄子に捕縛され、自ら剣に伏して自殺。自身の能力・人格を高く評価した主君に報いるため忠節を尽くした姿は、後世「俠」の鑑《かがみ》として長く語り継がれた。

はじめに

豫譲は、ひとりの刺客《しかく》として『史記』刺客列伝に行状を記録された。その意味では、「俠」として扱うべきか疑問の残る人物かもしれない。しかし、自分が信じた相手、自分を助けてくれた相手、自分を信じてくれた相手が、苦難に陥った時、あるいはその声望が汚されそうになった時、命をかけてその生命・地位・名誉を守るべく行動する、それが「俠」なる人物の定義であるならば、豫譲は立派に「俠」とみなし得るどころか、むしろ最も「俠」的な人物と評すべき人と言える。それほどまでに豫譲の行動は鮮烈であり、現代の我々の心底にも響く何かを訴えてくる。その「何か」が何であるのか、以下に探ってみよう。

豫譲と智伯

豫譲が生きた時代は、春秋時代の末期(前五世紀中頃)であった。豫譲の素性は、『戦国策』に「晋《しん》の畢陽《ひつよう》の孫(畢陽も義の人だったと注釈にある)」とあり、『史記』刺客列伝に「晋人なり」とある以外は不明である。当時、大諸侯国たる晋は国家分裂の危機を迎えていた。かつて文公《ぶんこう》(在位前六三六—前六二八)や景公《けいこう》(在位前六〇〇—前五八一)といった名君を輩出し、諸侯を束ねて覇《は》を唱えた栄光の時代はとうに過ぎ、代々国政の要職を担ってきた范《はん》氏・中行《ちゅうこう》氏・智《ち》氏・趙《ちょう》氏・韓《かん》氏・魏《ぎ》氏のいわゆる「六卿」が激しい権力争いを繰り返すようになっていた。各氏は、自家の生き残りと勢力拡大を目指してこぞって有能な人士を求めた。豫譲もそうした人士の一人となる。なお、この活発なリクルート活動は春秋時代後期からは国境を越えて行われるようになった。孔子とその教団はまさにその先駆けであった。また、一〇〇年以上のちの戦国時代中期のことにはなるが、弱小国・衛《えい》の宗室《そうしつ》出身の商鞅《しょうおう》は、つてを頼って西方の新興国・秦《しん》の孝公《こうこう》に自身を売り込み、持論の「変法」(徹底的な富国強兵策)の実施を許され、秦が一大強国へとのし上がる基礎を作った。晋の六卿もそのような有能な人材を広く求めていたのである。

豫譲が最初に仕えたのは范氏であった。しかし、彼はまもなくその下《もと》を去り、中行氏に仕えた。

ところが、中行氏の下にも長くはおらず、智氏に仕えることになる。この間にどのような経緯があったのか。『史記』は簡潔に「名を知る所無し」とのみ伝える。范氏も中行氏も豫譲に名声を上げるほどのチャンスを与えなかった、ということであろう。豫譲はそれに不満を抱き、活躍の場を求めて智氏に仕えることになったのである。その智伯は、かつて豫譲が仕えた范氏・中行氏を次々滅ぼし、一気に勢力を拡大していた。豫譲は、飛ぶ鳥を落とす勢いの智伯の下に贄《にえ》(当時は仕官を希望する者が主君に「贈り物」を持参するのが習わしであった。その「贈り物」を贄という)を捧げて仕官したのである。

智伯が范氏・中行氏を一挙に滅ぼしたことは、単に「六卿」が「四卿」に減ったというだけにとどまらず、晋国内の政治バランスに大きな変化をもたらした。智伯が一歩抜きんでた立場に立ったことは明らかである。しかも智伯は、その立場に満足することなく、さらなる権力拡大に邁進《まいしん》した。残る趙氏・韓氏・魏氏のうち、韓氏・魏氏と手を組み、趙氏を攻め滅ぼそうと画策したのである。趙氏にとってはもちろん危急の事態である。しかし、智氏に誘われた韓氏・魏氏にとっても必ずしも喜ばしい誘いではなかった。時の勢いを見れば、智氏に与《くみ》するのが得策であることは明らかである。しかし、その結果趙氏が滅ぼされたあとはどうなるか。智氏が韓氏・魏氏のどちらかと手を組み、どちらかを滅ぼしにかかるのは火を見るよりも明らかである。さらにそのあとどうなるかは、もはや考えるまでもない。晋国内の内紛の収束を最優先するのであれば、このまま智氏の覇権確立に与《くみ》した方がよいのかもしれない。しかし、各氏にとっては何より自家の存続と勢力の維持が大事であった。その点からすれば、遠からず智氏に滅ぼされるか、その配下となって屈辱を味わわされるぐらいなら、と考えるのも無理はない。韓氏・魏氏は智伯の計略に乗った振りをし、趙氏の都城・晋陽《しんよう》を水攻めして水没寸前に追い込む一方で、一か八かの起死回生を狙った趙氏からの同盟の誘いに密かに乗り、智氏に反旗を翻した。

まさかの裏切りにあった智伯の末路はあっけなかった。一族皆殺しにされ、多くの家臣たちも殺された。その領地を三分割した趙・韓・魏氏は、そのまま晋の君主を無視して独立国家を建てた。前四五三年のことであり、この出来事を戦国時代の始まりと見なすことも多い（教科書的には、名ばかりの存在になっていたとはいえ「王」を称していた周が、三氏を「諸侯」とみなすことを渋々認めた前四〇三年をその画期に当てているが）。なお、趙襄子はかつて智伯に酒を無理強いされたことがあり、今また都城を水没させられかけたことから深く智伯を怨み、その頭蓋骨《ずがいこつ》を加工し、漆を塗って盃にしたという。

しかし、豫譲は山中に逃げ込んで辛くも一命を取り留めた。ここで、豫譲は亡き君主・智伯のために復讐《ふくしゅう》を誓い、智伯を死においやった趙襄子の殺害を固く決意したのである。ここで豫譲が発した言が有名な、

＝士は己《おのれ》を知る者のために死し、女は己を説《よろこ》ぶ者のために容《かたちづく》る。

である。「男は自分を正当に評価してくれる相手のために命を棄て、女は自分をほめそやしてくれる相手のために化粧をするもの」という意味である。豫譲は続けて「これまで智伯は私を正当に評

価してくれた。私は、必ずや智伯のために復讐を遂げてから死のう。そうすれば恥じることなくあの世に行ける」と言っている。

厠の前のやりとり

復讐を成就するためには、とにかく趙襄子に近づかなければならない。豫譲は名を変え、趙襄子の邸宅の修復に駆り出された受刑者の群れに紛れ込み、厠《かわや》（便所）の壁塗りを分担した。厠ならいずれ必ず趙襄子が丸腰に近い状態でやってくるはずである。懐中に短刀を隠し持って、豫譲は黙々と壁を塗りながら機会を待った。

やがて、趙襄子が厠にやってきた。しかし、趙襄子も常人ではない。厠に入ろうとしたとき、異様な殺気を感じ、壁を塗っている罪人の一人に「お前は誰だ」と呼びかけた。それがまさに豫譲であった。ひっとらえて調べると、懐中から短刀が出てきた。豫譲は、もはやこれまでと観念したのだろうか、いたって素直に「智伯の仇を討とうと狙っていたのさ！」と白状した。趙襄子の左右の者がさっそく豫譲を殺そうとした。ところが、ここで趙襄子が意外なことを言った。

彼は義人なり。吾、謹《つつし》みて之《こ》れを避けんのみ。且《まさ》に智伯は亡びて後《のち》無けれども、其の臣、為《ため》に仇《あだ》を報いんと欲するは、此《こ》れ天下の賢人なり。

「この男は正義を体現した人間だ（だから、殺すには忍びない）。私自身が気を付けてこの男を避けていれば、今後も殺される心配はない（だから、許してやろう）。智伯がすでに滅び、子孫も死に絶えた今になっても、臣下として主君の仇を討とうとする、これは天下の賢人である」という意味である。そして、その言のとおり、豫譲を解き放った。

友人とのやりとり

釈放された豫譲はしかし、趙襄子暗殺を諦めなかった。すでに趙襄子やその左右の者に顔も声も知られてしまった以上、再び近づくことは至難の業である。そこで豫譲は、全身に漆《うるし》を塗り、かぶれさせて面貌《めんぼう》を変え、さらにひげも眉も抜き取った。人相を偽《いつわ》るためである。しかし、その状態で妻に遭遇したさい、妻に「見た目は夫と違うけど、声は似ているような……」と言われた。そこで、豫譲は炭を呑んで喉を荒らし、声質まで変えてしまった。その姿で市中に出て乞食をしてみると、妻でさえ夫と気づかなかった。しかし、旧友がその前を通りがかった時、何かを感じて立ち止まった。「君は、豫譲ではないか？」と問われた豫譲は、「いかにも」と認めた。友は、豫譲の落ちぶれた姿に涙を流して言った。「君ほどの才覚があれば、贄《にえ》を献じて趙襄子の臣下にしてもらうのはわけもなかろう。そうすれば、襄子はきっと君の才覚を気に入り、側近に取り立てるだろう。そばに仕えるようになったら、宿願を遂げるチャンスはいくらでもあるはず。それなのに、なぜわざわざそのように身を傷つけ、姿かたちを変えたのか？そんな格好になったって、襄子に仇を報いるチャンスを得るのは至難だぞ」。それに対し、豫譲はこう答えた。「いったん贄を献じて臣下となっておきながら、その主君を殺そうとするのは、つまり『二心』を抱いて主君に仕えることになる。確かに自分がやろうとしていることは、はなはだ困難なやり方だ。しかし、それでもあえてこんなやり方をするのは、後の世で人の臣下となろうとする天下の全ての者に、『二心』を抱いて人に仕えることは恥である、ということを知らしめるためなのだ」と。旧知の友人でも、豫譲の強固な信念を変えることはできなかった。

豫譲の最期

しばらくして趙襄子が外出すると、橋を渡る際に馬車を引いていた馬が突如暴れ出した。何やら気配を感じたらしい。襄子は「これはきっと豫譲がいるに違いない」と思い、臣下に付近を捜索させたところ、橋の下に潜んでいた豫譲が発見された。再び豫譲に対面した襄子は、憤りを込めて言った。「お前は、かつては范氏と中行氏に仕えたのではなかったか？　しかし、智伯がこの二氏を滅ぼした時、お前は二氏の仇を報じるどころか、贄を献じて智伯の臣下になったではないか。それなのに、なぜ智伯が死んだ時だけこれほどまでに復讐に執着するのだ？」。それに対して豫譲は答えた。「私が范氏・中行氏に仕えた時、范氏・中行氏は私を凡人として扱いました。だから私も彼らには凡人として仕えたのです。しかし、智伯は私を国士として処遇してくれました。だから私も、国士としてそれに報いるのです」。襄子はため息をつき、涙を流して言った。「ああ、豫譲よ！　お前が智伯に誠心誠意仕えたことは、すでに誰もが称えている。そして、私がお前を許すのも、もうここらで十分だろう。お前もそろそろ覚悟するがいい、私はもうお前を許すわけにはいかないのだ」。それを聞いた豫譲は言った。「私は、『名君は、仕える人の美質を世に表わさずにはおかず、忠臣には名誉のために死ぬ義がある』と聞いたことがあります。以前、あなたは私を釈放しましたが、そのために天下の人々はみなあなたの賢明さをほめ称えております。今日ここに至って、私はもちろん誅《ちゅう》に伏する所存です。が、もしお許し頂けるなら、あなたの着ている衣服を頂戴したい。それを切り刻んで、復讐の思いを遂げられれば、ここで殺されても恨みはしません。無理にとは申しませんが、あえて心胆を述べさせて頂きました」。襄子はこれを聞いてその義心に感じ、臣下を通じて豫譲に衣服を渡した。豫譲は剣を抜き、三度躍り上がってこれを切り刻むと、「これで私はあの世の智伯さまに報告ができる!」と咆哮《ほうこう》し、ついに自分の剣に突っ伏して体を貫き、死んだ。豫譲の死んだ日、趙の志ある男たちはそれを聞き、皆泣いたという。

豫譲の仇討ち 趙襄子の衣服を切り刻む。
(山東省武祠画像石。後漢時代。Alamy提供)

豫譲の訴えるもの

以上が豫譲の物語である。二五〇〇年近い昔の話であるが、当時の趙の志士だけでなく、現代の我々の心をも打つのはなぜだろうか。

それは、やはり自分を国士、つまり「国家の柱石」とまで評価してくれた智伯に対する忠誠心の深さであろう。「士は己を知る者のために死す」という豫譲の言から今日もよく使われる「知己」という熟語ができたとされる。やはり人間は、自分を認め、評価してくれる人間にこそ共感し、その人のためなら粉骨砕身しても構わない、という気持ちを持つ生き物のようである。

しかし、あえて意地の悪い見方をしてみよう。范氏・中行氏に仕えた当時、自分を凡人としか見なかった二氏に対し、豫譲も凡人並みの働きしかせず、最後にはその下を去っている。これを雇う側と雇われる側、もしくは上司と部下の関係で見た場合どうなるか。雇われる側が「自分は正当に評価されていない」と感じるのは、要求水準に比べて報酬が少ない、自分に合わない部署に配属された、などのケースが考えられよう。そうした状況下で自分を使う雇い主や上司に対し、雇われる側・部下は不快な感情を抱き、働く意欲を失い、ついにはその下を去る。今でも見られるありふれた光景であるが、そこには古くて新しい統制と自由意思をめぐる相克がある。「気に入らない雇い主・上司の下では働きたくない」という自由意思を尊重すれば、組織の統制は容易に崩れてしまう。従って、組織の存続が最優先される場においては、その種の自由意思は大幅に制限されざるをえない。一番わかりやすいのは軍隊の指揮命令系統である。「気に入らない上官の命令など従えない」という自由意思を許容していたら、軍隊は全く機能しなくなるであろう。今でも世界中の軍隊・軍事組織において、「上官の命令は絶対」という原理はそれこそ絶対である。そして、豫譲の時代から二三〇年後に最初の統一王朝・秦を誕生させ、以後の歴代王朝、ひいては今日の中華人民共和国にまで途切れることなく受け継がれている中国の膨大な官僚組織による中央集権的専制体制も、軍隊の仕組みを転用し発展させたものとされる以上、そこでは上司の命令に逆らい得る自由意思など論外であり、真っ先に排除されるべきものであろう。集団のためには個人の自由意思を封殺する（せざるをえない）、という思考は、自由主義・民主主義というタテマエが表面上社会を覆っている今日においても、案外抵抗なく受け入れられているのではないか。

しかし、その一方で我々一人一人の心底には、「知己のためだけに報いたい」というホンネがあることも否定できない。相手がどんなに自分を低く見ても、自分を嫌っても、唯々《いい》諾々《だくだく》とその相手のために全力を尽くす、などという態度はよほどの聖人君子でもなければ持ちえないものであろう。中国に限らず、過去の人間集団には、そのような個々の人間の心底にあるホンネを汲み取り、巧みに上下の信頼関係を醸成して集団の機能を最大化した例が少なからずある。その場合、ほぼ例外なく共通しているのは、「上に立つ者が下位の者のために極力配慮する」ことである。一番わかりやすい配慮は、「施し」である。上に立つ者が、家産を傾けてまで下位の者に財産をばらまく。そうやって下位の者の経済的欲求を満たすことで、心情的紐帯を強化できるのである。「気前の良さ」は、フランスの社会・文化人類学者マルセル・モース（一八七二―一九五〇）が北米北西部海岸の先住民の祝祭ポトラッチにおける有力者の過剰な散財の分析から明らかにした事実を持ち出すまでもなく、前漢初代皇帝の劉邦《りゅうほう》にも、古代ローマ時代のパトロヌス(庇護者)たちにも、古ゲルマン人の従士制における長老たちにも共通して見られた、リーダーたる者の必須の能力であった。そして、恐らく智伯も豫譲に対して期待通り、またはそれ以上の施しをしたのであろう。こう書くと、「豫譲は結局、范氏・中行氏からは十分にもらえなかった報酬を智伯がくれたから忠節を尽くしただけでは?」と疑問を持たれるかもしれない。しかし、それは違う。金銭だけの関係であれば、智伯が死んだ時点で関係は切れるはずである。はじめは金銭に基づく関係だったとしても、やがて智伯と豫譲の間に固い信頼関係が築かれ、文字通り「知己」の関係となったことを認めなければ、智伯亡き後の豫譲の狂気じみた復讐への執念は説明がつかないのである。

しかし、集団が大きくなると、上位者による下位者への施しも限界を迎える。このやり方では、早晩上位者のサイフがもたなくなる。施しの多寡《たか》ではなく、上官の命令だから絶対に従えという軍隊式の上意下達の浸透がどうしても必要になってくる。個人の自由意思などという恣意的なものに左右される集団では、上意下達を徹底し一人一人がロボットのように効率よく動く集団には到底勝てない。軍隊のみならず、同様に機能的な官僚組織をいち早く、かつ徹底的な形で作り上げた秦が、やがて戦国時代の戦乱を勝ち抜き、天下統一を果たしたのは当然の結果であった。そして今日においても、国家間の戦争はもちろん、企業同士の競争、団体スポーツの競技などさまざまな場面において、機能性を極限まで高めた集団が勝利を得る例がほとんどであることは言を俟《ま》たない。

しかし、個々の人間の心情がロボットのごとく無機的になることはありえない。自分を評価し、信頼してくれる上位者の下でこそ、心置きなく働ける、そうした環境で働きたい、というのが集団に帰属して働く個人の偽らざる心情であろう。であるならば、最強の集団組織とは、上下こもごも固い信頼で結ばれた集団となるであろう。智伯と豫譲の関係が集団内の全ての個人の間で確立されている、そのような集団である。しかし、それが一定以上の規模の集団ではほぼ実現不可能なことはすでに述べた。であるならば、次に強さを発揮する集団は、右記のように上意下達のルールを徹底させた軍隊的な機能集団であらざるを得なかったはずである。

事実、戦国時代は程度の差はあれ各国が軍隊や官僚組織の機能主義化を推し進めた時代であった。戦乱を勝ち抜き、自国を維持・発展させるためには、その方法以外考えられない時代になったのである。それは大きな時代の流れであり、抗《あらが》えるものではなかった。しかしだからこそ、そうした流れが鮮明になってきた春秋戦国時代に、組織の論理だけに収斂《しゅうれん》されない個人と個人の濃密な信頼関係を理想視し、それを体現した人物を高く評価する風潮が、ある種反作用のように強まってきたのではないか。そしてそれは、春秋戦国時代と比較にならないほど機能主義化してしまった現代においては、なおさら希少度を増した価値として我々の心を捉えるのではないか。

しかし、もちろんそのような濃密な関係がどのような局面でも是認されるわけではない。例えば、智伯と豫譲の関係は格別に濃密なものであったかもしれないが、智伯が生前から豫譲に対し、自分が殺されたら必ず仇討ちをしろ、などと命じていた痕跡《こんせき》はない。仇討ちはあくまで豫譲が勝手に決めたことであり、よく言えば智伯に対する溢れる忠誠心から豫譲が自由意思で決めたこと、と取れるが、見方を変えれば智伯に対する過剰な「忖度《そんたく》」の表れ、とも取れるのではないか。自分と濃密な関係にある身近な人間のことしか考えず、その背後に存在する多くの人々に対する配慮を全く欠くような行動は、少なくとも政治を動かす立場にある人間に許されるべきではないだろう。ここ数年我が国でにわかに目にする機会の増えた「忖度」という語句は、特定の政治権力者と濃密な関係にある官僚や官庁が、その権力者を政治的危機から救い出すために、公文書改ざん等の犯罪行為（またはそれに近いとの疑いを持たれるような行為）に手を染めたことに関して使われ始めた語句である。その背後には巷間《こうかん》言われるような「人事権を握られた官僚たちの自己保身」だけでは説明できないエートスがあるように思われる。全員ではないにしろ、そうした犯罪行為に手を染めた官僚の中には、特別に濃密な関係にあるその政治家を救うために自分たちが進んで泥をかぶろう、という倒錯《とうさく》したヒロイズムに酔って思考停止になり、「全体の奉仕者」という本来の立場を忘れ、信じ難い愚行に手を染めた者もいるのではないか。我々は豫譲の行為のヒロイズムに心を動かされつつも、それが往々にして「公」を忘れた身内びいきに堕する危険性にも思いを致す必要がある。

最後の刺客の醸成される「俠」、共感される「俠」

荊軻

…けいか…

村松弘一

荊軻《けいか》（?—前二二七）は統一直前の秦王政《しんおうせい》（のちの始皇帝《しこうてい》〔在位前二四七—前二一〇〕）をあと一歩のところまで追い詰めた燕《えん》国・太子丹《たん》（?—前二二六）の刺客である。荊軻秦王暗殺未遂事件の記事は『史記』刺客《しかく》列伝の最後の一人として描かれている。

はじめに

「刺客」と言えば、ある人物の命を受け、冷静に標的を殺害する暗殺者をイメージするが、刺客列伝に登場する「刺客」は、他人のために自分の命を投げ出し、仇討ちをはかった心熱き人々として描かれている。それはまさに、信義を重んじ、自身の個人的利害を度外視して、時には命をかけて弱きを助け、強きをくじく「俠」と通じるものである。すなわち、『史記』では刺客を「俠」のひとつととらえていたのであろう。しかし、荊軻はもともと依頼者の燕太子丹に心から尽くすような義理はなく、また、仇討ちの相手の秦王政に会うのは暗殺の直前のことで、個人的に晴らすべき積年の怨みというものはない。そう考えると、果たして彼は「俠」の徒であったのだろうか。「俠」の徒であるならば、荊軻は誰のために、誰の思いを背負って、自分の命を投げ出したのだろうか。

これを解くためには、『史記』刺客列伝(特に荊軻伝)のほかの列伝とは異なるふたつの特殊な生成過程を考えておく必要がある。ひとつは、この荊軻のエピソードは司馬遷《しばせん》ではなく、その父の司馬談《しばたん》が著した可能性が高いことである。刺客列伝の最後の太史公による論賛に、荊軻のエピソードは、秦王政の危機を救った夏無且《かむしょ》と交遊があった公孫季功《こうそんきこう》と董仲舒《とうちゅうじょ》から聞いた話をもとにしているとあり、年代からみて、司馬談が書いたと考えられている。もうひとつは、民間に広がっていた「かたりもの」(講談)や戯曲(演劇)に基づいて書かれた可能性があるということである。司馬談がまとめたものであることと戯曲をもとに書いたことが関係しているかはわからないが、ただ、本紀や年表・書といった漢に至るまでの「歴史」を様々な文献をもとに整理した冷静な史書編集者であった司馬遷がまとめた『史記』のなかで、刺客列伝、とくに荊軻伝はほかの諸篇とは異なる雰囲気をもつことは確かである。

もし、講談や演劇をもとに書いたのであるならば、それは聞き手、観客を意識した構成になっているにちがいない。観客は荊軻のエピソードの展開を見聞きするなかで、徐々に荊軻の「俠」なる姿に、共感し、涙したに違いない。まさに、この荊軻の物語は、中国古代の市井に生きた人々が、どのような人に対して「俠」を感じ、その「俠」なる行為に感動し、涙したのかを知る重要な編目ということになる。

以下、刺客列伝の荊軻のエピソードを「物語の始まり——プロローグ」、「密室の対話劇」、「秦王暗殺の活劇」、「最後の刺客――エピローグ」に分け、演劇の場面展開をイメージしながら、荊軻はどのような過程を経て「侠」の徒となったのか、また、その過程は、荊軻の秦王暗殺未遂事件の演劇を見る観客の心とどう響き合ったのかを考えてみたい。

物語の始まり――プロローグ

荊軻列伝の冒頭は、主人公・荊軻の人となりを彼とかかわった人々とのエピソードで説明している。荊軻は衛《えい》出身で、読書と剣術を好み、衛の君主の元君《げんくん》に自分の考えを説き、仕官を求めた。しかし、採用されず、衛を去り諸国を旅した。楡次《ゆじ》で出会った蓋聶《がいじょう》とは、剣術について議論したが、その最中、蓋聶は怒り荊軻をにらみ、荊軻はその場から逃げてしまった。また、邯鄲《かんたん》では魯句践《ろこうせん》と双六《すごろく》をしていたところ、言い争いになり、魯句践が怒り叱ると、荊軻は黙って逃げ出し、二度と彼に会わなかったという。この衛君・蓋聶・魯句践のエピソードは、臆病《おくびょう》で弱い、侠の徒とはほど遠いダメな荊軻のイメージを読者に与える。

燕に入ってからの荊軻はまた違う振る舞いを見せる。そこでは犬殺しの男と筑《ちく》という楽器(琴に似て、竹を持って弦をうつ)を上手に奏でる高漸離《こうぜんり》(生没年不詳)という気の合う仲間に出会った。彼らは毎日のようにともに市場で酒を飲みかわし、酔いがまわると、高漸離が筑をひき、荊軻がそれに合わせて歌い、笑ったかと思えば、ともに泣き、人目をはばからず感情を高まらせた。荊軻は熱い思いを発散する、男でもあったのである。また、冷静沈着で読書を好み、各地で賢人・豪傑・長者と交流するという一面もあった。時に臆病で、時に熱く、時に冷静沈着という、人間味溢れる荊軻の人物像が描かれている。そういう荊軻の非凡さを見抜き、深く交流した燕の人物が田光《でんこう》先生(生没年不詳)であった。田光先生と高漸離との出会いが荊軻の「侠」気を開花させるきっかけとなるのである。

密室の対話劇――太子丹と荊軻

ちょうどそのころ、燕の太子・丹が人質となっていた秦から帰国した(紀元前二三三年)。彼は子どもの頃、趙《ちょう》の人質となり、秦の人質の子であった政(のちの始皇帝)と親しくしていた。その後、政は秦に帰り王に即位し、丹は秦の人質となった。秦王政は丹を見下し冷遇したため、丹は秦から燕に逃げ帰ったのである。帰国後、太子はどうにか秦王に報復したいと考えていた。そのころ、秦は東方に兵を進め、燕に迫っていた。この危機的状況のなか、太子丹は太傅《たいふ》の鞠武《きくぶ》に対応策を相談した。鞠武は個人的な怨みだけで、強大な秦に報復しようとするのは避けるべきだと説得したが、太子の気持ちは揺るがなかった。さらに、罪を犯し秦から燕に逃亡してきた樊於期《はんおき》(?―前二二七)なる人物を太子はこともあろうにかくまってしまった。鞠武は戦争の口実となるから、樊於期を北方の遊牧民の匈奴《きょうど》に送るよう勧めたが、太子は、樊将軍は天下のどこにも身を置くことができず、困り果てて私のところに身を寄せたのであるから匈奴に送るなんてことはできないと反対する。そこで、鞠武はこの問題は自分の手には負えないと思い、新たな人物として、知恵が深く勇猛沈着な田光先生を推薦する。ここから『史記』刺客列伝は、「密室の対話劇」の形式で話がすすむ。暗殺の謀議《ぼうぎ》であるのだから、群臣の前で情報を漏らすわけにはいかず、密室で二人が膝詰《ひざづ》めで対話し、暗殺計画へと動いていく。演劇の観客は、本来、二人以外、誰にも聞かれていないはずの命をかけた対話を固唾《かたず》を飲んで聞いていたにちがいない。

❶燕太子丹と田光先生との密室対話～荊軻を推薦する

田光先生を迎えた太子丹が「燕と秦はならび立ちません。ぜひ、先生のお考えをお教えいただきたい」と聞いたところ、田光は「『すばらしい馬は若く盛んなときは千里を駆けるが、老い衰えると駄馬にも遅れてしまいます』。太子は若い頃の私のことを聞いてお招きいただいたのであって、精力の衰えた今の私のことをご存知ありません。しかし、国の大事とのことですから、お手伝いをしないわけにはまいりません。私のかわりに推薦したい者に荊軻というものがおります、彼は太子の役にたつでしょう。是非、私のかわりに推薦したいと思います」と答えた。そこで太子は荊軻と会えるよう田光にお願いした。ここに荊軻と太子丹がはじめて結びつけられることになる。ところが、太子は田光を門まで送った時、「私が話したことも、先生が言ったことも国の大事なことですから、先生、くれぐれも他に漏《も》らしませんように」と言って別れた。田光は身をかがめ笑って「わかりました」と返答した。その苦笑いは田光の不快感を表したものだった。

❷田光先生と荊軻の密室対話～田光の自死

早速、田光は荊軻に会いに行き、田光は「私はあなたのことを思い出し、太子に推薦しました。どうか太子の宮殿に行ってほしいのです」と述べ、荊軻は「わかりました」と返事をした。さらに、田光は「太子は私に話したことはくれぐれも他に漏らさないようにと言われた。これは太子が私を疑っていることにほかなりません。謀議をして、相手に疑いを持たせるというのは、『気節義侠』の徒《と》のすることではありません。私の不徳の致すところです。あなたは急いで太子のもとに行き、田光はもう死んでしまったと告げ、私が国の大事を他の人に漏らしていないということを伝えてくれ！」と叫び、田光は自らの首をはねて死んだ。太子に対して絶対に秘密を外へ漏らさないと約束した証としての死であるとともに、命をかける荊軻に対して自分も命を投げ出さなければならないという覚悟を自分の死で示したのである。この死は荊軻の心に重くのしかかったにちがいない。

❸太子丹と荊軻の密室対話〜荊軻、「刺客」となる

宮殿に到着した荊軻は太子に接見し、田光が自死し、彼は国の秘密を誰にも漏らしてはいないと伝えた。太子はひざまずき、涙を流し、「田光先生は自らの命をもって、他人の秘密を漏らさなかったことを証明されたのか。それは私の本意でなかった！」と声をあげて後悔の思いを述べた。そして自らの秦王暗殺計画を荊軻に開陳し、「刺客」となってほしいと荊軻にお願いした。荊軻は「これは国の大事であります。私にはそのような能力はなく、その命を任せられるのに役不足ではないかと思うのです」と一旦断った。しかし、太子は近づき頭を下げ、どうか引き受けてほしいと懇願した。田光先生の自死への思いも感じていたのであろう、荊軻は自らが刺客となることを受け入れた。そこで、太子は荊軻を高級官僚として遇して、官舎を用意し、太子は毎日、門まで出向き、牛羊豚の珍味で接待し、珍品を与え、荊軻の思いのままに車馬や美女を用意した。しかし、しばらくたって

も荊軻は出発しなかった。時に、秦は王翦《おうせん》を大将として趙を破り、趙王をとらえ、燕の南の境界にまで進軍していた。太子は秦軍を恐れ、荊軻に早く出発するよう要請した。荊軻は秦王から懸賞金をかけられている樊於期の首と督亢《とくこう》(燕の巨大な山沢)の地図を秦王に献上すれば、秦王と面会できるにちがいないと考え、その用意を太子に提案した。しかし、太子は樊将軍の首を献上することに難色を示した。

❹荊軻と樊於期の密室対話～樊於期の自死

そこで、荊軻はひそかに樊於期のもとを訪れ、「秦王の樊将軍に対する待遇はひどいものです。あなたの父母親族は皆殺され、今や将軍の首には金千斤と一万の食邑《しょくゆう》の懸賞がかかっています。将軍はどうなさるつもりですか」と聞いた。樊於期は天を仰ぎ、大きく嘆息をして、涙を流して、「私の秦王への怨みは骨の髄まで達しています。でも、どうすればよいかわからないのです」と答えた。荊軻は「いま一言で燕国の憂いを解き、将軍の仇を報いる方法がひとつだけあります」と提案した。樊は「それはどんなことですか?」と聞いた。荊軻は「将軍《あなた》の首を秦王に献上したいのです。秦王は喜び、必ず私と面会するでしょう。その時、私は左手で秦王の袖をとり、右手でその胸を切りつけるのです。それによって将軍の仇を報い、辱《はずかし》められた燕の恥も雪《そそ》がれるでしょう。将軍はどう思いますか?」と述べた。樊於期は片肌を脱ぎ、腕を握って進み出て、「これこそ私が毎日歯をくいしばり、胸を打って悶《もだ》えていたことです。いま、ここでお教えいただくことができた!」と叫び、自ら首をはねて死んだ。自らの怨みを自らの死で雪ぐことを荊軻に示したのである。太子の秦への報復への覚悟は極まり、荊軻もその死を心に強く留めたことであろう。演劇を見ていた観客はその死と心意気に共感し、涙したことだろう。

以上のように「密室の対話劇」が何度か繰り返され、それぞれの「思い」がぶつかりあいながら、田光先生と樊於期のふたりの自死によって、荊軻の「刺客」としての「侠気」が醸成されたのである。

秦王暗殺の活劇——クライマックス

ここからは歌と音楽の旅立ちのシーン、そしてクライマックスの宮殿での暗殺活劇シーンへと続く。観客は眼と耳で「刺客」の「侠」に共感したにちがいない。

❶暗殺に向かう準備～匕首・秦舞陽

太子は最も鋭利な匕首《あいくち》(短剣の一種)を天下に求め、趙の徐《じょ》夫人の匕首を百金で手に入れた。さらに、職人に命じ、匕首の刃に毒薬を塗りつけた。その効果を人に試してみると、血一筋をうるおすだけで、みなすぐに死んだという。暗殺の小道具はそろった。そして、この作戦を成功させるために荊軻の補佐をするもう一人の人物がどうしても必要であった。荊軻には一緒に行ってくれる意中の人物がいたが、彼は燕から遠いところにいた。太子はなかなか出発しない荊軻に業を煮やし、心変わりをしたのではないかと疑った。そこで、十三歳で人を殺し、誰も逆らうことのできないような荒くれ者の秦舞陽《しんぶよう》(前二四〇—前二二七)という人物を付き添わせることにし、出発をせかした。荊軻は自分を信じない太子の命令に怒りを爆発させたが、結局、心ならずも秦舞陽を伴って、ついに秦に向かって旅立つのであった(紀元前二二七年)。

❷荊軻の旅立ち~易水のほとり、永遠の別れ

いよいよ荊軻が秦の都・咸陽《かんよう》へと旅立つ日である。彼らの旅立ちの事情を知っている太子と賓客《ひんきゃく》は、永遠の別れを悟り、白装束の喪服《もふく》で彼らを見送った。燕の国境にあたる易水《えきすい》のほとりまで来ると、友人の高漸離が筑を打ち、荊軻はそれにあわせて歌った。見送りの人々は皆、感動し、すすり泣いた。荊軻はさらに前に進み歌った。

> 風蕭々《しょうしょう》として易水寒し。
> 壮士ひとたび去って、復《ま》た還《かえ》らず。

荊軻が大きな声を上げると、その場に会した人々もみな目を怒らし、その髪はことごとく逆立って冠につきそうなほどすさまじい形相であった。荊軻は車に乗って去り、最後まで後ろをふり返らなかった。まさに、死を覚悟した、別れの風景である。観客もきっとこの歌を聞き、感情を移入し、荊軻の姿に感極まったに違いない。

❸荊軻秦王暗殺未遂事件

荊軻たちは秦に到着し、秦王の寵臣《ちょうしん》である中庶子の蒙嘉《もうか》に高価な品を賄賂《わいろ》として渡した。蒙嘉は秦王に「燕王は大王の威風に恐れをなし、反撃の軍を出すことなく、国を挙げて大王の臣下となり、

貢ぎ物を送り、先王の宗廟《そうびょう》を守りたいと申しております。恐れのあまり自ら陳情に参上することをはばかり、樊於期の首を斬り、燕の督亢の地図とともに王に献上するため、これらを函《はこ》に入れ封をして、咸陽の宮廷に送ってまいりました。使者を派遣して大王に話をお聞きいただこうとしております。大王のご指示をいただきたく存じます」と申し上げた。これを聞いて、秦王は大いに喜び、礼装して賓客を待遇する最高の儀礼である九賓《きゅうひん》の礼を設け、燕の使者と咸陽宮で謁見《えっけん》することとなった。いよいよ秦王暗殺未遂事件のクライマックスシーンである。この場面は後漢代になると墓の壁の装飾として刻された画像石の題材にもなっている。いくつかのバージョンが発見されているが、どれも秦王政のいる空間と荊軻・秦舞陽のいる空間が一本の大きな柱で区別されている。この画像石はおそらく当時、各地で演じられていた荊軻の秦王暗殺未遂事件の舞台を描いたものであろう。舞台の中心にある柱のまわりを秦王と荊軻がぐるぐるまわって追いかける活劇を多くの観客が固唾を飲みながら見つめ、時には大声で「急げ!荊軻!がんばれ!」と声をかけながら、舞台と観客が一体となって、荊軻の「俠」に共感していたにちがいない。以下、緊迫感を持った活劇を再現しよう。

荊軻は樊於期の首の入った函、秦舞陽は地図を入れた小さい函を差し出し、秦王の前まで進んだ。秦王の前の階段まで来ると、秦舞陽は顔色を変え、恐れてわなわなと震え出した。宮殿の群臣たちは彼を怪しんだが、荊軻はふり返って秦舞陽を笑い、群臣に向かって謝り、「私たちは北の蛮夷《ばんい》の田舎者で、まだ天子様にお会いしたことがございません。そのため彼は震え恐れたのです。何卒、大王におかれましては、この御無礼をお許しいただき、私ども使者の儀を御前にておこなわせていただきたいと存じます」と言った。秦王は荊軻に「秦舞陽の持っている地図を函から取り出して私に見せよ」と命じた。荊軻は地図を取り、秦王に渡す。秦王は巻かれた地図を徐々に開き、図が開き終わったところに巻き込んであった匕首を見た。気付かれたと見るや、荊軻は急ぎ左手で秦王の袖をつかみ、右手に匕首を取り、秦王の胸に斬りかかる。しかし、匕首が秦王の体に届かんとしたとき、秦王は大いに驚き、後ろにのけぞり、そのはずみで袖がちぎれた。秦王は自分の剣を腰から抜こうとしたが、剣が長く取り出せない。そこで、秦王は剣が入ったまま、さやを握ったが、急場のことと大いにあわて、剣を抜くにも手ががたがた震えて硬直し、なかなか剣を抜くことができない。荊軻は秦王を追いかけ、秦王は柱のまわりをぐるぐる逃げまわる。群臣たちは驚きあわて、不意の出来事に、みな冷静さを失った。秦の法では臣下が宮殿に上る時には、身に少しの武器も帯びることが許されなかった。武器を持って宮殿の下にいた護衛の郎中も、詔がなければ、宮殿に上ることができない。いま、この危機的状況のなか、秦王は階下の武器を持った者を呼び入れることもできず、荊軻にひたすら追い回わされていたのである。あわてふためいた郎中たちは、荊軻を撃つこともできず、素手で彼を捕まえようとする始末。そんな時、侍医の夏無且が手に持っていた薬

秦王政を襲う荊軻　左が秦王、右から2番目が荊軻。
柱には匕首が刺さっている。（山東省武祠画像石。後漢時代）

袋を投げつけると、みごと荊軻に命中、荊軻はひるむ。秦王は柱を回り続け、あわてふためき、どうしたらよいかわからない。左右の者が「王よ、剣を背負われませ！」と叫んだ。秦王はさやに入ったままの剣を背中にくるっと回して背負い、肩越しに剣を引き抜いて、荊軻に斬りかかった。秦王の剣が荊軻の左股を斬る。荊軻はもんどりうって倒れこみ、手に持っていた匕首を秦王めがけて投げつける。しかし、匕首は秦王に当たらず桐の柱にぐさっとつき刺さった。秦王は何度も荊軻を斬りつけ、合計八カ所の傷を負わせた。荊軻は暗殺計画が成功しなかったことを確信し、柱によりかかり、両足を前に投げ出して座り込み、笑みをうかべながら秦王を罵《ののし》り、「わがはかりごとが成功しなかったのは、秦王を生きたまま脅し、秦が燕から奪った土地を返すという約束をとりつけて、燕の太子に報告しようと思ったからだ！」と叫んだ。ここにいよいよ左右の者が進み出て荊軻を殺した。しかし、秦王はしばらく喜ばず、不快な面持ちであった。

以上が荊軻の秦王暗殺未遂事件の活劇シーンである。必死で秦王を追いかける荊軻、剣が抜けず慌てて逃げる秦王、まわりでドタバタあわてる秦の官僚たちの姿が視覚的に私たちの頭に入ってくる。演劇を見ていた観客たちも、ハラハラドキドキしながら、荊軻を応援していたにちがいない。

最後の刺客――エピローグ

荊軻の暗殺未遂事件以降、秦は加速度的に統一への道を歩むこととなる。紀元前二二六年、燕討伐に王翦《おうせん》を派遣し、十ヶ月で燕の首都・薊《けい》は陥落。燕王喜《き》と太子丹は東の遼東半島に移ったが、秦の武将の李信《りしん》は燕王をはげしく追撃した。追い詰められた燕王は、暗殺を画策した張本人の太子丹を斬り、その首を秦に献上して難を避けようとした。しかし、秦は燕への攻撃を続け、五年後（前二二二年）、燕は滅亡する。太子丹・荊軻のもとにいた侠客は追放された。

荊軻の友人、高漸離は名を変え、人のもとで働いていた。宋子というところにかくれて生活していたが、しばらくすると、その苦労に耐えられなくなり、主人の家で客が筑を打つのを聞くと「あの打ち方はいいが、これはよくない」などと文句を言っていた。従者が主人に「あいつは音楽がわかり、ひそかにその善し悪しを論じています」と告げた。主人は高漸離を呼んで筑をうたせた。一座はみな素晴らしいと褒《ほ》め、酒を与えた。高漸離は世間から隠れ、貧しい生活をし続けても仕方ないと思い、自室の箱から愛用の筑と晴れ着を取り出し、皆の前にあらわれた。客はみな驚いた。高漸離は筑をうち歌った。それを聞いた客は一人として涙を流さずに帰った者はいなかったという。宋子の人々は彼を客として迎えた。このことが始皇帝の耳に入り、彼を呼んだ。その時、彼を知っている者がいて、「あれは高漸離だ」と叫んだ。暗殺者荊軻の仲間とはわかっても、始皇帝は筑の名手である彼を殺すのを惜しみ、両目をつぶすにとどめ、筑を打たせた。始皇帝は高漸離の筑の音にますますひかれ、徐々に彼を近くで弾かせるようになった。そして、ある時、高漸離は堅い鉛を筑のなかに入れた。始皇帝が近づいたところで、筑を振り上げて皇帝めがけて打ち下ろした。しかし、残念ながら命中せず、高漸離による荊軻の仇討ちは失敗してしまう。高漸離は捕らえられ、誅殺《ちゅうさつ》された。かつて、ともに音楽をかなで、歌った仲間・荊軻の死を自らの人生に背負った高漸離は、刺客列伝がとりあげた最後の刺客であったと言ってよいだろう。この劇を見ていた観客はここにも「俠」の姿を見ることになる。

おわりに

以上、『史記』刺客列伝の荊軻のエピソードの全体である。さて、では、荊軻は誰のために、誰の思いを背負って、自分の命を投げ出したのだろうか。荊軻は「刺客」となるために燕に来たわけではない。そして、太子丹のために秦王暗殺を実行したのではなく、また、秦王政への個人的な怨みを晴らすために刺客となったのではない。太子丹が画策した秦王暗殺計画を進めるなかで、密室で本気で向き合い対話し、自らの命を荊軻の目の前で絶った田光先生と樊於期の「死」、そして彼らの「思い」というものを荊軻が背負い、継承することによって、荊軻の心に「俠」が醸成され、「刺客」となったのである。高漸離も荊軻の「死」によって「俠」を醸成したのである。「死」と「思い」は人の心を動かす。それは荊軻の秦王暗殺未遂事件の演劇を見ていた観客の心をも動かす。密室での田光先生と樊於期の自刎《じふん》に驚き、易水の永遠の別れのシーンの歌と音楽に感激し、秦王を追いかける活劇に歓声を挙げ、その死に涙する。荊軻の「俠」への共感が、そこにはある。それは、古代中国の市井に生きた人々の心の中に深く溶け込んだ「俠」の姿であったと言えよう。

⦿参考文献

佐藤武敏『司馬遷の研究』（汲古書院、一九九七年）
宮崎市定『史記を語る』（「岩波文庫」、一九九六年）
鶴間和幸『秦帝国の形成と地域』（汲古書院、二〇一三年）

「自由な市場」を守り抜こうとした羊飼い

卜式

…ぼくしき…

濱川栄

卜式《ぼくしき》（生没年不詳）は、前漢武帝《ぶてい》期（前二世紀後半）の牧羊業者。匈奴《きょうど》との熾烈《しれつ》な戦争で財政難に陥った漢朝を救うために莫大な献金を申し出て、武帝（在位前一四一—八七）の歓心を得る。その後、被災民救済のための献金により官爵と表彰を得、官界を累進し、ついに三公（最高官職）の一つである御史大夫《ぎょしたいふ》にまでのぼり詰める。しかし、折から強行されていた露骨な抑商政策である算緡制《さんびんせい》の一部廃止を唱え、武帝の不興を買い、太子太傅《たいふ》（皇太子の守り役）に左遷された。その後の情報は「天寿《てんじゅ》を全《まっと》うした」（『漢書』卜式伝）こと以外、全く伝えられていない。

はじめに

卜式の言行は、『史記』平準書《へいじゅんしょ》に詳しく見える。平準書は、武帝が始めた対匈奴戦争や頻発する災害などにより、それまで潤沢だった前漢王朝の財政が窮迫《きゅうはく》していく顛末《てんまつ》と、それに対応して次々実施された新たな経済政策について記した一篇である。特に、前一一九（元狩《げんしゅ》四）年から強行された算緡制という当時の富豪層を狙い撃ちにした特別資産課税により、多くの富豪が一挙に没落するさまが臨場感溢れる筆致で描かれている。国家の危急を無視し、蓄財と乱費に明け暮れていた富豪層が算緡制（その詳細は後述）により没落する様子は、まさに因果応報を示すがごとくであるが、卜式はそんな時代にあってただ一人、惜しげもなく財産を国家に献上し続ける無欲恬淡《てんたん》な人物として描かれている。その姿は、当時の富豪層の在り方とはあまりに対照的であり、それだけに強く異彩を放っている。

卜式の存在は平準書の狂言回しの役割を担っており、その末尾も対立した経済官僚・桑弘羊《そうこうよう》（？—前八〇）を非難する卜式の恨み言で締めくくられているほどである。卜式がいなければ平準書は今日伝わる形には決してなっていないはずである。

しかし、卜式の評価は難しい。額面通り受け取れば「純粋無垢、無欲恬淡で、一心に武帝のために私財をなげうった奇矯《ききょう》な羊飼い」となるであろうが、司馬遷《しばせん》がそんな平板な人間に平準書の狂言回しをさせるはずがない。ならばとばかり、卜式を富豪層からの献金を促すために武帝と示し合わせて芝居を打った曲者《くせもの》、と酷評する見解もある。しかし、筆者は卜式をどちらでもなく、「俠」のひとりとして捉えなおすべきだと考えている。その是非は読者のご判断にゆだねたい（以下、引用資料は全て『史記』平準書による。『漢書』卜式伝もあるが、平準書の焼き直しにすぎない）。

卜式登場

河南郡（現河南省）出身の卜式は、親の死後、幼い弟を養い、弟が成人すると土地財産を全て弟に譲り渡し、自分は百頭あまりの羊だけを伴ない、山中で牧畜に専念した。その結果、十年あまりで羊は一〇〇〇余頭に増えた。『史記』貨殖《かしょく》列伝によれば、羊二五〇頭の飼育で年間二〇万銭の利潤が得られたとされる。一〇〇〇頭以上の羊を飼育していた卜式の資産は、優に八〇万銭以上あったことになる。当時、富豪と見なされる基準は「十金（十万銭）」とされていた。実際には四、五万銭あれば裕福に暮らせた、ともされる。卜式は押しも押されぬ大富豪となったのであるが、その資産の一部を使って農地と宅地を購入し、さらに牧羊と農耕に精を出した。一方の弟はその間に破産してしまったので、卜式は何度も財産を割いて弟を救った。

そんななか、武帝は前漢王朝建国以来の屈辱的な対匈奴関係を打破すべく、匈奴との全面戦争に突入した。ここで卜式は、突然「家産の半分を国家に献上し、辺境で戦う軍隊を助けたい」と上書する。武帝は使者を派遣し、卜式の真意を問うた。「官になりたいのか」と使者が尋ねると、違う、と言う。「晴らしたい冤罪《えんざい》でもあるのか」と尋ねると、「私は生まれてこのかた、他人と争ったことがありません。近所の貧しい者には金品を貸し、品行の悪い者には教え諭《さと》してきました。誰もが私に従うようになっています。どうして冤罪など被りましょうか」と言う。「では、なぜ献金したいと言うのか」と使者が聞くと、

天子、匈奴を誅《ちゅう》せんとす。愚、以為《おも》えらく、賢者は宜《よろ》しく節に辺に死すべく、財有る者は宜しく輸委《ゆい》すべし、と。此《か》くの如《ごと》くんば、匈奴、滅ぼすべきなり。

と答えた。天子(武帝)が匈奴の誅滅《ちゅうめつ》を決断されたいま、賢者は前線で戦い、金持ちは物資輸送に金を出して戦争に協力すべきだ、そうすれば天子の願いをかなえられます、というのである。しかし、使者の報告を受けた丞相《じょうしょう》(行政の最高官。今日でいう首相)の公孫弘《こうそんこう》は、「此《こ》れ人情に非《あら》ざるなり。不軌《ふき》の臣は以て化を為すべからず、而《しか》して法を乱す。願わくば陛下、許す勿《な》かれ」と卜式の申し出を却下するよう進言した。こうして卜式の最初の献金の申し出は成功しなかった。ここで公孫弘が卜式を「此れ人情に非ざるなり」「不軌の臣」と酷評している点はおもしろい。要するに「偽善者」であり、裏で何かをたくらむ輩《やから》とみなしたのである。さすがは儒学の知識と一見温厚そうな人当りを武器に、武帝にひたすら阿諛追従《あゆついしょう》しつつ政敵を次々排除して丞相にまで登りつめ、「曲学阿世《きょくがくあせい》(学を曲げて世に阿《おもね》る)」と評された公孫弘である。卜式の純粋無垢な申し出を非人情ととらえ、「自分と同類の偽善」を嗅ぎ取ったのだろう。

しかし、前一二〇(元狩三)年、卜式の住む河南郡に大量の流民が流入し、救済を仰ぐ事態が生じた。同年に発生した黄河の大水災による被災民と思われる。ここで卜式は郡に二〇万銭を献金した。その後、河南郡が献金者のリストを朝廷に提出したところ、武帝がその中に卜式の名を見つけ、以前のことを思い出し、卜式に兵役免除四〇〇人分に相当する金銭(十二万銭ほどとされる)を賜《たま》わった。ところが、卜式はその金もそっくり河南郡に献上した。そこで武帝は、卜式を真正の「長者」とほめ称え、その名を天下に宣伝した。さらに卜式を上林苑《じょうりんえん》(首都長安の南西に位置した巨大な狩猟場兼動物園)の担当官に登用すると、卜式は見事に上林苑の羊たちを肥え太らせた。次いで河南郡の緱氏《こうし》県の県令に、さらに同郡の成皋《せいこう》県令に任じたところ、卜式はどちらの県でも優秀な治績を挙げた。武帝は卜式を「朴忠（純朴で忠実）」と絶賛し、さらに斉《せい》国の王の守り役（太傅《たいふ》）、次いで斉国の宰相とし、ついに前一一一（元鼎《げんてい》六）年、丞相・大尉《たいい》と並ぶ三公の一つ御史大夫に抜擢した。「官になる気はない」と言っていた卜式が、位人臣を極めたのである。

この異例の累進の間にも、卜式はその名を数回顕彰されている。算緡制が施行されたさい（前一一九〔元狩四〕年）には武帝が「卜式を尊んだ」とあり、富豪層が卜式にならって積極的に納税することを期待している。また前一一二（元鼎五）年に武帝が敢行した大規模な南越《なんえつ》遠征のさい、当時斉国の宰相だった卜式が「願わくば親子ともども斉の兵士たちと戦場に行き、そこで戦死したい」と従軍を希望すると、武帝は「まだ戦ってはいないが、国家に対する忠義心がほとばしっている」と絶賛し、関内侯《かんだいこう》の爵位（当時の二〇等爵制で列侯《れっこう》に次ぐ上から二番目の爵位）と黄金六〇斤《きん》（約十四キログラム）と耕作地十頃《けい》（約四六ヘクタール）を卜式に与え、その事実を「天下に布告」した。「卜式のように国家に尽くせば見返りも大きいぞ」と宣伝したかったのであろう。しかし、卜式にならって国家に献金を申し出たり、自ら戦地に赴こうとする富豪は出てこなかった。卜式が単に武帝と示し合わせて富豪に献金させる「さくら」のような存在でしかなかったら、単なる間抜けな役回りでしかなかったことに

卜式と武帝
（「光明日報」2016年2月16日付、16版より）

なる。

算緡制とは何か

卜式について語る場合、見逃すわけにはいかないのが算緡制との関わりである。算緡制とは、多事多難な中、急速に悪化する前漢王朝の財政を補うべく、国家に非協力的な富豪層の財産をむしり取ろうとした極めて露骨な抑商政策である（「緡銭《びんせん》令」ともいう）。名も伝えられていない官僚の提言に従い、前一一九（元狩四）年に施行され、数年の間猛威を振るった。その大要は、以下のとおりである。

（一）商行為を営む全ての者に対し、資産額二〇〇〇銭につき一算（一二〇銭）を申告納税させる。

（二）手工業者・職人・鉄工業者には、資産四〇〇〇銭につき一算の割合で同様に納税させる。

（三）下級役人と北辺の騎馬兵以外の者が持つ軺車《ようしゃ》（一人乗り用馬車で奢侈《しゃし》品）一台につき一算、商人は一台につき二算、また長さ五丈（約十一メートル）を越える船にも一算を課税する。

（四）資産隠しや申告漏れがある場合は、一年間辺境守備の義務を課し、財産を没収する。

（五）申告の不正を密告した者には、没収財産の半分を与える（この条項を特に「告緡《こくびん》」と呼ぶ）。

（六）商人で「市籍」（国家が指定した市中の一定区画で商いをする許可）を有する者とその家族は、みな田地の所有を禁止し、もって農民の便宜をはかる。あえて違反する者は、田地と奴隷を没収する。

このうち、基準的規定となる（一）（二）についてみれば、それ以前の財産税が資産一万銭（一金）につき一算（一二〇銭）だったのに比べて、商人は五倍、手工業者は二・五倍の増税になっており、特に商人を狙い撃ちにしたものであったといえる。さらに所有する軺車や船舶にまで課税対象を広げており、商人たちの浪費や商行為そのものまで抑制しようという意図が見える。また、商人の土地所有を禁じた(六)もすでに広大な土地を所有していた商人には大打撃となった。しかし、なんといっても恐ろしいのは(四)(五)の規定であろう。資産隠しが発覚した場合は全財産を国家が没収するというのである。しかも、密告により発覚した場合は没収財産の半分を密告者に与えるというのであるから、「脱税者狩り」が横行したことは言うまでもない。

では、この算緡制と卜式はどのように関わるのか。実は、平準書の中で最初に卜式が登場するのが、算緡制の開始を述べた文に続く武帝の回想の中であった。

> 天子、乃《すなわ》ち卜式の言を思う。召して式を拝して中郎《ちゅうろう》と為し、爵は左庶長《さしょちょう》、田《でん》十頃を賜《たま》い、天下に布告して、之《こ》れを明知《めいち》せしむ。初め、卜式なる者は、河南の人なり。……

つまり、算緡制の施行(前一一九(元狩四年)年)をきっかけに武帝が卜式のことを思い出し、急に彼に官位・爵位(左庶長は当時の二〇等爵制で上から十番目。破格の厚遇と言える)・土地十頃を与え、それを天下にふれ回り、知らしめようとしたのであり、そこから前節で見た卜式の生い立ちへとつながるのである。この司馬遷の書きぶりから、武帝が卜式を富豪の鑑《かがみ》としてもてはやすことで、他の富豪からの献金や納税を促そうともくろんだことは疑いない。もちろん、卜式自身も算緡制の課税対象だったことは言うまでもない。しかし、そもそも武帝のために資産の半分を献上しようとした卜式である。まさか資産隠しや脱税などするはずもなく、郷里の者たちも卜式の篤実さに畏服《いふく》していたのであるから、密告などもされるはずがない。武帝は、天下の富豪たちがみな卜式にならうことを期待したのである。

しかし、その期待は全く裏切られた。業をにやした武帝は、楊可《ようか》なる官僚を使って天下に告緡を奨励させたのである。前一一七(元狩六)年のことであった。

> 天子、既に緡銭令を下し、而《しか》して卜式を尊ぶも、百姓《ひゃくせい》終《つい》に財を分かちて県官を佐《たす》くる莫《な》し。是《こ》こに於いて楊可の緡銭を告ぐること縦《ほしいまま》なり。

またその三年後(前一一四(元鼎三)年)、卜式が斉の宰相になった時にも、

> 卜式、斉に相たり。而して楊可の告緡、天下に徧《あまね》く、中家以上は大抵《たいてい》皆告に遇《あ》う。

と見える。卜式が出世街道を駆け上がるのに比例するように、算緡制は猛威を振るったのである。

このように見てくると、いかにも卜式は「さくら」に過ぎなかったように思われるかもしれない。少なくとも武帝にそうした意図があったことは疑いない。しかし、卜式本人は実はそうではなかっ

たのである。

卜式の真意

資産の半分の献上を申し出て以来、常に武帝の意に沿い、武帝からも重用され、累進してきた卜式であったが、御史大夫に抜擢《ばってき》されたわずか一年後(前一一〇〔元封元〕年)に太子太傅に左遷されてしまう。その理由は、彼が算緡制の一項目である「船舶への課税」(以下、「算船税」と称する)の廃止を訴えたためである。

(卜)式、既《すで》に位(御史大夫)に在《あ》り。郡国、多く県官(政府)の塩鉄を作るを便とせず、鉄器苦《はなは》だ悪《あ》しくして賈貴《あたいたか》く、或いは強《し》いて民をして之《こ》れを売買せしめ、而《しか》して船に算有りて商う者少なく、物貴《たか》きを見る。乃《すなわ》ち孔僅《こうきん》に因《よ》りて船算の事を言わしむ。

当時、算緡制と並ぶ財政再建策として塩・鉄の専売制が始まっていた(前一一九〔元狩四〕年以来)が、世の専売制の常として製品は粗悪なのに値段は高く、それを無理に流通させたために庶民は苦しんでいた。さらに算船税が重圧となって商品売買自体が停滞し、物価高になっていた。要するに、算緡制という極端な抑商政策と強引な商工業の国営化により国庫収入は増えたものの、民間経済は冷え込んでいたのである。卜式はそれを憂慮し、大商人上がりの官僚で鉄専売の立役者であった孔僅を通じて、武帝に算船税の廃止を訴えたのである。

牧羊業者上がりの卜式が算船税を問題視したことを奇異に感じるかもしれないが、当時は華北黄河流域まで竹が生い茂るなど現在よりも気候が温暖で降水量も多く、豊富な水量をたたえた河川や運河が特に黄河以南・淮河《わいが》以北の平野部（淮北平野）に縦横に通じており、経済は活発な舟運に支えられていた。卜式自身、成皋《せいこう》県令の時には「漕《そう》を将《ひき》いること最たり（漕運、すなわち租税の水運を取り仕切って最高の成績をあげた）」と評されるほど舟運に習熟していた。船は、「南船北馬」という固定観念にとらわれがちな今日の我々が想像するより、ずっと北方まで広範に定着していたのである。だからこそ、算船税が民間経済に与えた打撃は非常に大きかったのである。卜式は数ある算緡制の項目のうち、奢侈品である軺車への課税でもなく、商人の土地の没収でもなく、資産隠しの密告を奨励する告緡でもなく、唯一算船税にのみ反対した。それは、明らかに民間経済の冷え込みを憂いてのことであった。その憂いは、これまでひたすら忠節を尽くしてきた武帝に逆らい、その不興を買うであろうことが火を見るより明らかであったにもかかわらず、彼に行動を決断させるほど深刻なものだったのである。

卜式が守ろうとしたもの

いったい、卜式は誰に対して、何に対して「俠」であろうとしたのか？　表面的には、ひたすら武帝個人に対して忠節を尽くしてきたようにしか見えない。それは、武帝にこびへつらって栄達を重ねた公孫弘と重なる姿にも映る。しかし、卜式の言動を子細に見れば、彼が特に武帝への献金や献身を声高に訴えた場面が、匈奴や南越という外敵との戦争に関わる場面でしかないことがわかる。一方、彼が武帝に逆らったのは、前節で見たように算緡制の中の算船税のみを非としてのことであった。こうした卜式の言動から、彼が必死で守ろうとしたものが見えてくるのではなかろうか。

まず、なぜ匈奴・南越との戦争について献金や献身を申し出たのか。これらの強力な外敵との戦争に万一敗れでもした場合、あるいはそこまではないにしろ長期間苦戦が続いたりした場合、当然前漢王朝の統治は揺らぎ、さまざまな社会不安が起こるであろう。それは、平穏で日常的な経済活動を脅かし、その停滞をもたらす危険性が高い。もちろん、社会不安を利用して一攫千金《いっかくせんきん》をもくろむような山師《やまし》的な商人も少なくなかったであろうが、卜式はそうした部類の人間ではなかった。堅実に牧羊業を営み、それだけで十分すぎるほどの財産を積み上げた彼にとって、強力な前漢王朝の庇護《ひご》の下、安心して自由に商取引に打ち込める環境こそ何にも代えがたいものであった。その安心を揺るがす事態こそ、実は武帝が始めた対匈奴戦争であった。始めてしまったものは仕方がない。とにかく一刻も早く戦争を終わらせ、平穏な経済環境を回復しなければならない。卜式の、全財産の半分を献上するという奇特な申し出は、そうした危機感からなされたものだった。そう考えれば、卜式が忠節を尽くそうとした対象は実は武帝ではなく、「自由で平穏な経済市場」であった、とするべきであろう。

一方、当時はむしろ多数派であった、奢侈に明け暮れ、国家の危機にも無関心な大多数の富豪に対してはもちろん、塩・鉄専売制や均輸《きんゆ》・平準《へいじゅん》法などの国営商工業にも卜式が批判的な見方をしていたことにも注目する必要がある。均輸とは官吏が地方の特産品を強制的に徴収し、それらが産出しない地方に運んで商人より安価で販売する方法であり、平準とは商品の価格が安い時期に官吏がそれを買い占め、価格が高騰した時に商人より安価に売却して国庫収入を得ようとする方法であった。ともに国営商業の一種であり、同時に一般の商人の利益を抑制する抑商政策でもあった。武帝期に次々実施された新経済政策の最終版であり、特に平準法は平準書の書名にもなるほど象徴的な政策であった。その平準書の末尾は、前一一〇(元封元)年に太子太傅に左遷された卜式が、当時商人あがりの経済官僚の一人として急速に台頭し、専売制や均輸・平準法を取り仕切って武帝の絶大な信頼を得ていた桑弘羊を、同年に憂慮されていた旱魃《かんばつ》にからめて、

県官は、当《まさ》に租に食らい税に衣《き》るべきのみ。今、(桑)弘羊、吏をして市に坐《ざ》し肆《し》に列して物を販《う》り利を求めしむ。弘羊を亨《に》れば、天、乃《すなわ》ち雨ふらん。

と激烈に批判した言で締めくくられている。県官、つまり国家・王朝は、あくまで租税によってのみ運営されるべきである。しかるに今、桑弘羊の進める商工業の国営化により、官吏は市中に商人のように店舗を広げ、商品を売り利益を得ているが、そんなことはあってはならないことである。桑弘羊を煮殺せば、天も喜んで雨を降らすであろう。「長者」「朴忠《ぼくちゅう》」などと称された卜式らしから

ぬ悪口雑言であるが、この発言は実は、卜式の口を借りた司馬遷自身の意見表明であったと考えられる。

なぜなら、司馬遷自身の理想の経済観が示されたとされる『史記』貨殖列伝が、戦国時代以来前漢武帝期以前まで続いた、「国家による統制を極力排した自由な経済活動」を称賛する内容になっているからである。貨殖列伝は司馬遷の父・司馬談《しばたん》(?—前一一〇?)の筆になるという説も強いが、それをそのまま『史記』に残している以上、司馬遷も同じ価値観であったとみなし得る。

しかし、「自由な経済活動」の容認には一点重要な歯止めがあった。富を得た人間は、それを私利私欲を満たすためだけに浪費するのではなく、積極的に周囲に散財し、多くの人と利益を分かち合うことが求められた。そのような商人の鑑とされたのが、春秋時代末に越王勾践《えつおうこうせん》の軍師として活躍し、その後は越を離れて商人として身を立て、居を変えながら三度蓄財し三度散財した、とされる范蠡《はんれい》(生没年不詳)である。その姿は、弟や郷里の人々のために、そして武帝のために積極的に散財した卜式とよく重なる。困窮にあえぎ、危機に苦しむ人のために積極的に施しをする、それはまさしく「侠」と称するに足る姿である。卜式は、范蠡を範として振る舞っていたのかもしれない。

范蠡が、卜式が、そして司馬談・司馬遷父子が理想とした経済活動の在り方は、一言でいえば「節操を保った自由放任」ということになろうか。しかし、現実はそのようにはならなかった。結局、中国古代においても自由な経済活動は著しい富の偏在、格差の拡大をもたらし、国家権力による厳しい弾圧と統制を招いてしまった。もちろん、国家権力が節操を保てる保証はどこにもない。現在の世界においてさえ、「節操を保った自由放任」を実現することはいかに難しいことか。富を持つ者、権力を持つ者にいかに節操を保たせるか。人類史の課題は、つまるところこの一点に尽きるのかもしれない。それが実現されない限り、我々はいつまでも范蠡や卜式を鑑と仰ぎ続けなければならないのだろう。

⦿参考文献

濱川栄「卜式再考──漢代の一牧羊業者の実像を求めて」（同『中国古代の社会と黄河』早稲田大学出版部、二〇〇九年所収）

歴史を動かした
女侠たち

呂母
…りょぼ…

佐々木満実

中国には歴史を動かす強い女性が数多く登場した。呂母《りょぼ》の乱で知られる呂母もその一人に数えられるだろう。しかも呂母は、后妃《こうひ》や太后《たいこう》などの高貴な地位にあって政治を動かしたわけではなく、匹婦《ひっぷ》の身でありながら王朝を揺るがす反乱の指導者となったのである。呂母というのは名前ではなく、字義の通り「呂家の母」という意味であり、彼女の名前は史書に残っていない。名もなき女性が歴史の舞台に現れた背景には、侠との深い関わりがあったと考えられる。

はじめに

後代、任侠的な行動や思考をする女性を「侠女」や「女侠」と呼ぶが、こうした概念が表れるのは唐代以降のことであり、それは北朝期に異民族が流入し、尚武《しょうぶ》の女性が中国国内に現れたことに起因するとされてきた。確かに漢代以前には侠女と呼ばれるような女性は存在しない。そのためか、漢代以前の任侠研究は男性の任侠のみを問題とし、女性と任侠との関わりについては言及することが少なかった。

しかし、任侠の気風が社会を覆い、生活の隅々にまで浸透していた時代に、男性のみでその社会を完結することなどできたであろうか。当時の女性もまた任侠と関わりを持ち、彼女たち自身が任侠的な行動や思考をとることもあったと考えられるのである。本項では呂母の事例を中心に、漢代以前の女性と任侠との関わりについて述べたいと思う。

呂母の乱

呂母の乱については、後漢前期に編纂された『東観漢記』をはじめ、『漢書《かんじょ》』王莽《おうもう》伝や『後漢書』劉《りゅう》盆子《ぼんし》伝、『後漢紀』等、いくつかの史料にその記録が残されている。まずは、それらの史料から見える呂母の乱のあらましを見ていきたい。

呂母は現在の山東省日照市にあたる琅邪郡海曲《ろうやぐんかいきょく》県の人である。呂母の息子の呂育《りょいく》は県の小役人をしていたが、新《しん》の十四(天鳳《てんほう》元)年、些細《ささい》な罪を犯し、県宰《けんさい》(県の長官)によって死刑にされてしまう。息子を殺された呂母は県宰を恨み、密かに味方を集めて復讐しようと考えた。呂母の家はもともと裕福で、その資産は数百万銭であったという。ちなみに、当時は十万銭が中産階級の資産に相当したというから、かなりの資産家であったことがうかがえる。呂母は莫大な資産を元手に、家業であった酒造業を拡大し、武器や衣服を購入して、少年たちにツケで酒を飲ませ、貧乏な者には好きなだけ衣服を貸してやった。ここで言う「少年」とは、不良少年、年若い侠のことである。

そうして数年が経ち、呂母の財産が尽きると、少年たちは呂母にこれまでのツケを返そうとした。

しかし、呂母はそれを断り、涙を流して言う、「貴方たちを厚遇したのは、利益を求めてのことではありません。県宰は道に背き、法を曲げて私の息子を殺しました。私はただ復讐がしたいのです。私を哀れんで手を貸してください！」と。少年たちはその意気に感じ入り、また、日頃から恩を受けていたので、みな呂母の復讐に協力することを誓った。こうして呂母のもとに数百人もの少年たちが結集したのである。

　少年の中で勇猛な者は自らを猛虎《もうこ》と称した。呂母はそうした勇猛な少年たちを率い、手始めに海に向かった。東海(今の黄海)沖の島嶼《とうしょ》には「亡命」と呼ばれる者が多く、彼らを味方に引き込むためであったと考えられる。「亡命」とは本籍地から離れて逃亡する者のことを言うが、単に災害や貧困などで本籍地を追われた「流民」や「流亡《りゅうぼう》」と呼ばれる人々とは異なり、法を犯して逃亡している犯罪者のことを指す。若かりし頃の漢の高祖《こうそ》劉邦《りゅうほう》(在位前二〇二―前一九五)も、始皇帝陵建設のための役徒《えきと》を勝手に釈放して逃亡した際に、芒《ぼう》・碭《とう》の山沢に身を隠していたというが、犯罪者が追跡を逃れて山中や沼沢地、海辺などの人里離れた場所に潜伏することはよくあることであった。呂母はこうした反社会的な無頼《ぶらい》の徒をも招集し、その勢力を数千人にも増やしたのである。

　十七(天鳳四)年、兵力を整えた呂母は自ら将軍と称して数千人の兵を率い、海曲県に攻め入った。県宰は捕らえられ、県の役人たちは地に頭をつけて県宰のために命乞いをしたが、呂母は「我が子は些細な罪を犯したが、死刑にあたるほどではなかった。しかし、県宰は息子を殺した。殺人は死罪に当たる。何を命乞いするのか！」と言って県宰を斬り捨てた。そして、その首を息子の墓前に供え、復讐を果たしたのである。しかし、その後も呂母とその兵は解散することなく、沿海部に潜伏して勢力を拡大していき、その数は数万人に膨れ上がっていった。これには時の皇帝王莽(在位後八―二三)も鎮圧を諦《あきら》め、使者を送って罪を赦《ゆる》すという懐柔策を取るより他なかった。

十八(天鳳五)年、呂母と同じ琅邪郡出身の樊崇《はんすう》が挙兵した。各地を転戦する間に飢饉で流亡した農民や盗賊らが集まり、その数は一年で数万人にも達したという。彼らは王莽の派遣した討伐軍と自軍の兵を区別するために眉《まゆ》を赤く染めたので「赤眉《せきび》」と呼ばれた。呂母が病死したのは、ちょうど赤眉が敗走する討伐軍を追撃しながら琅邪郡まで引き返してきた二一(地皇《ちこう》三)年頃のことである。呂母の死後、残された集団は分散し、それぞれ赤眉や青犢《せいとく》・銅馬《どうま》といった反乱勢力に合流していった。

史料からわかる呂母の為業は以上である。呂母の生い立ちやひととなり、復讐を遂げてから病死するまでの生活など、具体的なことは何もわからない。しかし、少年や亡命といった游俠無頼の徒が呂母のもとに集まり、彼女の死によって離散したことを見れば、呂母という個人が彼らをまとめる強力な求心力になっていたことがうかがえるのである。

乱の背景——王莽の失政

王莽は、前漢元帝(在位前四八―前三三)の皇后であった王政君《おうせいくん》の甥《おい》であり、元帝の死後、外戚《がいせき》として幼帝を補佐する名目で政治の中枢に食い込み、ついには禅譲《ぜんじょう》を迫って皇位を簒奪《さんだつ》した人物である。王莽が建国した新《しん》はわずか十五年の短命王朝であったが、その間に王莽は様々な改革を行ったことで知られている。

前述のように、王莽は使者を派遣して呂母集団を赦したが、戻った使者が王莽に次のように報告した。

「盗賊に訳を聞きましたところ、皆がこのように申しております。法令が煩瑣《はんさ》で苛酷《かこく》なために人民は些細なことすらできず、いくら働いても税を支払うことができない。また、自分が罪を犯さないよう心掛けても、近隣の者が犯した銭の私鋳《しちゅう》や銅の私蔵に連坐させられ、悪い役人がそこにつけこんで苦しめる。人民は困窮して盗賊になるより他なかった」と。

呂母の乱の要因として、苛法と重税、盗鋳銭の厳罰化による連坐《れんざ》、役人の腐敗などが並べられている。ここで言う苛法は六筦制《ろくかんせい》のことを指すとされ、六筦制が呂母の乱の直接の契機となったと語られることが多い。六筦制とは王莽の十（始建国《しけんこく》二）年に発布された六筦令に基づく経済政策のことである。酒や塩、鉄などの生活必需品を専売制とし、貨幣の私鋳を禁じて山川藪沢の物産に課税するというものであった。この酒の専売制が酒造業者であった呂母一家やそれに関わる商工業者たちの生活を圧迫し、反乱へと追い込んだことが指摘されている。呂母は酒造業者であったが、山東省は昔から製塩業が盛んな地域でもあったので、呂母が味方に加えた海辺の亡命たちの中には六筦制の違反者として逃亡していた者も含まれていたのかもしれない。おりしも十七年（天鳳四）年、呂母たちが挙兵する直前には六筦制を強化する詔令が出され、違反者の罪が死刑にまで拡大された。呂母の乱にも何らかの影響を与えたとしても不思議ではない。

税制に関しても王莽は改革を推進し、収穫の十分の一の田租《でんそ》と布《ふ》一匹、力役を基本としつつ、種々の課税を行った。この他、王莽が強硬な外交政策で匈奴《きょうど》との関係を悪化させたために戦費が嵩《かさ》み、戦費補塡《ほてん》の臨時税も追加されたので、民衆の負担は膨大であったと想像される。さらに、青州《せいしゅう》・徐州《じょしゅう》と呼ばれる現在の山東省に重なる地域では大規模な飢饉《ききん》が起こったため、農民の多くは困窮し、農地を捨てて、流亡するより他なかった。

また、呂母集団の中核は農民ではなく、生業を持たない游俠無頼の少年たちであったが、王莽はこうした者たちをも税源に取り組もうとし、農業に従事しない者には通常の三倍の税を課すという罰則を設けた。こうした政策が少年たちの反感を買ったことは想像に難くない。

最後に挙げられている役人の腐敗は、王莽期の深刻な問題のひとつであった。そもそも呂母の乱は非道な県宰に対する復讐を契機とする。王莽期には、財政難で俸禄がきちんと支給されなかったため、役人は民衆から恒常的に収奪を行っており、十八(天鳳五)年には、不当な手段によって利益を得た辺境の役人から財産を徴収して防衛費に充てるという詔令を出すほどであった。呂母の息子もこうした政治腐敗の犠牲者だった可能性が高い。しかし一方で、呂母が県宰を捕らえた際に、県の役人たちが県宰のために必死に命乞いしたことから、たんに県宰が暴虐《ぼうぎゃく》で恣意的《しいてき》に呂母の息子を死罪にした訳ではない可能性もある。王莽の朝令暮改の改革により、それまで許されてきた軽微な犯罪が厳格に処罰されるようになった結果、呂母の息子が命を落とすことになったのかもしれない。いずれにせよ、呂母の乱はやはり王莽の失政に起因するところが大きい。

しかし、王莽が行った改革は全国的に施行されたものであり、王莽期の災害も山東省にだけ起こった訳ではなかった。呂母の乱がこれほど大規模な反乱となった要因や、呂母が彼らをまとめる求心力となり得た要因については、別の角度からも見ていく必要があるだろう。

集団の結びつき——斉の地域性

呂母が現在の山東省の出身であることは触れたが、山東省一帯はもともと斉《せい》と呼ばれる地域であった。はじめ、周の建国を輔けた太公望呂尚《たいこうぼうりょしょう》(?—前一〇〇〇?)が封建され、春秋・戦国に亘って斉国がこの地を支配した。その後、秦《しん》による滅国を経て、漢では王国が置かれたり郡県が置かれたりと行政区分に変更が加えられることもあったが、その風俗は脈々と受け継がれていたようである。呂母の乱とそれに続く赤眉の乱がともに斉地で起こったことから、従来、その地域的要因が指摘されており、反乱を醸成《じょうせい》した斉の特徴として城陽《じょうよう》景王祠《けいおうし》信仰と任侠の気風とが挙げられてきた。

斉地の範囲(『漢書』地理志による)

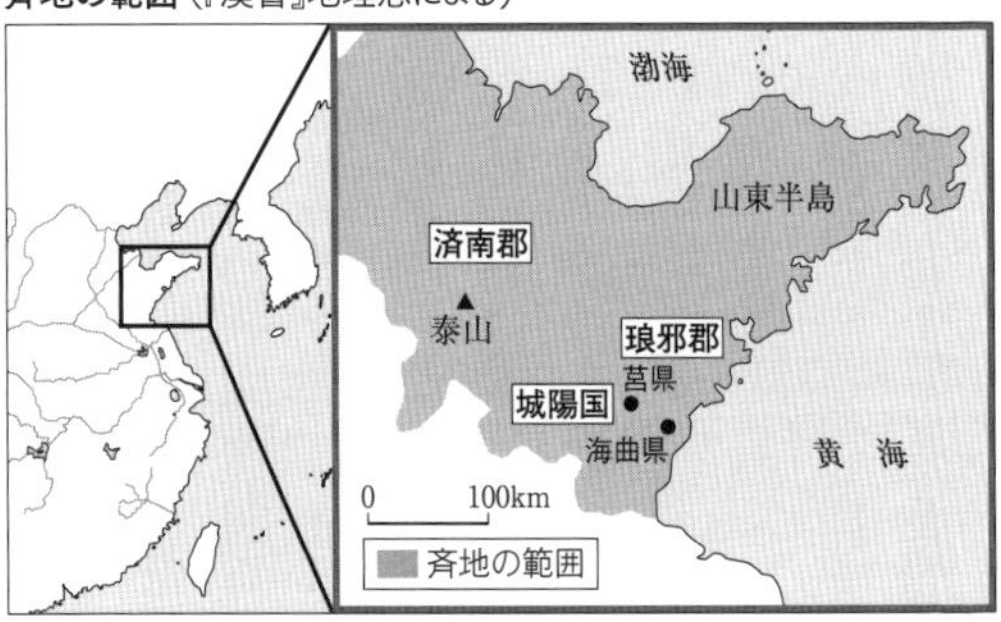

❶城陽景王祠信仰

城陽景王とは、斉国に封建された悼恵王劉肥《とうけいおうりゅうひ》の子劉章《りゅうしょう》(前二〇〇—前一七七)のことであり、漢の高祖劉邦の孫にあたる。高祖劉邦の死後、専権を振るう呂后《りょこう》に「耕田の歌」を献上し、呂氏を雑草に喩《たと》えて公然と批判した気骨の人物として知られている。呂后が崩御《ほうぎょ》すると、呂氏一族誅殺《ちゅうさつ》に協力した功績によって城陽王に封じられた。その死後、城陽国が置かれていた琅邪郡を中心に山東の各地に彼を祀る祠《ほこら》が建てられ、禍福をもたらす存在として商人を中心に信仰され、豪奢《ごうしゃ》な祭りが行われるようになったのである。かの曹操《そうそう》が済南相であった時に、これを淫祀《いんし》として祠を破壊したが、その後すぐに復活したという。それほどまでにこの地方では熱心に信仰されていたのである。赤眉はこの信仰を集団の結合原理に利用しており、軍中では斉巫《せいふ》と呼ばれる巫者《ふしゃ》が太鼓を打ち、軍を鼓舞していたことが伝えられている。その後、漢の復興という大義名分を掲げた際にもこの信仰が利用された。

一方、呂母やその集団が城陽景王祠を信仰していたことを示す史料は見つかっていない。呂母も酒造業を営む商人であったので、信者の一人であったかもしれないが、むしろ呂母集団においては、呂母と少年たちとの間に結ばれた精神的紐帯《ちゅうたい》が集団の結合原理になっていたと考えられるのである。

❷任侠の気風

「俠」という字は古く「鋏」とも書き、長剣、及びそれを帯びる人を意味したが、これは斉の方言であり、斉は任侠誕生の地であったと目されている。また、『春秋左氏伝』の魯文公《ろぶんこう》十四年の条に、斉の公子商人《しょうじん》が家財を尽くして多くの士を集めたことが記されているが、この公子商人は、史上で初めて任侠的行動が確認された人物として知られている。その後、斉には戦国の四公子の代表とも言うべき孟嘗君《もうしょうくん》が現れた。孟嘗君が天下の任侠を招き、六万軒以上もの無頼の子孫が住み着いたことで、任侠の気風はますます盛んになったという。

呂母集団の母体も少年や亡命という游侠無頼の徒であり、結集のきっかけは呂母への報恩であった。しかし、酒や衣服の提供に対する報恩だけでは、その後の彼らの行動を説明することは難しいだろう。そもそも、游侠というのは利害によって離合集散を繰り返すものであり、かの孟嘗君ですら、宰相の地位を追われて失脚した際には大多数の食客《しょっかく》を失った。少年たちが呂母の財産が尽きた後も呂母への恩に報いようとし、復讐を遂げた後も呂母に付き従ったのは、呂母個人にそうさせる理由があったからだろう。

『後漢書』の記述では、少年たちは復讐への協力を願い出た呂母を「壮《そう》」と称した。「壮」とは勇ましく立派なさまである。そして、彼らはたんに復讐を代行するのではなく、呂母を復讐の主指導者に推戴《すいたい》している。呂母が命を預けるに足る人物であると確信したのだろう。こうした結びつきはまさに任侠のそれと言える。このように、呂母集団は呂母と少年たちとの間に結ばれた任侠的な精神的紐帯によって強い結束力を持ち、勢力を拡大するに至ったものと考えられるのである。

しかし、任侠の気風と呂母個人の資質だけでは、呂母が女性でありながら強力なリーダーシップを取り、その後数万にも膨れ上がった集団を統率しえた理由にはならないだろう。呂母が女性であったことに注目するならば、斉における女性の特異性も挙げるべきである。

❸女性の経済的自立

『漢書』地理志の斉地の項によると、海に隣接している斉地は塩害で穀物がうまく育たないため、太公望呂尚は女性の手工業を奨励した。その結果、斉の女性が作った精巧で華美な織物・刺繍《ししゅう》は特産品として王侯貴族の求めるところとなり、斉は栄え、天下の衣冠は斉によって供給されているとまで謳われるようになったという。斉では女性が豊かな経済を支えていたのである。

また、斉では長女が嫁《とつ》がずに家の祭祀を守る「巫兒《ふじ》」という風習が春秋より興こり、長女が嫁ぐと家を損なうと言われ、その風習は後漢に至るまで続いていた。こうした風習が漢の恵帝《けいてい》の婚姻令（結婚適齢期に嫁がずにいる女性に課税するというもの）などを経ても斉の地に残り続けたのは、習俗的な理由もあるが、女性が高度な手工技術をもって家計を支えていたという現実的要因もあっただろう。このように、斉では女性が高い経済力を持ち、男性のように家の祭祀を司っていたのである。こうした風俗を背景に、斉の女性は他の地域に比べ、男性とある程度対等な関係を築くことが可能だったと考えられる。中国古代においても、女性が経済力によって男性と対等な関係を築いていたことは、秦代に清という名の寡婦《かふ》が先祖伝来の水銀鉱山の利益によって莫大な財を成し、万乗《ばんじょう》の諸侯と対等に交際したという『史記』貨殖《かしょく》列伝の記述からもうかがえる。

以上のように、呂母がみずから将軍となり、勇猛な少年や游俠無頼の徒に号令し得たのは、任俠の気風を重んじるとともに、女性が経済的に自立し、男性と対等な関係を築けた斉の地域性が関係していたのではないかと考えられる。こうした土壌の上に王莽の失政が重なった結果が、呂母の乱であったと言えるだろう。

女性と任侠

最後に、漢代以前の女性と任侠との関わりについて言及したい。当時は任侠の気風が社会を覆っており、女性もそうした社会の一端を担っていたと考えられる。しかし当時は、皇帝の外戚や王侯貴族といった一部の例外を除き、女性の記録が史書に残されることすら稀であったため、女性と任侠との関わりを示す史料はあまり多くない。女性が任侠と直接関わる状況としては、呂母のように経済活動を通じてか、あるいは親族としてか、大きくはこの二つの状況に限られていたと考えられる。以下に、そうした女性の事例を幾つか挙げ、当時の女性と任侠との関わり、また女性自身の任侠的行動や思考について見ていきたい。

❶王媼と武負

呂母が酒造業を通じて少年たちと交際したように、酒造や酒の販売を行う者にとって酒を好む任侠の徒は上客であり、彼らとの関わりは深い。王媼《おう》と武負は劉邦が若い時分にひいきにしていた沛《はい》県《けん》(現在の江蘇省徐州市豊県)の酒屋の女将である。劉邦はこの二軒の酒屋に毎度ツケで飲みに行き、そのくせ遅くまで居続けたが、劉邦がいる間はいつもの数倍も酒が売れたので、二人は劉邦を重宝した。ある時、酔い潰れてうつ伏す劉邦の上に龍のようなものがわだかまっているのを見た二人は、劉邦を特別な人物と思い、毎年暮れになると劉邦の掛札を折ってツケをすべて帳消しにした。

龍云々の話は劉邦が皇帝になった後の権威づけのようなものであったと思われるが、王媼と武負は、劉邦が店を訪れる数多くの游侠無頼の中でも特別な人物であることを見抜いていたのであろう。

そして自身の裁量でツケを帳消しにし、将来有望な俠の青年に酒を振舞っていたのである。

ちなみに、酒を販売する場合、女性が女将として接客するのが一般的であったようである。漢初の文章家として名高い司馬相如《しばそうじょ》と卓文君《たくぶんくん》の夫妻が、若い頃に駆け落ちをして酒屋を営んだ際にも、妻の卓文君が店頭に立って酒を売り、夫である司馬相如は褌《ふんどし》一枚で裏方の下働きをしていたという。このような経営形態であったため、酒造業の女性が客である俠と関わりを持つ機会は多かったようである。

❷許負

かねてより俠と巫（まじない）との親和性が指摘されているが、占者や人相見の女性も任俠と関わりが深かった。許負《きょふ》は秦末漢初の高名な人相見であり、劉邦とも交流があったようである。輯佚《しゅういつ》された陸賈《りくか》の『楚漢春秋』には、許負が劉邦によって「鳴雌亭侯《めいしていこう》」に封じられたことが記されている。劉邦との具体的な交流については現存の史料に残されていないが、楚漢戦争時、魏王豹《ぎおうひょう》の側室であった薄氏《はくし》が皇帝の母になることを予見したり（薄氏は後に劉邦の側室となり、文帝を生む）、劉邦の功臣周勃《しゅうぼつ》の息子周亜夫《しゅうあふ》が餓死することを予見したりと、王侯貴族や豪族大俠との交流が盛んだったようである。後述するように、許負は大俠郭解《かくかい》の外祖母であり、許負の息子である郭解の父も名のある俠客であったことから、彼女の夫もおそらく任俠の類だったのであろう。任俠の家系に嫁いだり、生まれたりした女性は当然任俠との関わりが深く、家庭環境の影響を受けて自然と任俠的な交際関係や素養を身につけていたと考えられる。以下に挙げるのは、そういった女性たちである。

❸王陵の母

王陵《おうりょう》（？—前一八〇）は劉邦が若い頃に兄事した人物で、沛県の豪族であった。項羽《こうう》は王陵の母を捕らえて軍中に監禁し、王陵の使者が来ると母親を理由に王陵を呼び寄せようとした。劉邦と王陵を離反させようと考えたのである。項羽の意を悟った王陵の母は密かに使者を見送り、使者に涙ながらに訴えた。「老いたわたくしめのために息子の陵に伝えてください。漢王によく仕えなさい。漢王は長者です。決してわたくしのために二心を抱いてはなりません。わたくしは死をもって使者を送ります」と。そして剣で己を貫いて自殺した。王陵は母の言葉に従って劉邦に仕え、天下が平定された後は侯に封じられた。

王陵の母の信義のために命すら惜しまない態度は一端の侠というべきである。また、この時に王陵の母が高祖を「長者」と評していることにも注目される。「長者」とは年長者や徳を備えた人物を表す言葉であるが、この時代においては、任侠的行動規範の実践者、任侠的素養を身につけた大人物を意味する。王陵の家は県の豪族であったが、王陵の母もそうした家の妻として母として長く任侠的な交際関係の中に身を置いていたため、劉邦の素質を見抜き、息子を導くことができたのかもしれない。

❹陳嬰の母

陳嬰《ちんえい》（？—前一八三）はもと東陽県（現在の安徽省滁州市《あんきしょうじょしゅうし》）の役人で、彼もまた長者と称される任侠の大物であった。秦末の混乱の中、東陽県の少年たちは徒党を組んで県の長官を殺害し、陳嬰を王に推戴しようとした。しかし、陳嬰の母が諫めて言う、「私がお前の家に嫁いでこのかた、お前の先祖で身分の貴い人がいたなんて話は聞いたことがありません。にわかに貴い身分になるのは不吉です。やはり誰かの下につくのが一番でしょう。成功すれば侯になれますし、失敗しても簡単に逃げることができます」と。そこで陳嬰は王になるのを辞退し、項梁《こうりょう》・項羽に帰順することにした。はたして陳嬰は項梁のもとで上柱国の称号を与えられ、項羽が劉邦に敗れると漢に降って侯に封じられた。陳嬰は母の助言に従い、人の下につくことによって乱世を切り抜け、その身を全うしたのである。

班固《はんこ》は『漢書』末尾の叙伝にて、陳嬰の母と王陵の母とを並べ、事の安危を知る者として称讃している。王陵の母が俠としての信義を示して息子を善導したのに対して、陳嬰の母はたんに渡世の知恵を説いているだけに感じられるかもしれない。しかし、これもまた利害に敏感な任俠の一面を示していると言えよう。

❺郭解の姉

時代は下って武帝の頃、軹《し》(現在の河南省)に郭解《かくかい》(生没年不詳)という大俠がいた。前述の許負の外孫であり、父は俠客として名を知られている。郭解は謙虚で寡欲《かよく》な人柄で評判を取り、人望も厚かった。しかし、郭解の姉の子は郭解の威勢を頼み、不遜《ふそん》であったようである。ある時、彼は酒盛りをし、これ以上飲めないと言う相手にしつこく酒を勧め、ついには無理に口に注ぎ込んだ。怒った相手は刀を抜いて郭解の甥を殺し、そのまま逃亡してしまった。

郭解の姉は激怒して郭解に詰め寄って言う、「翁伯《おうはく》（郭解の字）、あなたにはあれほど義侠の評判があるというのに、私の息子を殺した男を捕まえることもできないのですか！」と。そして、殺された息子の屍を道に放り出し、わざと葬式をあげずに郭解を辱《はずかし》めたのである。

この郭解の姉の行動はなかなか峻烈《しゅんれつ》である。息子を殺された母としての悲しみよりも、任侠として面子を潰された怒りの方が勝っており、弟に落とし前をつけさせるよう迫って、自分の息子の遺体を道に放置するという荒技に出ている。郭解の父は侠客《きょうかく》であったというが、郭解の姉も郭解同様に任侠に囲まれて育ち、なによりも面子《めんつ》を重んじる任侠の精神を持ち合わせていたのかもしれない。しかし、こうした行いは、司馬遷《しばせん》が游侠列伝において取るに足らないと軽蔑《けいべつ》した傲慢《ごうまん》な任侠のそれと言えるだろう。

❻聶栄（聶政の姉）

最後に、時代は漢代からだいぶ遡るが、戦国時代の烈女聶栄《じょうえい》について記したい。時は紀元前四世紀初め頃のことである。聶栄は『史記』刺客列伝でその名を知られる聶政《じょうせい》（生没年不詳）の姉である。聶政は軹《し》の出身であったが、殺人を犯して母と姉を連れて斉に逃亡し、屠殺業で生活を支えていた。韓《かん》の高官であった厳仲子《げんちゅうし》は聶政の勇猛さを聞きつけ、聶政の家を訪れた。彼は韓の宰相の侠累《きょうるい》（韓《かん》傀《かい》）に追われて逃亡しており、復讐を代行してくれる勇士を探していたのである。厳仲子が何度も礼を尽くして依頼したが、聶政は老母が存命であることを理由に断った。しかし、心の内では厳仲子が「己を知る」、即ち自分を理解し評価してくれたことに深く感謝した。それからずいぶん経って老母を無事に看取《みと》ると、聶政は知己の厳仲子の仇を討つため、単身で韓に向かったのである。

韓に到着した聶政は厳重な警備をもろともせず、みごとに俠累を斬り殺し、その配下数十人を殺傷した。そして事が露見しないよう、みずから顔の皮を剥ぎ、目玉をえぐり、腹を割いて自殺したのである。遺体のあまりの損傷の激しさに、韓の国では身元を知ることができず、聶政の遺体を市場に晒《さら》し、千金の懸賞をかけて情報を求めた。しかし、誰もその名を知る者はなかった。

姉の聶栄はすでに嫁いでいたが、その話を聞き、嗚咽《おえつ》して言った。「それはきっと私の弟でしょう。厳仲子さまはまことに私の弟を『知』っていたのね」。聶栄はすぐさま遠い韓の都に向かった。市場に着くと、晒されていた遺体はやはり聶政であった。聶栄は遺体にすがりつき、声の限りに慟哭《どうこく》して言う、「これは軹の深井里の聶政という者です！」と。市場の人々は驚き、「奥さん、これはわが国の宰相を惨殺した男で、王が千金の懸賞をかけて姓名を知ろうとしているのを知らないのですか。どうしてそのようなことをなさるのです」と口々に言った。聶栄は答えて言う、「もちろん知っておりますとも。しかし、聶政が恥辱《ちじょく》を忍んで屠殺業に身をやつしていたのは、老母が存命で、私がまだ嫁いでいなかったためです。母は天寿をまっとうし、私もすでにかたづきました。『士は己を知る者のために死す』と申します。弟はわざと体をひどく傷つけ、私に罪が及ばないようにしてくれました。どうして私ひとりが死を恐れ、立派な弟の名を絶やすことなどできましょうか！」と。

聶栄は大声で天に三度呼びかけ、悲嘆しながら聶政の屍の傍らで息絶えた。韓の人々は非常に驚き、そのいきさつを聞いた晋・楚《そ》・斉《せい》・衛《えい》の人々は皆「聶政ひとりが立派だったのではない。その姉もやはり烈女だ」と褒《ほ》め讃えた。

弟の聶政は知己の厳仲子への恩と信義のために命を懸けた侠であったが、姉の聶栄もまた弟の尊厳のために命を懸けた壮烈な侠の一人であった。ちなみに、『太平広記』に収録された唐の裴鉶《はいけい》『伝奇』には聶隠娘という女侠を主人公とする物語があり、その名は聶栄に由来するものと言われている。後世においても、聶栄の義侠心は人々の心を打ち、女性の侠の理想とされていたことがうかがえるのである。

おわりに

従来、呂母の乱は王莽の悪政から赤眉の乱、その後の光武帝による漢王朝復興へと続くストーリーの中に位置づけられてきた。しかし、呂母の乱を繙《ひもと》くと、王莽の悪政の結果や赤眉の乱の前身という解釈だけでは説明できない、呂母と任侠との関わりが見えてくる。そして、呂母と少年たちとの間に結ばれた任侠的な精神的紐帯こそが反乱の原動力となり、歴史を動かすほどの大きなうねりを生じさせたのである。

確かに、漢代以前に侠女という概念はなかったかもしれない。しかし、呂母は紛れもなく侠のひとりに数えられるだろう。そして、呂母だけではなく、当時の女性も任侠と関わり、任侠的な精神を持って行動していた。中国古代では、とかく男女の性差が強調されがちであるが、社会はいずれか一つの性で完結するものではなく、男女二つの性で支えるものである。任侠もまた男女がともに支え、育んできた習俗と言えるだろう。
付言であるが、呂母の出身地である山東省日照市の奎山《けいざん》街道徐家村の西方には「呂母崮《りょぼこ》」と呼ばれる場所がある。そこには昔、巨大な岩があり、呂母が決起に臨んでその岩に登り、数千人の少年・無頼の徒に号令をかけたと言われている。一九六〇年代の開発の最中に岩は撤去されてしまったが、岩のあった場所には今も窪みが残っており、呂母の乱の名残を伝えているという。

◉参考文献

木村正雄『中國古代農民叛乱の研究』（東京大学出版会、一九七九年）
土屋紀義「一世紀前半の民衆叛乱集団に関する若干の問題」（青年中国研究者編『中国民衆反乱の世界』汲古書院、一九七四年）
土屋紀義「王莽滅亡の原因について」（増淵龍夫先生退官記念論集刊行会『中国史における社会と民衆』汲古書院、一九八三年）
鶴間和幸『中国の歴史〇三 ファーストエンペラーの遺産』（講談社、二〇〇四年）
原宗子『環境から解く古代中国』（大修館書店、二〇〇九年）
東晋次『王莽 儒家の理想に憑かれた男』（白帝社、二〇〇三年）
福井重雅『中国古代の反乱』（「教育社歴史新書」、一九八七年）
増淵龍夫『中国古代の社会と国家』（岩波書店、一九九六年）
宮崎市定「游俠に就て」（『宮崎市定全集』岩波書店、一九九一年）

侠なる人々に守られた党人

張倹

…ちょうけん…

小嶋茂稔

後漢に入ると、「游侠《ゆうきょう》」と呼ばれる人々のあり方は大きく変化し、儒学を修め在地社会での名節を高めて官人への道を目指す者が多くなった。しかし、任侠的心性をもつ人々は社会に伏流し、「党錮《とうこ》の禁」の際、そうした人々に救われた代表的人物が張倹《ちょうけん》(一一四—一九七)であった。

後漢の游侠と党錮の禁

かつて古代中国の「游侠」について先駆的な研究を残した宮崎市定《みやざきいちさだ》は、その「漢末風俗」の第二節「游侠の儒教化」[❖1]において、

游侠の転向、その就学は後漢一代を通じて行われたので、この事は同時に社会の動向、好尚《こうしょう》の変化を物語るものである。即ち社会秩序が固定し、平和が永続すると、槍先にて功名を立つる機会が少なくなり、貴族的修養を身につけた貴公子が世上に歓迎され、立身の機会も自然に多いので、地方の豪族出の游侠少年が、次第に節を改めて学に就くことになった。……当時の社交界に

於いて、学を修めて名節を励む学徒の位置が甚だ高く、時代後れの旧型の游侠は、反《かえ》ってその後塵を拝する有様であった。

と論じた。范曄《はんよう》（三九八－四四五）の『後漢書』に游侠列伝が立てられていないことも、そうした事態を反映したものであろう。

しかしながら、任侠的心性を有する人々が絶滅したわけではなかった。なかでも、「党錮《とうこ》の禁」の際に、自分や自らの一族の命を犠牲にしてまでも宦官《かんがん》の牛耳る朝廷から「党人」とされた人士の逃亡を助けた人々が厳存したのである。「党錮の禁」は、後漢・桓帝《かんてい》（在位一四六－一六七）の一六六（延熹《えんぎ》九）年（第一次党錮）と霊帝《れいてい》（在位一六八－一八九）の一六九（建寧《けんねい》二）年（第二次党錮）に起こったが、その前史を簡単に見ておこう。

後漢は、八八（章和《しょうわ》二）年の三代皇帝章帝《しょうてい》の死後以降、皇帝の幼年での即位と早世が相次ぎ、そのため国政は皇帝の外戚《がいせき》か宦官によって担われることが多くなった。順帝《じゅんてい》（在位一二五－一四四）死後、その梁后《りょうこう》の兄・梁冀《りょうき》が外戚として権勢を振るい、冲帝《ちゅうてい》・質帝《しってい》の後、桓帝を擁立した。梁冀の勢威を嫌った桓帝は、宦官らと語らって一五九（延熹二）年に政変を起こして成功させるが、梁冀失脚後の後漢の朝廷は、宦官によって牛耳られることとなったのである。

宦官が朝廷の枢機《すうき》を掌握するや、その一族の関係者を地方官に任命して彼らが私腹を肥やすのを容認するなど、国家統治の私物化を進めた。こうした宦官に対し、当時の趨勢《すうせい》に応じて儒教的教養を身に付けた官僚や知識人の中には、公然と宦官への批判を展開した者もあった。そもそも官人たる人士にとっては、宦官と席を同じくすることからして恥ずべき行為とされていたのである。そうした官人や知識人の代表者格と目されたのが李膺《りよう》(一一〇―一六九)や陳蕃《ちんばん》(?―一六八)であった。一六六(延熹九)年、当時司隷校尉《しれいこうい》の地位にあった李膺が、桓帝のお気に入りであった怪しげな占い師を死刑にしたことが契機となって、徒党を組んで朝廷を誹謗《ひぼう》し世間を惑わすという罪状で李膺は逮捕投獄され、これを諫めた陳蕃は免官されることになった。これが第一次党錮事件である。幸い、翌年、城門校尉の地位にあった竇武《とうぶ》らのとりなしもあって、党人とされた李膺らは釈放されるが、終身官人の地位に就けないこととされた(これを、当時の用語で「禁錮」といった。「党錮」もこれに由来する)。

李膺らが釈放された一六七(永康《えいこう》元)年十二月、桓帝が死去すると、当時儒教的教養を身に付けた官人や知識人からの輿望《よぼう》を担っていた、桓帝の竇皇后《とうこうごう》の父でもあった竇武が霊帝を擁立して大将軍の地位に就く。竇武は陳蕃らと謀って、隠然たる勢力を有する宦官を誅滅《ちゅうめつ》しようしたが、竇太后の反対もあって逡巡《しゅんじゅん》するうちに、宦官勢力の逆襲に遭って殺害されてしまった。一六八(建寧元)年九月のことである。その翌年、一六九(建寧二)年十月、朝廷は、第一次党錮事件の後、釈放後竇武によって長楽少府に取り立てられていた李膺をはじめ、竇武を支持していたと思しき官人を逮捕投獄し、その結果死刑に処された者は一〇〇人を超えるにいたった。さらに朝廷は詔《みことのり》を発して、逮捕を免れ地方に逃亡していたり在住していた党人の逮捕を命じた。これが第二次党錮事件であり、この時の党人の探索は峻烈《しゅんれつ》を極めたとされる。この探索を生き延びた人士の中で、まさしく任侠的心性を持つ人々の命を賭《と》した行動によって救われた代表的な人物が、ここで紹介する張倹なのである。

張倹の出生と官界入り

張倹は、字は元節《げんせつ》といい、本籍地は、山陽郡高平県(現在の山東省微山県の北西)であった。前漢の高祖に従軍して趙王《ちょうおう》に封じられた張耳《ちょうじ》の後裔《こうえい》であり、父の張成《ちょうせい》は、江夏太守《こうかたいしゅ》を務めていた。最初の任官の機会は、本籍地山陽郡を管轄する兗州《えんしゅう》の刺史《しし》から「茂才《もさい》」として高級官人の候補生に推挙されたことであったが、張倹は、その兗州刺史の人物に不満があったので、病気を理由に出仕しなかったという。

張倹と宦官

張倹の名声が確立されたのは、一六五(延熹八)年に、山陽太守の翟超《てきちょう》によって山陽郡の東部督郵《とくゆう》に任じられたことを契機とする。督郵とは、郡太守の配下にあって、郡の管轄下にある諸県の監察を行う職務であり、東部督郵ということから、山陽郡の東に分布する諸県をその職務の対象としていたのであろう。その張倹の管轄する県の中に、当時桓帝の治世下で権力の絶頂にあった宦官・侯《こう》覧《らん》(?—一七二)の生家のある防東県があったのである。

当時の侯覧とその一族の暴虐《ぼうぎゃく》ぶりは甚だしく、侯覧自身は、桓帝の即位後に中常侍になるや「佞猾《ねいかつ》を以て進み、埶《せい》に倚《よ》りて貪放、貨遺を受納すること巨万を以て」（『後漢書』宦者列伝侯覧伝）したと伝えられ、その兄・侯参《こうさん》に至っては、益州刺史《えきしゅうしし》の時に、「民に豊富なる者あれば、輒《すなわ》ち誣《し》いるに大逆を以てし、皆、之を誅滅し、財物を没入すること、前後億計を累《かさ》ぬ」（同）という有り様であった。こうした侯氏の振る舞いに鉄槌をくだそうとしたのが張倹であり、それは、一六九（建寧二）年に、侯覧の母が死去した時に、非常に豪勢な墳墓を建設したことを契機として起こった。

張倹は、まず、侯覧が民衆から土地を収奪して自ら豪壮な邸宅を造ったりしたこととあわせて、母親の生前から豪勢な墳墓を準備したことを上奏したが、侯覧の妨害によって霊帝に達することはなかった。そこで張倹は、侯覧の墳墓や邸宅を破壊し、財産も没収して、あわせて、侯覧の母が生前息子の勢威を藉《か》り有力者ともつながって地方の政治を混乱させたことを上奏しようとしたが、これも侯覧の妨害にあってしまった。張倹の意図は達せられなかったものの、かえって張倹は侯覧の怒りを買うこととなった。侯覧は、張倹からうとまれていた張倹と同郷の朱並《しゅへい》という男をそそのかし、「張倹は、山陽郡の二四人で党を作っている」と訴えさせ、このため張倹は、逃亡を余儀なくされたのである。

逃亡する張倹を助けた人々

追っ手に迫られた張倹は、捕まりそうになると門が開いていればどの家でも転がり込んだ。張倹の名声は知れ渡っていたので、どの家もその名声と品行を重んじて、一族皆殺しとなる危険もかえりみずに、皆、張倹を匿《かくま》ったという。『後漢書』党錮列伝の夏馥《かふく》伝では、この有り様を「張倹らが逃亡した際、張倹らが巡ったところで彼らを匿ったものは皆捕らえられて取り調べられ、その供述によって累《るい》が及んだ者は、天下の至るところに出た」と伝えているが、このように、自分自身や家族の命をもかえりみずに、天下の名士である張倹を救おうとした名もなき人々こそ、宦官が政権を壟《ろう》断《だん》した党錮の時期においてまさしく任侠的心性を発揮した人々と言えるだろう。

張倹は逃亡を続け、東萊県《とうらいけん》（現在の山東省竜口市の東の黄城）にまで流れ着き、李篤《りとく》の家に止宿することとなった。ちょうどその時、外黄県の県令であった毛欽《もうきん》が兵を率いて李篤の家の門までやってきた。そこで李篤は毛欽を家の中に招き入れて「張倹はその名を天下に知られた名士であり、しかも逃亡する事態に追いこまれたのは彼本人の罪ではありません。もし、張倹を見つけることが出来たとしましても、どうして捕らえるに忍びましょうか」と語ると、毛欽は「むかし、春秋時代の衛国で賢大夫と称された蘧伯玉《きょはくぎょく》は自分一人が君子であることを恥としたと言われます。あなたはどうして仁義たることを独り占めしようとするのですか」と答えたが、それに大して李篤は「私は確かに義を好みます。しかしながらあなた様も今日、その半分を背負われたことになりますぞ」と応答し、それを聞いた毛欽は嘆息して去ったという。張倹を匿った李篤、李篤が張倹を隠匿していることを察しながら敢えて捜索を強行しなかった毛欽、彼らもまた優れた人士である張倹を助けるために任侠的心性を発揮した人物である。ちなみに李篤の尽力で張倹は長城の外に出て追跡を逃れることができたという。『後漢書』張倹伝は、「張倹が経過した土地で(張倹を匿ったとして)死刑に処された者は十の単位で数えられるほどであり、死刑になった者の一族も皆殺しとなって、その地方はこのために荒廃した」と伝えている。繰り返しになるが、張倹のために、一族も含めて命を顧みなかったこうした名も無き人々も任侠的心性を発揮したといえるのである。

多くの侠者によって救われた張倹は、その後党錮の禁が解かれた一八四(中平元)年に故郷に戻った。大将軍や三公といった高級官僚からの招聘《しょうへい》はもとより、皇帝からの特別の徴召《ちょうしゅう》による少府への任官の話もあったが、張倹は全て断った。その後、戦乱の世相の中で民衆が飢饉に苦しんだ時には、私財を傾けて百人単位で人々を救ったという話も伝えられている。建安(一九六～二二〇年)の初年、張倹は衛尉《えいい》への任官をやむを得ず承諾する。後漢の衰亡と曹氏《そうし》の興隆ぶりを悟った張倹は、一切政務には関与しないなかで、当時後漢の都がおかれていた許昌《きょしょう》で死去したという。

党人を救った任侠的心性のつながり

張倹を救ったこうした人々の間に、何らかのネットワークが存在していたことも、『後漢書』党錮列伝・何顒《かぎょう》伝から窺うことができる。

何顒(生没年不詳)は南陽郡襄郷県《じょうきょうけん》(現在の湖北省棗陽市《そうようし》の北東)出身で、若い頃から洛陽に遊学し、同時代の著名な名士であった郭泰《かくたい》や賈彪《かひょう》らの後進として太学で名を知られた人物であった。何顒は李膺や陳蕃と関係が良かったため、一六六(延熹九)年の第一次党錮事件の際、宦官によって陥れられることとなった。そのため姓名を変えて逃亡し汝南郡方面に隠れ、荊州《けいしゅう》や予州地域の有力者と親しみ名声を高めたという。この時、袁紹《えんしょう》(?—二〇二)が何顒を慕って密かに交際をするようになり、最終的に「奔走の友」となったのであるが、たまたま一六九(建寧二)年の第二次党錮事件が起こったため、何顒は密かに洛陽に入って袁紹に従って計略を立てた。窮地に陥り八方ふさがりとなって救援を求めた者を、その結果救済することができ、逮捕されようとする者には、広く臨機応変に対処する計を立て逃走を助け、無事に命を全うした者が多かったという。

何顒や袁紹のたてた計略は、当然この二人だけで遂行された訳ではなかろう。宦官によって弾圧され生命までも狙われる事態に陥った優れた人士を、自らの生命をなげうってでも救おうとする任侠的心性を持った無名の人々の協力があってこその計略であったと思われる。

なお、多くの党人を救う計略の遂行に尽力した何顒であるが、当然ながら何顒その人自身も任侠的心性を有した人物であったことにも触れておこう。それは、何顒が洛陽の太学に遊学していた時期のことである。何顒の友人に虞偉高《ぐいこう》という人物がいた。その虞偉高には父の仇がいたものの、その讎《あだ》を果たすことができないうちに、虞偉高は重い病にかかって命が尽きようとしていた。何顒が見舞に行くと、虞偉高は父の復讐を果たせない口惜しさを泣いて訴えた。するとその義に感じた何顒は、虞偉高に替わって復讐を果たし、虞偉高の墓前にその仇の首を捧《ささ》げ、酒を注いで祀ったということである。

旧いタイプの游侠が、儒教の教養を身にまとった学徒の後塵を拝するようになったとされる後漢時代であるが、その末期、「党錮の禁」の時期になると、社会に伏在していた任俠的心性が、少しずつ表面に吹き出してきたようである。

❖1…宮崎市定「漢末風俗」(『日本諸学振興委員会研究報告』特輯第四篇「歴史学」、一九四二年、のち『宮崎市定全集』第七巻〔岩波書店、一九九二年〕に収録)

◉参考文献

范曄『後漢書』列伝五七、党錮列伝、張倹伝、何顒伝、夏馥伝。列伝六八、宦者列伝、侯覧伝。成稿にあたっては渡邉義浩主編『全訳後漢書』第十六冊(汲古書院、二〇〇六年)、第十七冊(汲古書院、二〇一五年)の訳文も参照した。

東晋次「漢代任俠論ノート(三)」(『三重大学教育学部研究紀要』第五三巻、人文・社会科学、二〇〇二年)

己を見出した恩人のために命をも投げ出す

臧洪
…そうこう…

小嶋茂稔

黄巾《こうきん》の乱（一八四年）を経て、『三国志』の時代を迎え、中国に政治的混乱の時代がやってくると、任俠的心性を行動原理として身の処し方を決定する武将が登場する。若き日に自らの才覚を見出してくれた人物に殉《じゅん》じた臧洪《そうこう》（生没年不詳）も、そうした人物の一人である。

臧洪の登場する時代背景

二世紀に入る頃から、同時代の全世界的な寒冷化による農業生産の不振や自然災害の増大もあいまって、中国の各地では農民反乱が頻発《ひんぱつ》し、社会不安が広まった。いっぽうで後漢の朝廷では第三代皇帝の章帝《しょうてい》が早世して以降皇帝の夭折《ようせつ》が続く。そのため後継者である幼年の皇帝を擁しつつ、皇太后の父兄等（外戚《がいせき》）と宦官《かんがん》との間での朝政の主導権争いが絶え間なく続き、国政の混乱に拍車をかけることとなった。桓帝《かんてい》（在位一四六―一六七）期に、宦官との協力によって外戚の梁冀《りょうき》が打倒されて以降は、それに対抗しようとした儒家《じゅか》官僚たちも二度にわたる「党錮《とうこ》の禁」によって政界から排斥されたため、宦官の国政の私物化はさらに進展した。

こうした政治的状況のなか、事実上後漢王朝の死命を制することとなったのが、一八四(光和七)年の黄巾の乱の発生であった。後漢王朝は、黄巾の乱それ自体を平定することはできたものの、乱によって引き起こされた地方統治上の政治的混乱を収拾することまでには、力及ばなかった。一八八(中平五)年、朝廷の高官に州牧《しゅうぼく》の地位を与えて地方統治に当たらせるいわゆる「州牧制」の導入も、結果的に州を単位とする地方政府の朝廷からの自立を促進する結果に終わる。一八九(中平六)年には、霊帝《れいてい》の死、何進《かしん》による宦官誅滅《ちゅうめつ》の失敗と袁紹《えんしょう》(?—二〇二)らによる宦官誅滅の成功、それに並行しての董卓《とうたく》の権力掌握、霊帝の後嗣・劉辯《りゅうべん》の廃位と劉協《りゅうきょう》(曹丕《そうひ》に皇帝位を禅譲《ぜんじょう》した後漢最後の皇帝・献帝《けんてい》)の擁立《ようりつ》といった一連の政治的事件が起こった。董卓による国政掌握は、翌年の一九〇(初平元)年にかけて、各地での反董卓連合軍の結成をもたらし、政治的混乱にますます拍車をかけるだけであった。

こうした後漢王朝の止まることのない統治機能の衰弱は、各地方における政治的に自立する勢力の乱立傾向をいっそう促進し、曹操《そうそう》(一五五—二二〇)・劉備《りゅうび》(一六一—二二三)・孫権《そんけん》(一八二—二五二)などが活躍する、いわゆる三国志の時代を迎えることとなる。後漢時代、游侠の性格は変容したと言われるが、戦乱の時代を迎え、さまざまな局面で任侠的心性を有する人士が自らの信念に従って行動する場面が史書に見られるようになる。ここで取り上げる臧洪《ぞうこう》も、そうした人士の一人である。

臧洪の出生と人となり

臧洪は、字《あざな》を子源《しげん》といい、後漢時代に匈奴《きょうど》中郎将・中山太守・太原太守を歴任した臧旻《そうみん》の子として生まれた。『三国志』魏書《ぎしょ》巻七・臧洪伝（以下、「臧洪伝」）裴松之《はいしょうし》注引 謝承後漢書の記述によれば、臧洪の父・臧旻も事務能力（「幹事の才」）が高く、すぐれた行政手腕（「従政に達す」）を持っていた人物であったという。特に匈奴中郎将を拝命した際には、国境地帯での羌族《きょうぞく》の侵攻の討伐で優れた実績をあげ、その功績によって議郎《ぎろう》に任命された。臧旻が洛陽《らくよう》に帰還した時、当時太尉の職にあった袁逢《えんほう》（袁紹の叔父・袁術《えんじゅつ》の父）から、西域諸国の土地・風俗・人物・種族の数についての質問を投げかけられたが、すぐさま口頭にて的確に回答し、袁逢を「班固《はんこ》は『漢書』に西域伝を作ったが、この臧旻の回答に何を附け加えられるだろう」と嘆息させたという逸話が伝えられている。

さて臧洪の人となりであるが、臧洪伝によれば、体格・容貌《ようぼう》ともに堂々として人並み外れていた（「体貌は魁梧《かいご》にして、人に異なることあり」）と伝えられている。また、范曄『後漢書』列伝の臧洪列伝（以下、『後漢書』臧洪伝）によれば、十五歳の時に、父の功績によって童子郎《どうしろう》を拝命し、洛陽に学んで太学で名を知られるようになったという。その後、孝廉《こうれん》に推挙されて正式に郎官に任じられた後、当時の慣例によって県の長官に就任し、琅邪国《ろうやこく》の即丘県《そくきゅうけん》に赴任する。

張超との出会い

即丘県の県長となった臧洪であるが、しかし、理由は明らかでないが、「官を棄てて家へ還る」（臧洪伝）こととなった。『後漢書』臧洪伝によれば、「中平の末」ということであるから、一八八—一八九（中平五、六）年の頃であろうと思われる。この時、臧洪の郷里である広陵郡の太守の地位にあった張超《ちょうちょう》（？—一九五）が、郷里に戻ってきた臧洪に功曹《こうそう》の地位に就くよう依頼し、臧洪は、郡府において太守を補佐して郡の統治全般を管轄する功曹となった。この張超との出会いが、後年、臧洪の任侠的心性を全面的に発揮させ、悲劇的な結末をひきおこすことになる。

なお、ここで張超について一言しておく必要があるだろう。党錮事件の際に「八廚《ちゅう》」（「廚」とは、「能く財を以て人を救う者」（『後漢書』党錮列伝）のことである）の一人に数えられ、曹操や袁紹の友人でもあった張邈《ちょうばく》（？—一九五）という人物がいるが、張超はその弟である。張邈は、後年（一九四〈興平元〉年）、曹操が徐州《じょしゅう》の陶謙《とうけん》を討とうとして当時の曹操の本拠であった兗州《えんしゅう》を留守にした際に、曹操に反して呂《りょ》布《ふ》を兗州に引き入れる。弟である張超もこれに同調するのだが、これが先ほど述べた臧洪の「悲劇」に繋がっていくのである。

さて、張超が臧洪の力量を高く評価したことを表すエピソードがある。臧洪が広陵郡の功曹として張超の部下になった頃、霊帝の死を契機とする政治的混乱の中で、朝廷の実権を掌握した董卓が、当初何進らが擁立した霊帝の子・劉辯を廃して殺害し、劉協を皇帝とするという事件が起こった。この時に臧洪は、張超に対し、当時陳留《ちんりゅうぐん》郡の太守であったその兄張邈と一緒に、董卓討伐の軍を起こすことを進言する。臧洪は、その意見に賛同した張超とともに、陳留《ちんりゅう》の張邈のもとを訪問して計画を立てるのだが、この時、張邈は、弟の張超に対して、「おまえは郡守であるのに、政治・教化・刑罰・恩賞を、おまえ自身で実施せずに、ともすれば臧洪に一任しているということではないか。臧洪とはどのような人物なのか」と問い質した。すると張超は「臧洪の才能と智略は私よりまさっておりますので、私は彼をたいへん大事にしているのです。天下の奇士と言うことができるでしょう」と言ったという。このように張超から高い評価を受けていたことを実感していたが故に、後に臧洪は、張超のためにまさに任侠的心性を発揮することになるのである。

反董卓連合軍の結成

さて、この張超の発言を受けて。早速張邈も臧洪と語らい、張超と同様に臧洪を高く評価することとなった。ついで張邈は、反董卓連合軍結成に向けて、兗州刺史の劉岱《りゅうたい》や予州刺史《よしゅうしし》の孔伷《こうちゅう》のもとに臧洪を派遣する。劉岱や孔伷らはもともと臧洪と親しい間柄であったこともあり、彼らとの友好関係は確固たるものとなった。そこで、一九〇（初平元）年の正月、酸棗県《さんそうけん》に、各地の州や郡の長官で、董卓打倒の趣旨に賛同するものが集まり、檀場を設けて盟約を結ぶこととなったのだが、参加者は互いに遠慮しあってあえて壇に登ろうとする者はなく、結果、参加者の推薦によって、臧洪が壇に上がることになった。臧洪は衣をからげて壇に上り、盟約の古式に則《のっと》って犠牲の血を啜り、誓いの文章を語ったが、臧洪の言葉の調子は激情的に高まり涙がとめどなく流れおちた。その言葉を聞いた者は一兵卒に至るまで激しく感情をたかぶらせ、誰もが漢に忠節を捧げようと考えたという。なお、臧洪伝に記される臧洪の誓いの言葉によれば、この同盟に参じたのは、兗州刺史の劉岱、予州刺史の孔伷、陳留太守の張邈、東郡太守の橋《きょう》瑁《ぼう》、広陵太守の張超らであって、袁紹を盟主とする反董卓連合軍の別動隊的な存在であったようである。『三国志』魏書・武帝紀の記述によれば、なかなか積極的な軍事行動に移らない袁紹らに業を煮やした曹操は、独自に董卓軍と交戦しながら酸棗までたどりついたのだが、「諸郡の兵十余万は、毎日酒盛りの大会議を開いていて、積極的に攻勢に出るつもりはな」かったという。結局張邈らの諸軍はいずれも率先して進軍しようとせず、食糧が尽きて撤退することとなったのである。

この張邈・張超らの反董卓連合軍の〝自然消滅〟の後、臧洪は、張超とともに広陵郡に帰還したものと思われる。

袁紹の配下に

さて、一九一（初平二）年に入った頃、幽州《ゆうしゅう》にあっ

酸棗県に集まった反董卓の諸将
（『絵本通俗三国志』湖南文山筆、葛飾載斗画より）

て皇統に連なる人物であった大司馬劉虞《だいしばりゅうぐ》（?——一九三）を皇帝に擁立しようとする計略に、張邈・張超兄弟も関わっていた。ただ、当時、境外の遊牧民族である烏桓《うがん》への対応方針の違いから、劉虞と討《とう》虜校尉《りょこうい》・公孫瓚《こうそんさん》とが対立関係にあった。張超は臧洪を劉虞のもとに派遣して、その皇帝擁立を実現させるために、臧洪に難局の解決に当たらせようとしたのである。しかし、臧洪が河間国（現在の河北省献県の一帯）まで到達した時、すでに冀州《きしゅう》を領有していた袁紹と公孫瓚の軍とが交戦していたために、それ以上進むことができず使命を果たせない状態となってしまっていた。いわば立ち往生してしまった訳であるが、この時臧洪は袁紹のもとに身を寄せることになった。臧洪と面会した袁紹も、臧洪の非凡さを高く評価して、「ともに分を結びて好を合」（臧洪伝）したと伝えられている。

たまたま、当時袁紹の影響下にあった青州《せいしゅう》刺史の焦和《しょうわ》（生没年不詳）が死去したため、袁紹は臧洪にその職務を委ねることとなった。臧洪の前任者の焦和は、虚栄を誇り清談《せいだん》を好む人物であった。ちょうど黄巾《こうきん》の残党が青州を荒らし回っているにもかかわらず、反董卓の連合軍に加わろうとして青州を離れたため、ますます黄巾残党の猛威に青州はさらされることとなった。焦和は軍人としては全くの無能で、臧洪伝の裴松之注に引かれる『九州春秋』によれば、「敵の姿を目にするや風をくらって逃亡し、一度も、土ぼこりをたて、旗指物《はたさしもの》や陣太鼓《じんだいこ》入り乱れての戦闘を行ったことは」なく、そのため黄巾が青州の城邑《じょうゆう》を次々と陥落させても防禦できず、常に占い師や巫女《みこ》を周囲に置いて「群神」に祈るばかりであったという。

焦和が病死する頃には、青州はすっかり荒廃し、ことごとく廃墟《はいきょ》と化したとまで言われる状態に陥っていたのである。しかし臧洪が青州刺史を務めた二年間に、離反した兵士たちを収容・安撫《あんぶ》し、黄巾の残党もすっかり駆逐《くちく》され、人々もまた安寧を取り戻したと言われる。この青州刺史としての働きぶりを高く評価した袁紹は、臧洪に東郡太守の職を任せることとし、東武陽県（現在の山東省莘《しん》県《けん》の南東）に郡の治所を置かせた。

張超の危機と臧洪の行動

この頃、臧洪が恩義を感じている張超とその兄・張邈とが、曹操と敵対する事態に立ち至っていた。それは以下のような事情による。一九三（初平四）年秋から、曹操の徐州征伐が始まっていた。これは、当時徐州牧であった陶謙の管轄下で曹操の父・嵩《すう》が殺害されたことを曹操が恨みに思っての軍事行動で、『水経注』泗水《しすい》注に「その男女十万を屠《ほふ》り、泗水これが為に流れず、これより数県、人の行跡なし」と記されるほどの残虐行為を伴うものであった。この曹操の徐州への攻撃は、翌一九四（興平元）年にも繰り返されたが、この時、張邈が弟の張超や曹操の将であった陳宮《ちんきゅう》らとともに曹操に反旗を翻《ひるがえ》し、呂布を曹操の本拠である兗州に引き入れたのである。その結果、一九四（興平元）年から翌年にかけての二年間、兗州を巡って、呂布・張邈・張超らと曹操との死闘が繰り返されることになったのである。両者の死闘は次第に曹操に有利に傾いた。一九五（興平二）年の夏、呂布と張邈は徐州の劉備のもとに走ったが、張超は兄・張邈の命を受けて、家族とともに陳留郡の雍《よう》丘《きゅう》（現在の河南省紀県）に立てこもった。そして、秋、八月になると、雍丘は曹操の軍に包囲され、張超は絶体絶命の事態に陥ってしまうのである。

この時、張超は部下に向かって、「臧洪だけが頼みだ。きっと私を救いに来てくれるだろう」と語ったという。臧洪の駐屯《ちゅうとん》する東郡の東武陽県と、張超が籠城《ろうじょう》する陳留郡雍丘県は、直線距離でおよそ現在の二〇〇キロメートルの距離であるが、東郡と陳留郡は隣接しており、何よりも張超と臧洪の深い関係から考えれば、臧洪が張超を救いに来ることは十分考えられることであった。しかし、この時点で、臧洪は袁紹の配下にあり、また、袁紹と曹操はまだ友好関係にあった。実際、張超の部下の中にも、こうした状況にあっては臧洪が自らの災難を招いてまで遠路はるばる雍丘までやって来るはずはない、と主張する者もあったが、張超は、「子源（臧洪の字）は、天下の義士である。あくまで最初に引き立ててくれた者（つまり、張超自身のこと）を裏切らないはずだ。ただ、心配なのは、袁紹に足止めをされて、間に合わないことである」と語ったという。

張超が家族とともに雍丘で曹操に包囲されているとの一報が臧洪のもとにはいるや、臧洪は裸足で飛びだして号泣しながら配下の兵士を勢ぞろいさせ、同時に袁紹に対して兵馬の提供と張超の救援に赴きたいことを懇願した。しかし、袁紹は、張超を包囲しているのが友好関係にあった曹操の軍勢であったことから、最後まで張超の救援に赴くことを許可しなかったのである。

曹操に包囲された張超の軍勢は、三ヶ月ほどもちこたえたが、ついに一九五（興平二）年十二月、雍丘は陥落する。張超は自殺し、曹操はまた張超と行動を共にしていた張邈の一族を皆殺しにする。袁術のもとに救いを求めようとしていた張邈その人も部下に殺害され、ここに曹操の兗州平定は成ったのであるが、おさまらないのは臧洪である。彼は、張超の救援を許さなかった袁紹を恨み、絶交する道を選択した。そこで袁紹は軍隊を派遣して臧洪の拠る東武陽を包囲するに至った。

臧洪の思い

袁紹の東武陽包囲は翌年にまで及んだ。降服しようとしない臧洪に対し、袁紹は臧洪と同郷の陳《ちん》琳《りん》に臧洪宛の書簡を書かせた。陳琳を介して、抵抗を続ける場合と帰順した場合の利害得失を説かせ、あわせて今回の抵抗が袁紹の恩義に背くものであることを非難させたのであるが、臧洪はそれに屈することなく、陳琳宛の返書（臧洪伝に収録されている）の中で自らの心情を語ったのである。その中から、臧洪の思いが最も表されている部分を紹介しよう。

「私はつまらぬ人間でございまして、もともと使者として当地にまいった因縁から、大きな州（青州のこと）を分不相応にも治めさせていただきました。（袁紹から）こうむった御恩は深く、待遇も手厚かったのです。どうして今日になって、自分のほうから逆に刀を交えることを願いましょうか。城に登って兵を指揮するたびに、御主人（袁紹）の軍旗と陣太鼓を望み見、旧友（陳琳）のあっせんに心動かされ、弦《つる》をさすり矢をつかみつつ、思わず知らず涙が顔いっぱいにあふれでているのです。なぜならば、私が御主人を補佐して働いたことに悔いはございませんし、御主人の私への待遇も同輩よりもはるかに抜きん出ていたからでございます。御主人の命をお受けした当初は、大事をやりぬき、共に王室を尊崇するものと思っておりました。ところが、突然故郷の州（徐州）が（曹操の）攻撃を受け、広陵の郡将（張超のこと）は牖里《ゆうり》の災禍（周の文王《ぶんおう》が紂王《ちゅうおう》によって幽閉されたことを指す。張超が雍丘に包囲されたことを喩《たと》えたもの）にあい、陳留太守（張邈のこと）は、暗殺のたくらみに倒れました。（救助の）計画が遅延すれば忠孝の名を失うことになり、鞭《むち》をつえついて（袁紹のもとを）離れ去れば、交遊の義理に欠けることになります。この二つを比較し、（どちらかを犠牲にするのが）已むを得ないのであれば、忠孝の名を失うことと交遊の道に欠けることとでは、明らかに前者のほうを大切にしなければなりません（原文は、「軽重、塗《みち》を殊《こと》にし、親疎《しんそ》、画《かく》を異《こと》にす」）。それゆえ、涙をぬぐって絶交を宣言したのです。もし、あの時、御主人（袁紹）が友人に少しく思いやりを持たれ、止まる者には、席をはず（して敬意を示）され、去り行く者には、自分の感情をおさえ（て快く見送）られ、離れ去った友人に対してこだわりをもたれず、刑罰を（その場の感情にまかせず）はっきりとされてみずからの補いとされましたならば、私は、（春秋時代、国をゆずりわたした）季札《きさつ》の（ごとき謙譲《けんじょう》の）志を高くかかげて、今日の戦争をすることはなかったでありましょう」。

臧洪の最期

袁紹は、臧洪が陳琳に送った返書を見て、降服の意がないことを知ると、兵を増強して攻撃の激しさを増した。数ヶ月にわたる籠城のなか、東武陽の城中では糧米が底を尽きようとしていた。いっぽう、臧洪は、陳琳への返書の中で、やがて北方から公孫瓚や黒山賊を率いる張燕《ちょうえん》らが攻め込んで袁紹を攻撃する可能性に言及していたし、実際に臧洪は、籠城中に二人の部下を場外に脱出させて呂布に救援の要請もさせていたのである。しかしそうした外部からの救援もほとんど見込めなくなり、とうとう絶対に助からないことを覚悟した臧洪は、軍吏と兵士を召集して、「袁紹は道理に背き、その図るところは無道であり、そのうえ私の郡将（広陵太守の張超のこと）を救助しようとしなかった。私は、大義のうえから死を逃れることはできない。しかし諸君には何ら関係のないことであるのにこの災厄《さいやく》をひきかぶることとなっている。落城する前に妻子を連れて脱出するがよい」と語ったが、兵士たちは臧洪を見捨てることはできないと留まる道を選んだ。糧食の尽きていくなか、人々はネズミの巣穴を掘って捕らえたり、武具の材料としていた動物の皮革を煮てまで食糧を確保したが、とうとうそれらも尽きてしまった。最後は臧洪の内向きの台所に残っていた米三斗を薄い粥にして城中の皆にすすらせ、また、臧洪の愛妾《あいしょう》を殺してその肉を将兵たちに食べさせた。こうした臧洪の思いに、将兵たちは涙をながし、顔をあげられるものはなかったという。東武陽の城中に最後まで残った男女七〇〇〇～八〇〇〇人は全て枕を並べて死を選び、誰一人として離反するものはいなかったという。

東武陽が落城すると、臧洪は捕らえられ、袁紹の前に引き出され、袁紹と相対することとなった。「臧洪よ、どうしてこれほどまでに反抗したのか。今日こそ、降服するのか。どうなのか」と問いかける袁紹に対して、臧洪は、「袁氏一族は漢に仕えて、四代にわたって五人の三公を出し、御恩を受けていながら、いまや王室が衰弱しているときにお助けする気持ちもなく、この機会につけこんで大それた野心を抱いている。私は、お前が、張陳留（張邈）を兄とよんでいたのを目の前に見ているのだ。そうであれば、私の主君(張超)も、お前の弟ではないか。一緒に努力して国家のために害毒を除き去るのは当たり前なのに、どうして軍勢を抱えながら、我が主君が破滅するのを傍観していたのだ」と言い返し、決して降服する意志のないことを明らかにした。ひそかに臧洪を赦《ゆる》そうと考えていた袁紹も、この臧洪の厳しい言葉を聞き、今後自分の役に立つことはないと判断し、臧洪は殺害されることとなったのである。

臧洪とその任侠的心性

こうした臧洪の生きざまは、自己を見出してくれた張超に対する思いに殉じた、自らの生命や利害を無視した行動で、まさしく任侠的心性の発露と言えるだろう。

あわせて、臧洪が酸棗で反董卓連合軍が結成された時の盟約の誓文の中で、「漢の王室は不幸にみまわれ、天下統治の大権を失い、賊臣董卓が間隙につけこんでほしいままに悪行を行い、皇帝に危害を加えて、人民を虐待しているいま、国家が破滅し天下が顚覆《てんぷく》することが非常に懸念される」と漢王朝継続への危惧《きぐ》を述べ、また、先に紹介した陳琳への返書の中でも、袁氏が代々漢朝の恩義を受けながら、それに報いようとしないでいることを非難した言があったことにも留意したい。後漢末にあって、臧洪のような「俠」たる人物の中には、漢王朝への恩を感じ、その恩に報いなければならない、という心性を保持していた者も多かったということである。

⦿参考文献

陳寿　裴松之注『三国志』巻七、臧洪伝。なお、成稿にあたっては、井波律子・今鷹真訳『正史三国志』二魏書Ⅱ（原載『世界古典文学全集』第二四巻A「三国志」（筑摩書房、一九七七年、「ちくま学芸文庫」、一九九三年）の訳文も参照した。

范曄『後漢書』列伝四八、臧洪列伝。なお、成稿にあたっては渡邉義浩主編『全訳後漢書』第十五冊（汲古書院、二〇〇八年）の訳文も参照した。

東晋次「漢代任俠論ノート（三）」（『三重大学教育学部研究紀要』第五三巻「人文・社会科学」、二〇〇二年）

関羽

…かんう…

渡邉義浩

関羽《かんう》(?―二一九)は、字を雲長《うんちょう》といい、河東郡解県《かとうぐんかいけん》の人である。三国時代の蜀漢《しょくかん》の武将で、建国者の劉備《りゅうび》(一六一―二二三)と兄弟同然の仲として、「俠」により劉備を支えた。曹魏《そうぎ》の基礎を築いた曹操《そうそう》(一五五―二二〇)に捕らわれても、「俠」で結ばれた劉備への忠誠を捨てずに帰参する。赤壁《せきへき》の戦いの後、劉備は蜀へ侵攻するが、龐《ほう》統《とう》(一七九―二一四)の戦死の知らせを受けた諸葛亮《しょかつりょう》は、関羽に荊州《けいしゅう》を任せる。しかし、関羽は、孫権《そんけん》(一八二―二五二)との同盟を続けられず、配下の裏切りもあって、曹操と孫権の挟撃により、非業の最期を遂げる(『三国志』巻三六 関羽伝)。『三国志演義』は、すでに神として信仰されていた関羽に、様々な虚構を設ける。清末には、関聖帝君《かんせいていくん》(関帝。神格化された関羽)は、孔子《こうし》と並ぶ全能神として、篤く信仰されるに至っていた。

恩は兄弟

関羽の生まれは、定かではない。父母の名も生年月日も明らかでない。そうしたことが記録される家に関羽は生まれなかった。字も、雲長ではなく、もとは長生《ちょうせい》としていた。諸葛亮《しょかつりょう》(亮は明らか)、字を孔明《こうめい》(孔は「はなはだ」の意で、はなはだ明らか)というように、諱《いみな》(本名)と字は関連を持たせることが多い。「長生」では「羽」と関わらない。「雲」ならば関わる。こうした知識も後から学んだのであろう。劉備と出会うまでの生い立ちは記されず、郷里の河東郡解県を捨てて涿郡《たくぐん》に亡命したことから、『三国志』の関羽伝は始まる。

関羽は、字を雲長、もとの字を長生といい、河東郡解県（山西省臨猗県西南の臨晋鎮）の人である。故郷を棄て涿郡（河北省涿州市）に出奔した。先主《せんしゅ》（劉備）は郷里（の涿郡）で徒党を集めた。そのとき関羽は張飛《ちょうひ》とともに劉備のために護衛を務めた。先主が平原相《へいげんしょう》（平原国は現在の山東省平原県一帯）となると、関羽と張飛

三国時代の地図

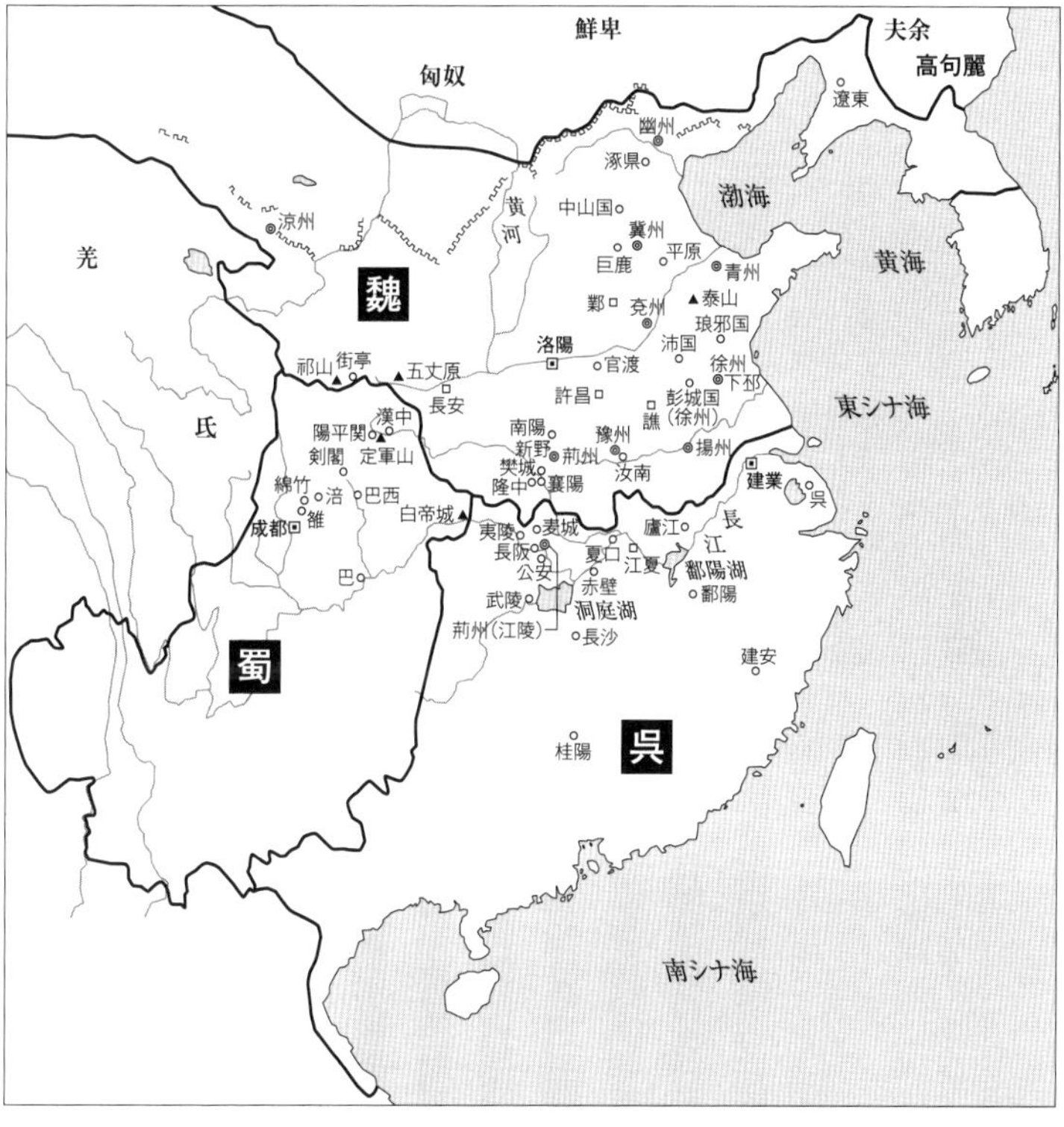

関羽像　（河南省洛陽市、筆者撮影）

を別部司馬《べつぶしば》となし、私兵をそれぞれ統率させた。先主は二人と寝るときには寝台を共にし、恩愛は兄弟のようであった。

（『三国志』関羽伝）

関羽は、涿郡で出会った、漢室の末裔《まつえい》と称する劉備とともに乱世を戦い抜いた。劉備は、草鞋《わらじ》を編み、蓆《むしろ》を売って暮らす下層社会の出身であった。曹魏の基礎をつくる曹操が、一族の曹仁《そうじん》・曹洪《そうこう》、宗族の夏侯惇《かこうとん》・夏侯淵《かこうえん》を方面軍司令官として起用できたことや、のちに孫呉をつくる孫権の父の孫堅《そんけん》が、挙兵の際すでに孫賁《そんふん》や呉景《ごけい》といった有力な一族・宗族を有していたことに比べると、不利な条件である。家柄も経済力も無かった劉備は、それでも関羽・張飛(?—二二一)・趙雲《ちょううん》(?—二二九)と「俠」により結びつき、その卓越した武力により傭兵《ようへい》隊長として次第に世に顕れていく。関羽が支えた劉備は、裸一貫から成り上がった英雄なのである。

解県に生まれたこと、これが関羽と劉備・張飛を結びつけた。解県は、塩池《えんち》(解池)の南西端にある製塩の中心地である。解塩(解州塩)と呼ばれる塩は、解県が黄河の支流に面しているため、河東郡・河内郡《かだいぐん》・河南郡《かなんぐん》という「三河《さんが》の地」を販路とする。司馬遷《しばせん》の『史記《しき》』貨殖《かしょく》列伝は、堯《ぎょう》が河東(平陽)に都し、殷《いん》が河内(安陽)に都し、周《しゅう》が河南(洛邑《らくゆう》)に都した「三河」を天下の中心であると称えている。

戦国時代の魏の文侯《ぶんこう》に仕えた段干木《だんかんぼく》は、河東郡の北、太原《たいげん》の博労《ばくろう》（馬商人）で、異民族がもたらす馬との交易で利益をあげていた。段干木は、交易に解塩を用いるだけでなく、その販売にも関与して、魏の文侯の財政を支えた。のちに劉備と張飛が生まれる涿郡は、北京《ペキン》と太原を結ぶ直線上にあたり、北方遊牧民族との接点の一つとして、古来、馬の取引が盛んであった。

ここで、関羽がなぜ、故郷の解県から亡命するうちに、劉備・張飛と出会ったのか、その理由が明らかとなる。関羽が遠く涿郡にまで亡命できた理由は、解塩を扱う商人との関わりが深く、その流通経路を利用したためと考えられるのである。

ただし、『三国志』には、関羽が亡命した理由は明記されず、劉備・張飛との出合いも不明瞭である。そのため、小説では自由な設定が可能になり、劉備・関羽・張飛の三人が義兄弟の契りを結ぶ「桃園《とうえん》結義《けつぎ》（桃園に義を結ぶ）」という虚構が形成された。

『三国志』は、もちろん「桃園結義」を記載しない。それどころか、劉備と関羽・張飛とが義兄弟であるとの記述はない。「恩」は兄弟のようであった、と記されるだけである。劉備は、のちに関羽が孫権に殺されると、曹魏に対抗するために蜀漢を建国したにもかかわらず、関羽の仇討ちのために、曹魏ではなく呉と夷陵《いりょう》で戦って敗退して、崩御《ほうぎょ》する。皇帝が臣下のために国是《こくぜ》を曲げて仇討ちを行うことなどありえない。劉備は義弟の関羽への「俠」としての「情」を国家の大義に優先させた。ここが劉備最大の魅力なのであるが、旧蜀臣の陳寿《ちんじゅ》（二三三―二九七）には、蜀漢の敗因となった義兄弟の関係は史家として書くことができなかった。あくまでも君臣関係であった、と陳寿は記したかったのである。

曹操が義と評価

後漢末の群雄の中で、劉備とは正反対に家柄と経済力に最も恵まれ、すでに河北《かほく》四州を支配していた袁紹《えんしょう》(?—二〇二)と、後漢最後の皇帝となる献帝《けんてい》(在位一八九—二二〇)を擁立する曹操とが、対峙している隙をついて、百九九(建安《けんあん》四)年、劉備は徐《じょ》州《しゅう》を奪った。しかし、劉備を危険視する曹操は、袁紹との決戦を先伸ばしにしてまで、劉備を攻撃する。劉備は、小沛《しょうはい》で曹操に敗れ、袁紹のもとに逃げこんだ。下邳城《かひじょう》にいた関羽は孤立し、曹操に降服する。劉備の妻子を守っていたのである。

こののち、官渡《かんと》の戦いの前哨戦《ぜんしょうせん》が始まる。袁紹軍の猛将顔《がん》良《りょう》が、曹操側の白馬城《はくばじょう》を包囲したのである。曹操は、自ら救援に赴き、関羽と張遼《ちょうりょう》に先鋒を命ずる。関羽は、顔良の旗印めがけて突撃し、これを刺し殺すと首を斬り、悠然と引きあげた。曹操は、関羽の手柄にむくい、漢寿亭侯《かんじゅていこう》に封建する。しかし、この戦いを通じて、袁紹のもとに劉備がいることを知った関羽は、下賜品を封印して、劉備のもとに帰参した。このとき、曹操

解州関帝廟　(山西省運城市、筆者撮影)

は関羽を止めることはなかった。

曹操は、関羽の手柄にむくい、漢寿亭侯に封建した。これより先、曹操は関羽の立派な人格を評価していたが、かれの心には長く留まる気持ちがないと推察して、張遼に、「ためしに個人的にかれに尋ねてみてくれ」と言った。それを受けて張遼が関羽に尋ねてみると、関羽は嘆息して、「曹公がわたしを厚遇してくださるのはよく知っておりますが、わたしは劉将軍から厚い恩誼《おんぎ》を受けており、一緒に死のうと誓った仲です。あの方を裏切ることはできません。わたしは絶対に留まりませんが、必ず手柄を立てて、曹公に恩返しをしてから去るつもりです」と言った。張遼が関羽の言葉を曹操に報告すると、曹操はこれを義とした。関羽が顔良を斬るに及んで、曹操はかれが必ず去るであろうと思い、重い恩賞を賜った。関羽は、ことごとくその賜り物に封印をし、手紙を捧げて訣別を告げ、袁紹の軍にいる劉備のもとへ奔った。左右の者がこれを追おうとすると、曹操は、「かれはかれで自分の主君のためにしていることである。追ってはならない」と言った。

(『三国志』関羽伝)

関羽が「義」である、との評価を定めた者は、実は曹操なのである。たしかに曹操は、はじめ関羽を引き留めるよう努めたが、最後は関羽の出立を快く見送る。『三国志』関羽伝に記される、「かれはかれで自分の主君のためにしていることである。追ってはならない」という曹操の言葉は、『三国志演義』にもそのまま引用される。曹操に辛《から》い毛宗崗《もうそうこう》批評『三国志演義』も、この場面だけは、曹操を高く評価する。「関羽が豪傑《ごうけつ》の中の豪傑であるため、奸雄《かんゆう》もこれを愛した。曹操は奸雄の中の奸雄である」と。

義とは、人として正しい道に依ること（春秋の義はそのための規範）や徳行の極めて高いことを示す言葉で、『孟子《もうし》』によって仁《じん》と並ぶ最高の徳目とされた。しかし、『孟子』は「仁義」と並称し、ともに人の内側に存在するものとしたが、そうした義の理解には、有力な反論があった。『礼記《らいき》』表記《ひょうき》篇には、「仁に厚い者は義に薄く、親しむが尊重しない。義に厚い者は仁に薄く、尊重するが親しまない」と、仁と義を対照的に捉えている。

仁とは、『論語《ろんご》』顔淵《がんえん》篇に、「樊遅《はんち》が仁を尋ねた。孔子は、人を愛することであると言った」とあるように、愛であるが、墨子《ぼくし》が批判するように「別愛《べつあい》」（差別愛）である。墨子の「兼愛《けんあい》」やイエスの「アガペー」のように、すべての人を等しく愛せ、とするわけではない。孔子は、親を愛し、兄弟を愛し、一族を愛し、村の者を愛し、それを国中に及ぼすことを説いたが、その愛は同心円上に広がるもので、強さが異なる。他人よりは一族を、一族よりは親兄弟を愛するのである。

これに対して、義は他者との関係を中心とする。本当の肉親でないから、「義」兄弟となる。本当の兄弟であれば、『三国志演義』の桃園の誓いのように、「同年同月同日に生まれなかったことは是非ないとしても、同年同月同日に死なんことを願」わない。誰かが生き延びて、家を守り「孝」を尽くすべきだからである。劉備三兄弟は、同日に死ぬことを誓い、それが叶わなかったため、劉備は呉の遠征に自らの命を投げ出した。他人のために命をも擲《なげう》つこと、これが劉備・関羽・張飛が誓いあった義である。「俠」という精神に相応しいものは、「仁」ではなく「義」であることを理解できよう。「忠義」と並称されるのは、君主という他人のために命を投げ出すことが、忠であるとともに義だからである。ただし、忠のために行われる義は、いまだ輝きが薄い。そこに君主や社会からの強制力が見え隠れするためである。「俠」はここにはない。これに対して、『三国志演義』の華容道《かようどう》において、関羽は命を捨てて曹操を救う。曹操は敵である。他人の中でも最も遠い存在であり、仁の及ぶ範囲ではない。曹操は、現に劉備や関羽を殺すために遠征に来たのである。孔子は『論語』為政《いせい》篇に、「義を見て行わないのは、勇が無いことである」と述べる。敵を救う「義」は、命がけとなる。勇が無ければ義は成し遂げられない。武勇に優れる関羽であるからこそ、曹操との「義」を示すため、自らの「俠」を輝かせるため、命を賭《か》けることができた。このため、他者との関係において成立する関羽の「義」は、『三国志演義』の華容道の「義により曹操を釈《はな》つ」の場面において、最も輝くのである。

こののちも『三国志演義』の中で、関羽の義を示す虚構は続くが、最も見事な表現は、「義により曹操を釈つ」であり、史実に基づくものは、曹操から劉備のもとに帰参した時の曹操からの評価であった。

義は、他人との関係において成立する。関羽がこののち、神になっていくのは、「義」という属性を持っていたことによろう。義神であれば、赤の他人であっても、信義を結ぶことによって、救ってくれる。仁徳の人である劉備が神になっても、救うのは身近な人間を優先する。キリスト教のアガペー(隣人愛)と孔子の仁(別愛)との違いは、儒教の宗教性とも係わってくる。誰でも仁の実現により聖人になれるとする朱子学以降の儒教が、その宗教性を薄れさせていくのは、由無きことではない。

「義絶(義のきわみ)」関羽は、異なる。たとえ敵である曹操であっても、信義で結ばれている者は、命を賭けて救ってくれる。「汝が敵を愛せ」というイエスの言葉を思い出してもよい。関帝信仰が、海外の華人社会の中核に置かれることも、関羽が他者のために尽くす「義」をその徳目の中心として持つためである。

❖関羽の神号

年号	関羽の神号	王朝	皇帝
崇寧《すうねい》	忠《ちゅう》恵《けい》公《こう》	北宋《ほくそう》	徽宗《きそう》
大観《たいかん》	武安王《ぶあんおう》		
宣和《せんわ》	義勇《ぎゆう》武安王《ぶあんおう》		
淳熙《じゅんき》	壮繆《そうびょう》義勇《ぎゆう》武安《ぶあん》英済王《えいさいおう》	南宋《なんそう》	孝宗《こうそう》
天暦《てんれき》	顕霊《けんれい》義勇《ぎゆう》武安《ぶあん》英済王《えいさいおう》	元《げん》	文宗《ぶんそう》
成化《せいか》	壮繆《そうびょう》義勇《ぎゆう》武安《ぶあん》顕霊《けんれい》英済王《えいさいおう》	明《みん》	憲宗《けんそう》
天啓《てんけい》	三界伏魔《さんがいふくま》大帝神威《たいていしんい》遠震天尊《えんしんてんそん》関聖帝君《かんせいていくん》		熹宗《きそう》
乾隆《けんりゅう》	忠《ちゅう》義神《ぎしん》武霊祐《ぶれいゆう》関聖大帝《かんせいたいてい》	清《しん》	高宗《こうそう》
嘉慶《かけい》	忠《ちゅう》義神《ぎしん》武霊祐《ぶれいゆう》仁勇《じんゆう》関聖大帝《かんせいたいてい》		仁宗《じんそう》
道光《どうこう》	忠《ちゅう》義神《ぎしん》武霊祐《ぶれいゆう》仁勇《じんゆう》威顕《いけん》関聖大帝《かんせいたいてい》		宣宗《せんそう》

傲《おご》りによる敗退

二〇〇(建安五)年、官渡の戦いで袁紹が敗れると、劉備は荊州を支配する劉表《りゅうひょう》を頼った。当時、例外的に平和を保っていた荊州では、司馬徽《しばき》と宋忠《そうちゅう》を中心に「荊州学」という儒教の新学派が形成され、実践的な学問により世の中を救おうと志す諸葛亮・龐統《ほうとう》らが高い評価を得ていた。三顧《さんこ》の礼を尽くして諸葛亮を迎えた劉備は、「草廬対《そうろたい》」(いわゆる天下三分の計)を基本戦略として、諸葛亮を中心とする政権の樹立を目指す。劉備のため命懸けで戦ってきた関羽と張飛は、これに不満であった。劉備は、「わたしに諸葛亮が必要なのは、あたかも魚に水が必要であるようなものだ」(水魚の交わりの語源)と言って、二人に弁明した。関羽と張飛は、以後二度と不満を口にすることはなかった。

諸葛亮の外交努力により孫権と結んだ劉備は、二〇八(建安十三)年、赤壁《せきへき》の戦いで曹操を破る。ただし、劉備は、呉軍を率いる周瑜《しゅうゆ》の戦術を信頼せず、軍を遠ざけていたので、曹操を破った主力はあくまでも呉軍であった。それでも、諸葛亮の荊州への影響力と、曹操に対抗する第三極として劉備の勢力拡大を容認するという独自の「天下三分の計」を持つ呉の魯粛《ろしゅく》の尽力によって、劉備は荊州南部を領有、初めて安定した根拠地を得た。

荊州南部を拠点とした劉備は、益州《えきしゅう》(蜀)に攻め込む。しかし、蜀を支配する劉璋《りゅうしょう》政権の軍事基盤である東州兵《とうしゅうへい》の抵抗に手を焼き、龐統は戦死する。危機に陥った劉備を救援するため、諸葛亮は張飛・趙雲を連れて蜀に入る。劉備は、こうして蜀を支配したが、これよりのち関羽と会うことはなかった。

このとき関羽は、荊州南部の留守を任されたのである。だが、水運が発達し交易の要所である荊州の奪取を狙う曹操が北に、孫権が東にひかえる状況下での荊州統治には、外交能力を必要とする。これは、プライドの高い関羽には不向きであった。呉に劉備との同盟を重視する魯粛がいる間は、まだ何とか無事であった。魯粛が呉の反発を抑えてくれたからである。ところが魯粛の死後、孫権が自分の息子と関羽の娘との縁談を持ちかけると、孫権からの籠絡《ろうらく》により娘を奪われることを嫌った関羽が、使者をどなりつけて拒否したため、呉から強い反発を受けた。「狼の子を犬の子にやれるか」と。史実の関羽は、『三国志演義』の関羽のような「義絶」ではない。むしろ傲岸《ごうがん》な人物であった。蜀を征服した劉備が、曹操から長安《ちょうあん》を奪うため、漢中《かんちゅう》に進出すると、関羽は荊州北部の樊城《はんじょう》を守る曹仁を包囲する。救援に派遣した于禁《うきん》と龐悳《ほうとく》が関羽に敗れると、曹操は真剣に遷都を計画する。それほどまでに、曹操は関羽の武勇を恐れていた。しかし、関羽と呉との関係は悪化していた。関羽の隙をついて背後から呉の呂蒙《りょもう》が荊州に侵入する。こうして曹操と孫権に挟撃された関羽は、麦《ばく》城《じょう》で孤立無援となって戦死した。

関羽は、兵士に優しい反面、知識人に対抗意識を持ち、自らも晩年『春秋左氏伝《しゅんじゅうさしでん》』を学んだ。しかし、荊州の陥落は、その対抗意識から部下の麋芳《びほう》や士仁《しじん》を軽んじ、それを恨んだかれらが、呉の呂蒙に降服したことによる。

（陳寿の）評にいう。関羽と張飛はともに「万人の敵」（一万人に匹敵する）と称され、世の「虎臣」であった。関羽は曹公（曹操）に（顔良を斬る手柄で恩に）報い、張飛は義により厳顔《げんがん》を釈《ゆる》し、ともに国士の風がある。しかしながら、関羽は剛情で自ら誇りを持ちすぎ、張飛は乱暴で恩愛をかけず、その欠点のために敗れた。道理から言って当然である。

（『三国志』関張馬黄趙伝評）

関羽と張飛を「万人の敵」と称した者は曹魏の程昱《ていいく》であり、「熊虎」と称した者は孫呉の周瑜と呂蒙である。陳寿は、かれらの言葉で関羽と張飛の武力を表現した上で、関羽の曹操、張飛の厳顔への対応を評価する。その一方で、敗退理由も正確に叙述し、関羽の傲岸と張飛の乱暴を批判する。公正な、ただしその結果として、後世に神となる人物へのそれとしては、冷淡な評価と言えよう。

財神から全能神へ

現在、関帝として祀《まつ》られている関羽は、道教《どうきょう》神としての性格を持つことが多い。道教とは、福《ふく》(子宝)・録《ろく》(財産)・寿《じゅ》(長生)を求める現世救済の多神教で、いまも華人社会で広く信仰されている中国の民俗宗教である。

関羽の地位は、武神として皇帝に崇拝された宋《そう》代より高まっていく。宋の皇帝たちは、北方民族に追い詰められた時ほど、関羽に高い称号を加え、宋への加護を求めた。歴代の皇帝に受け継がれていく関羽への神号の授与は、宋代から始まるのである(表「関羽の神号」を参照)。こうした関羽信仰の広がりの背景には、『三国志演義』の源流となる「説三分《せつさんぶん》」と呼ばれる語り物の普及により、「三国志」の時代が身近になっていたことがある。

また、こののち関帝信仰を支えていく山西《さんせい》商人の間で、関羽への信仰が始まったことは、その普及に大きな影響を与えた。山西商人の信仰のなかで、関羽は財神となった。山西商人は、首都と国境の中間に位置する最大の塩生産地である解池《かいち》の塩を扱っていた。山西商人は、郷里の英雄である関羽を自らの守護神としたのである。

関羽が山西商人の守護神であったからこそ、宋は戦いに際して祈りを捧げ続けた。こうして関羽は、宋代において、国家からは国を守る武神として、商人からは塩池を守る財神として祀られることになった。

明《みん》の中期以降、山西商人は、中国経済の中心地である揚州《ようしゅう》など長江流域に進出し、新安《しんあん》商人と並ぶ二大商業勢力に成長した。その結果、山西商人の守護神である関羽の信仰はますます広範に浸透した。

清代には、関羽信仰が頂点を迎える。清は、漢民族の関羽を国家の守護神とした。北京を占領した順治帝《じゅんちてい》は、その北門にあたる地安門《ちあんもん》外の白馬廟《はくばびょう》を復興するとともに、毎年、関羽の生誕日(五月十三日)に祭祀を行うことを定めた。さらに、雍正帝《ようせいてい》は、一七二五(雍正三)年、『三国志』には名も記されない関羽の先祖三代を公爵《こうしゃく》に封じ、関羽の子孫に五経博士《ごきょうはかせ》の位を与えて、代々世襲させた。関羽は、清代になると、子孫が五経博士とされるような儒教の神として国家祭祀の対象にされた。

また、雍正帝は、一七三〇(雍正八)年、各地の関帝廟を「武廟《ぶびょう》」と呼ぶように命じ、孔子の「文廟《ぶんびょう》」と並立させた。ここに関羽は、孔子と並ぶ聖人となった。洛陽の関羽の墓を「関林《かんりん》」と呼ぶのは、孔子の墓を「孔林《こうりん》」と呼ぶことと同じである。中国では、聖人の墓を「林」と呼ぶが、それは関林と孔林・孟林《もうりん》(「亜聖」孟子の墓)だけに用いられる。

清の中国支配と発展には、山西商人の援助を無視することができない。同時に、山西商人の発展は、清の武力と財力に依るところが大であった。国家権力と巨大な商業資本、その結合の象徴が関聖帝君への信仰なのである。そして、両者の結合のもと、関帝信仰を広げるメディアの一つとなったものが、『三国志演義』と考えてよい。

だが、山西商人と明清帝国とが癒着《ゆちゃく》するために、関帝信仰を利用したのであれば、その信仰はアヘン戦争以降の山西商人の衰退や清の滅亡とともに、終焉《しゅうえん》を迎えたはずである。しかし、関帝は、いまも華人社会の中核となり、信仰を集め続ける。これは、関帝という神格が「義」を属性とすることによる。『三国志演義』の関羽は、漢に対する「正統性の義」、劉備との「君臣関係の義」、女性の貞操を守る「男女の義」など、さまざまな義を体現するが、関羽の義が最も輝く華容道《かようどう》で困窮する曹操を見逃した義は「利他の義」を強調している。

自らを犠牲にしてまで他人を守る「利他の義」、すなわち史実の関羽が持っていた「侠」の精神が、今日においても関帝への信仰が途絶えない、関羽の魅力となっているのである。

張飛

…ちょうひ…

渡邉義浩

張飛《ちょうひ》（?—二二一）は、字を益徳《えきとく》という。一部の『三国志』の版本では翼徳《よくとく》とされ、『三国志演義』はそれを採用している。劉備《りゅうび》（一六一—二二三）と同じ涿郡《たくぐん》の人。関羽《かんう》（?—二一九）とともに、三国蜀漢《しょくかん》を建国した劉備の挙兵より従い、程昱《ていいく》に「一万人に匹敵する」と言われた猛将である。荊州《けいしゅう》で曹操《そうそう》（一五五—二二〇）に敗れた時には、長坂橋《ちょうはんきょう》に一人立ちはだかり、殿《しんがり》を務めた。益州《えきしゅう》平定戦では、厳顔《げんがん》を尊重して味方につけ、漢中争奪戦では張郃《ちょうこう》を破った。劉備（在位二二一—二二三）が即位すると車騎将軍《しゃきしょうぐん》となるが、「侠」で結びついた義兄関羽の仇討ちの準備中、部下に殺害された（『三国志』巻三六 張飛伝）。

桃園結義

張飛は、現代中国で、一緒にお酒を飲みたい人物の第一位に堂々と選ばれているように、史実ではなく、大酒飲みで失敗ばかりしている『三国志演義』の張飛が好まれている。神になった関羽は敬われ、庶民の英雄である張飛は愛される。二人の役割分担は、二〇〇八年に公開された映画「レッドクリフ」でも踏襲されていた。関羽は戦いのあとに見栄《みえ》をきり、ほかの人物とは別格であることを示す。一方、張飛が素手で敵を蹴《け》散《ち》らすと、映画館では笑いが起きる。このため、史書だけでなく、物語の張飛像も合わせて、中国における「俠」のあり方の典型を考えてみたい。

『三国志演義』は、黄巾《こうきん》の乱（一八四年）から始まる。混乱した後漢《ごかん》の支配に対する宗教的な農民反乱である。その平定に立ち上がった三人の男たちが桃園《とうえん》で義を結ぶ。劉備・関羽・張飛である。黄巾討伐のため義勇兵を募集する、との高札《こうさつ》を見てため息をついていると、後ろから「国に力も尽くさず、何を嘆息するか」と声をかける者がある。振りむくと、身の丈《たけ》八尺《しゃく》（明《みん》の度量衡でいうと約二四九センチ、三国では約一九三センチ。以下、明尺で換算）、豹《ひょう》の頭にドングリ眼《まなこ》、燕《つばめ》のような顎《あご》に虎ヒゲ、そう、張飛が立っていた。高札を見ていた男は劉備、中山靖王劉勝《ちゅうざんせいおうりゅうしょう》の末裔《まつえい》ながら、むしろを織りわらじを売って暮らしていた。意気投合した二人が酒を酌み交わしていると、九尺（約二八〇センチ）の大男が入ってきた。関羽である。郷里の豪族《ごうぞく》が無法を働くのにたまりかね、豪族を斬って亡命したという。関羽だけではない。少しは財産を持っていた張飛も、漢室の末裔という劉備も、みな豪族に虐《しいた》げられる社会の下層部の出身なのだ。三人は張飛の家の近くの桃園

張飛像（河北省涿州市、筆者撮影）

で天地神明を祭り、義を結ぶ。「われら劉備・関羽・張飛は、姓は異なるとはいえ、ここに兄弟のちぎりを結んだ以上、力を合わせ心を一つにし、苦しきを救い、危うきを助け、上は国に報い、下は民を安んぜん。同年同月同日に生まれなかったことは是非ないとしても、同年同月同日に死なんことを願う」と。

毛宗崗《もうそうこう》批評『三国志演義』本は、第一回の総評で、「いま人が盟《ちかい》を結ぶときには、必ず関帝《かんてい》を拝する。桃園の当日に何という神を拝して盟約を結んだのかは分からない」と、毛宗崗が生きた清の初期における関聖帝君《かんせいていくん》崇拝（神となった関羽への信仰）の広がりを伝えている。「俠」を紐帯《ちゅうたい》とする道教系の秘密結社も、桃園結義にならって盟約を結ぶ。あるいは桃園結義という虚構に「俠」を紐帯とする秘密結社の結合形態が反映していた。桃園結義は、中国における「俠」のあり方の典型なのである。

三人は、旅の商人から馬と資金の援助を受け、義兵を挙げた。かつて劉備が師事していた盧植《ろしょく》のもとに駆けつけ、配下として黄巾の首領張角《ちょうかく》と戦った。そののち、朱儁《しゅしゅん》のもとで張角の弟張宝《ちょうほう》と戦い、大きな功績をあげた。しかし、劉備には長らく恩賞の沙汰はなかった。やっと得た地位も安喜《あんき》県の県尉《けんい》（県の警察所長）に過ぎなかった。その地位すら、督郵《とくゆう》（監察官）という小役人に賄賂《わいろ》を渡さ

桃園の誓い　桃園結義の場所とされる地に建つ。
（河北省涿州市、筆者撮影）

なければ守れない。張飛は、我慢できずに督郵をうちすえた。こんな役人が多いから黄巾の乱が起きたのである。これでは、いくら乱を平定してもきりがない。理想の国家を創りたい。劉備は県尉をやめ、捲土重来《けんどちょうらい》を期すことにした。

陳寿《ちんじゅ》（二三三―二九七？）の『三国志』によれば、劉備は『三国志演義』に描かれるような聖人君子ではない。両手が膝の下まで届いたという劉備は、個人的な戦闘能力も高い当代屈指の傭兵《ようへい》隊長であった。賄賂を要求した督郵を鞭打ったのは、『三国志演義』では張飛の仕業とされているが、本来は劉備の逸話なのである。劉備は、こうした激しい気性を持ち、幾多の戦場を戦い抜いた武の人である。だからこそ曹操《そうそう》は、「天下の英雄は君とわたしだけだ」と言い、関羽も張飛も兄と慕った。諸葛亮《しょかつりょう》（一八一―二三四）も劉備の生存中には、軍を指揮していない。劉備の武将としての能力を信頼していたのである。

ところが、これでは文学が成立しない。中国の小説では主役を引き立てるため、主人公を下げるレトリックを用いる。『西遊記《さいゆうき》』の主人公の玄奘三蔵《げんじょうさんぞう》は、パミール高原を超えてインドに経典を求めた筋力抜群の容貌魁偉《ようぼうかいい》な僧侶であるが、かれが妖怪を倒してしまっては、主役の孫悟空《そんごくう》が活躍できない。劉備の激しさを担ったのが張飛《ちょうひ》である。知識人向けの読み物になった『三国志演義』では、関羽に比べて扱いが小さい張飛であるが、「説三分《せつさんぶん》」と呼ばれる三国志語りの講談では、庶民に人気のあった張飛が大暴れをする。『水滸伝《すいこでん》』の黒旋風李逵《こくせんぷうりき》と同様、庶民の喜ぶ英雄像は、敵をバッタバッタと打ち倒す大閙《さわ》ぎの張飛だったのである。

庶民を相手とする講談をまとめた『三国志平話《さんごくしへいわ》』では、張飛が大活躍を見せる。張飛が活躍していた劇場の台本が、そのまま書き留められたからであろう。

先鋒として黄巾の平定に力を尽くした劉備は、宦官《かんがん》の十常侍《じゅうじょうじ》のために恩賞を与えられなかった。やっと任命された安喜の県尉に赴任すると、上司の定州太守《ていしゅうたいしゅ》は、難癖をつけて劉備をいたぶった。劉備の顔色から太守の悪行を悟った張飛は、刀を手に定州の役所に忍びこむ。張飛は定州太守と夫人を殺すと、さらに役所内に宿直していた二十余りを殺して、颯爽と自分の宿舎に戻っていった。翌日、大騒ぎになった定州では、以前から張飛に目をつけていた督郵が、太守殺害の嫌疑をかけ、張飛をかばう劉備を捕らえようとする。張飛は劉備を助けると、馬をつなぐ杭に督郵を縛りつけ、胸をむち打ち、百回も棒で殴った。督郵が死ぬと、その身を六段に割き、首を北門に吊るし、手足は四隅に吊るした。

『三国志平話』の記述をみると、現行の『三国志演義』がいかに抑えた筆致で、張飛を描いているのかが分かる。庶民が好んだ張飛は前者であった。こうした劇や芝居の中から、張飛の庶民への人気は高まっていったのである。もちろん、張飛には、このような伝説の生まれる素地があった。『三国志』でも、その名を馳せる長坂橋の場面である。話を史実に戻すことにしよう。

われこそは張益徳である

二〇八（建安《けんあん》十三）年、華北を統一した曹操が荊州に南下すると、荊州牧《ぼく》の劉表《りゅうひょう》は病死し、配下の蔡瑁《さいぼう》は次子の劉琮《りゅうそう》を立て、客将として最前線の新野《しんや》にいた劉備には何も知らせず曹操に降服した。その結果、いきなり曹操に襲われた劉備は、南の江陵《こうりょう》を目指して逃走する。しかし、劉備を慕って続々と民が合流し、当陽《とうよう》に至るころには十万あまりに膨れあがり、その行軍速度を遅らせていた。そこで曹操は、騎兵を選りすぐって劉備を急追、長坂坡《ちょうはんは》で捕捉し、散々にこれをうち破った。敗戦の中、殿をつとめた張飛は、わずか二〇騎を率いて、長坂橋に立ちはだかる。

曹公が荊州に侵入し、先主は江南（長江以南の地）に逃走した。曹公は先主を追撃し、一昼夜にして、当陽県の長坂で追いついた。先主は曹公（の軍）がにわかに押し寄せたことを聞くと、妻子を見捨てて逃走し、張飛に二〇騎を率いて殿を務めさせた。張飛は川をたよりに橋に立ちはだかって、目をいからせ矛《ほこ》を横たえて、「われこそは張益徳である。やってきてともに死をかけて戦おうぞ」と言った。敵はみなあえて近づく者はなかった。そのためこうして逃れることができた。

（『三国志』張飛伝）

『三国志』にも明記される「猛将」張飛、一世一代の晴れ舞台である。強弱の差はあっても軍隊は、前からの攻撃には、ある程度まで持ちこたえることができる。弱いのは背後からの攻撃に対してでである。軍隊が全滅する時は、追撃されて背後から攻撃された時か、伏兵などにより包囲された時である。曹操は、『孫子《そんし》』に注をつけて、「敵軍の五倍の兵力で戦う場合、五分の三で敵軍を正攻法により締めつけ、五分の二は敵が逃げないように退路で待ち、敗退してきたところを全滅させる」と述べている。背後から攻めることにより、大きな損害を相手に与えることは、兵法の鉄則なのである。逆に言えば、軍を撤退させる時には、追撃をくい止める殿をどうするのか、が最も大きな問題となる。長坂坡の戦いにおける張飛の殿は、見事なものであった。

ちなみに『三国志平話』では、この場面は、次のように描かれている。

張飛が長坂橋で曹操軍を一喝すると、その叫び声は雷が鳴り響くほどであった。あまりの声の大きさに橋が落ちてしまい、曹操軍は恐れて三〇里(約十二キロ)も退いた。

民が愛する「猛将」張飛の豪快な活躍がここにある。冷静に考えると、橋の上にいた張飛の大声で橋が落ちてしまえば、張飛も川に落ちてしまう気がするが、そんなことは関係ない。大声は張飛のトレードマークなのである。明代の人相術の本である『麻衣相法《まいそうほう》』によれば、大きな声は吉相であるという。橋を落とすほどの大声は、映画「レッドクリフ」でも表現されていた。映画館で聞くと、壁が震えるほどの大声であった。観客はここでも大喜びである。さすがに史実を重んじる『三国志演義』では、声で橋は落ちなくなるが、張飛はこの後も「猛将」として描かれ続ける。

しかし、史実の張飛は、やがて武力一辺倒の「猛将」を卒業する。益州を支配する劉璋《りゅうしょう》との戦いに苦しむ劉備への援軍となった張飛が、劉璋の巴郡太守《はぐんたいしゅ》の厳顔《げんがん》を打ち破り、生け捕りとした際のことである。

張飛は厳顔を責めて、「大軍が至ったのに、どうして降服せずにあえて抗戦したのか」といった。厳顔は答えて、「あなたがたは無礼にも、我が益州を侵略した。我が益州にはただ首を斬られる将軍がいるだけで、降服する将軍などいない」といった。張飛は怒り、側近に命令して引きずり出して首を斬ろうとした。厳顔は顔色ひとつ変えず、「首を斬るならば直ちに首を斬れ。どうして怒ることがあろうか」といった。張飛は勇壮であるとして厳顔を許し、招いて賓客《ひんきゃく》とした。張飛は通過するところすべてで戦いに勝ち、先主と成都《せいと》県で再会した。

（『三国志』張飛伝）

張飛は、降服しても死を恐れずに、「わが州には首をはねられる将軍はいても、降服する将軍はいない」と言って、顔色一つ変えず斬られようとする厳顔を高く評価して、賓客とした。これを機に、劉璋側の諸将から降服が相継ぎ、劉備は益州《えきしゅう》を支配する。

敵の節義を認める、関羽のような「義将」へと成長した張飛は、漢中争奪戦では、宕渠《とうきょ》に進軍、魏の「名将」張郃《ちょうこう》と対峙すること五〇日、別の街道から攻撃を仕掛けて、瓦口《がこう》で張郃を打ち破った。こうした知識人への接近は、「俠」への蔑視に由来する。

「俠」への蔑視

劉備と関羽・張飛・趙雲（？―二二九）との間に見られるような、下層民の「俠」に基づく結合関係は、「理」に基づいて関係を結ぶ士大夫からは、蔑視されることもあった。たとえば、劉備が益州を占領したのちに、集団に参入した劉巴《りゅうは》は、遊びに来た張飛を見下して、話もしなかった。

張飛はかつて劉巴の家に遊びに行ったが、劉巴は張飛と話もしなかった。張飛はついに怒ってしまった。そこで、諸葛亮は劉巴に次のように言った、「張飛は武人ではありますが、あなたを敬愛しているのです。あなたが、高い志をお持ちのことは分かりますが、どうかもう少し下の者にも優しくしてあげて下さい」と。劉巴は答えた、「立派な人物が世の中で生きる理由は、天下の英雄（ここでは武力的なそれではなく、名声の高い名士という意味）と交際するためである。どうして、兵隊野郎（原文は「兵子」）と共に語ることなどできようか」と。

（『三国志』劉巴伝注引『零陵先賢伝』）

劉巴のような知識人にとって、張飛などは「兵子」に過ぎず、共に語るに足る存在ではなかった。儒教《じゅきょう》が国家統治の基本理念に据えられていた後漢では、たとえば司馬遷《しばせん》が『史記』游俠列伝を書いたことを班固《はんこ》が厳しく批判しているように、社会の秩序よりも、自らの「情」による結合を優先することもある「俠」に対して批判的であった。こうした「俠」への蔑視に対して、関羽は激しく反発したが、張飛は迎合した。民衆のヒーローの史実の姿は意外である。

これよりさき張飛が勇壮で猛烈であることは、関羽に次いだ。曹魏の謀臣である程昱たちはみな、「関羽と張飛は万人に匹敵する」と称した。関羽は兵卒を優遇して士大夫に驕慢《きょうまん》で、張飛は君子を敬愛して小人を哀れまなかった。先主は常にこれを戒めて、「卿《そなた》は刑罰で（小人を）殺すことが度を過ぎている。また毎日のように兵士を鞭で叩き、しかも（かれらを）左右に置いている。これは禍を招くやり方である」と言っていた。張飛はそれでも改めなかった。先主が（関羽の仇討ちのため）孫呉を討伐するにあたり、張飛は兵万人を率いて、閬中《ろうちゅう》県（四川省閬中県）から江《ごう》州で合流しようとした。出発にあたり、その幕下の将である張達《ちょうたつ》・范彊《はんきょう》は張飛を殺し、その首を持って、（長江の）流れにのって孫権のもとに亡命した。張飛の軍営の都督が、上表して先主に報告した。先主は張飛の都督から上表があると聞くと、「ああ、飛は死んだ」と言った。

（『三国志』張飛伝）

程昱より「万人の敵」とその武勇を称えられた張飛は、「君子を敬愛して小人を哀れまなかった」という。厳顔を許して、度量を示したのも、知識人たちの与論を意識したためなのであろう。武力一辺倒の武人は、軽蔑の対象でしかなかった。赫々《かくかく》たる武勲をあげ、蜀漢の創業に貢献した張飛すら、このような屈辱に耐えねばならなかった。あとは推して知るべきである。曹魏の張郃《ちょうこう》や李典《りてん》らは、武力だけだ、とレッテルを貼られることを恐れ、知識人の前ではひたすら平身低頭し、学問を愛好するポーズを見せていた。『三国志演義』では文句なく主役の武人たちも、その実像は脇役に過ぎなかったのである。

張飛は、劉備が漢中王になると右将軍《うしょうぐん》になり、帝位に就くと車騎将軍《しゃきしょうぐん》になり、位人臣《くらいじんしん》を極めていくが、鬱々として楽しまない。関羽が呉に殺されたまま、その仇を討っていなかったためである。やがて劉備が呉を征討することを定めると、張飛は江州で合流する手筈となった。しかし、兵に恩を加えなかった張飛は、関羽の仇討ちに出発する直前、張達《ちょうたつ》と范彊《はんきょう》に暗殺された。劉備は、張飛の部下から上奏文が届けられた、と聞いただけで、「ああ、張飛が死んだ」と嘆いた。

部下からの上奏文と聞いただけで張飛の死を予想した劉備、「俠」で結びついた君主と臣下は、知識人に蔑視されても互いに心底理解しあっていた。劉備から遺言で「君自ら取るべし」と乱命を出され、自分を理解されていなかったことを見せつけられた諸葛亮に比べて、張飛は劉備から信頼され、愛されていたのである。

主君の子を守り抜く

趙雲

…ちょううん…

渡邉義浩

趙雲《ちょううん》（?—二二九）は、字を子龍《しりゅう》といい、常山郡真定県の出身である。はじめ公孫瓚《こうそんさん》（?—一九九）に仕え、公孫瓚の将として袁紹《えんしょう》（?—二〇二）との戦いに派遣された劉備《りゅうび》（一六一—二二三）に、主騎《しゅき》として従った。そののち、改めて劉備に仕え、荊州で曹操（一五五—二二〇）に敗れた際には、逃げおくれた阿斗《あと》（劉禅〔二〇七—二六三〕）を救出した。入蜀時には、諸葛亮《しょかつりょう》（一八一—二三四）とともに劉備を助け、漢中争奪戦では曹操の大軍を門を開けて迎え討ち、劉備から「子龍の身体はすべて肝っ玉である」と称賛された（『三国志』巻三六 趙雲伝）。『三国志演義』では、活躍の場はさらに多く、関羽（?—二一九）・張飛（?—二二一）と同列の五虎将軍《ごこしょうぐん》の一人とされている。

趙雲の描かれ方

三国時代は、今から一八〇〇年以上前のことである。史実として何が正しいのかを見極めることは難しい。史書に記録があったとしても、その記録が歪んでいない保証はないからである。それでも、たとえば続く西晋時代に比べると、三国時代の方が史実を見極めやすい。陳寿《ちんじゅ》の『三国志』には、裴松之《はいしょうし》（三七二—四五一）が様々な書物を引用する注を付け、しかも、それらの史料のうち何が正しいのかを考察しているためである。しかし、趙雲の実像は掴みにくい。裴松之が趙雲伝に引用する書物は、『趙雲別伝』という著者不明の本だけで、それが描く趙雲像と、陳寿の『三国志』の趙雲像が異なるためである。

趙雲は、『三国志』よりも『趙雲別伝』の方が、はるかに立派な人物として描かれている。『三国志』では、長坂坡《ちょうはんは》で阿斗を保護したことは書かれるものの、あとは北伐で曹真《そうしん》に敗れ、死後に順平侯《じゅんぺいこう》となったことが記されるのみである。評《ひょう》において、趙雲を夏侯嬰《かこうえい》（前漢の劉邦の御者、劉邦が捨てた子を拾って車を走らせ続けた）に準《なぞら》えているように、陳寿の描く趙雲は、劉備の家族の護衛隊長なのである。

これに対して、『趙雲別伝』では、劉備との関係を次のように描いている。

趙雲は身の長《たけ》が八尺（約一八四センチ）、姿や顔つきが雄偉であったので、常山郡から推挙されて、官民の義勇兵を率いて、公孫瓚に至った。このとき袁紹は冀州牧《きしゅうぼく》を称していた。公孫瓚は冀州の人が袁紹に従うことを深く憂いていた。趙雲がやってきたことを喜び、趙雲をからかって、「聞くところではあなたの州の人はみな袁氏（に付くこと）を願っているという。君はどうして一人心をめぐらせて、迷ったのに（正しい側に）戻ることができたのか」と言った。趙雲は答えて、「天下はがやがやと勝手なことを言い、いまだどれが正しいのかを知ることができないのに、民には逆さ吊りにされるような災厄《さいやく》があります。わたしの州の議論は、仁政のある所に従います。袁公を軽視して個人的に将軍を尊重したわけではありません」と言った。こうして公孫瓚とともに征討した。

> このとき先主(劉備)もまた公孫瓚に身を寄せていた。(先主は)つねに趙雲に接し受け入れたので、趙雲は自然と深く結び託することができた。趙雲は兄の喪《も》を理由に、公孫瓚のもとを辞去してしばらく帰ることになった。先主は趙雲が戻らないことを知り、手を取って別れた。趙雲は別れの挨拶をして、「絶対に徳に背くことはございません」と言った。先主が袁紹に身を寄せると、趙雲は(先主に)鄴県《ぎょうけん》で見《まみ》えた。先主は趙雲と牀《しょう》を共にして眠った。(先主は)秘かに趙雲を派遣し募兵させて数百人を得、みな劉左将軍の部曲《ぶきょく》(私兵)と称した。袁紹は(その動きを)知ることができなかった。こうして(趙雲は)先主に随って荊州に至った。(『三国志』趙雲伝注引『趙雲別伝』)

このように『趙雲別伝』では、趙雲は劉備と「牀を共にして眠った」とあり、関羽・張飛と同じく、劉備と「俠」により結びついていたことが明記されている。また、陳寿の『三国志』では分かりにくい、公孫瓚から劉備へと主君を変えた経緯についても、公孫瓚からは嘲笑を受け真の主従関係は結ばれていなかったこと、劉備とは深く「情」によって結びついていたことが描かれる。このように、『趙雲別伝』における趙雲は、関羽・張飛と並ぶ股肱《ここう》で、のちに君主にすら諫言《かんげん》する知勇兼備の将として描かれている。『三国志演義』は何の躊躇《ちゅうちょ》もなく、『趙雲別伝』の記録に従い、至誠の名将趙雲が大活躍する。

しかし、別伝とは、三国から東晋《とうしん》にかけて多く書かれた人物伝で、その記録の信憑性は高くはない。後漢まで、史書は国家が編纂するものであった。むろん、国家が編纂することにより偏向も生ずる。しかし、三国時代以降、知識人の名声を高めるため、そして晋代以降には貴族が多く就任した著作郎《ちょさくろう》の課題として書かれた別伝は、国家の編纂物に比べて、いいかげんな内容のものも多かった。裴松之が『三国志』に注をつけると同時に、引用した書物を史料批判して、史実を確定しようとしているのは、不確実な内容を持つ別伝のような史書が増えたためである。ここに、史料批判という独自の学問方法を持つ史学が成立したのである。裴松之は、『趙雲別伝』については、内容的な誤りなどを指摘することはない。裴松之は、『三国志』を補うことができる史料と認定していたと考えてよい。そこで、本稿でも『趙雲別伝』で補いながら、趙雲の「俠」を述べていこう。

公孫瓚の白馬義従

趙雲が最初に仕えた公孫瓚は、現在の北京を中心とする幽州《ゆうしゅう》の出身である。幽州は、西方の涼《りょ》州《しゅう》と並んで、北方騎馬民族との係わりを強く持つ。幽州の北方を拠点とする烏桓《うがん》族を中核とする「幽州突騎《ゆうしゅうとっき》」と呼ばれた騎兵部隊は、後漢を建国した光武帝劉秀《こうぶていりゅうしゅう》の切り札であった。その伝統を継ぐのであろう。袁紹との界橋《かいきょう》の戦いにおける公孫瓚軍の編制は、歩兵三万・騎兵一万であったと記録される。歩兵と騎兵の比率は三対一、騎兵の比率が異常に高い。同じく河北を支配した袁紹が、官渡《かんと》の戦いに動員した兵力は、歩兵十万・騎兵一万、両者の比率は十対一である。これが華北の標準的な軍隊編制であったと考えられる。これに対して、呉郡《ごぐん》を制圧した際、孫策《そんさく》は、周瑜《しゅうゆ》・程普《ていふ》・呂範《りょはん》にそれぞれ歩兵二〇〇〇・騎兵五〇を授けている。歩兵と騎兵の比率は四〇対一、長江流域に

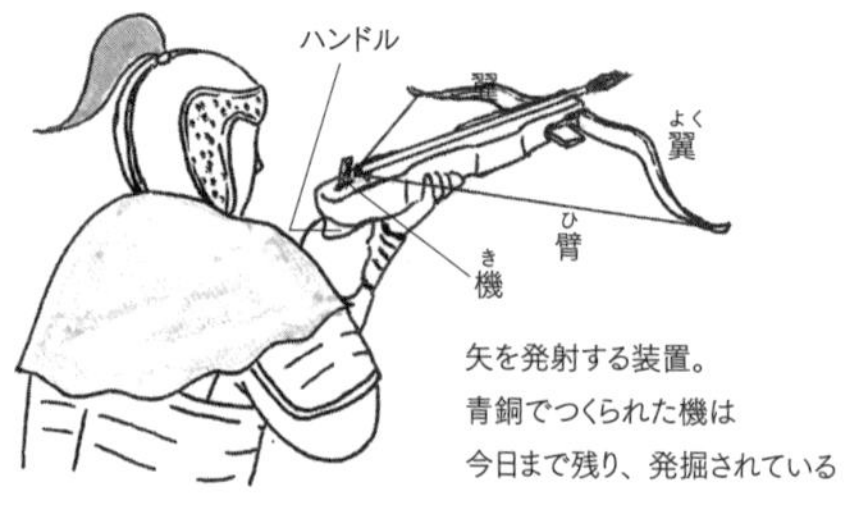
ハンドル
翼《よく》
臂《ひ》
機《き》
矢を発射する装置。
青銅でつくられた機は
今日まで残り、発掘されている

射程距離の長い強弩

おいて騎兵を集めることが、いかに困難であったか理解できよう。

公孫瓚は、烏桓族を含む白馬で揃えた騎兵部隊「白馬義従《はくばぎじゅう》」をつくり、その威容を示した。通常の馬よりも高い白馬を揃えられた財力は、公孫瓚と「侠」により結びついた商人が提供した。公孫瓚に兄事していた劉備もまた、馬商人の資金援助で挙兵し、大敗の後、徐州《じょしゅう》で大商人の麋竺《びじく》から援助を得て、再び盛り返している。軍事力の維持には、経済力が不可欠であった。ことに馬は高価であり、「白馬義従」は、公孫瓚の財力をも誇示する役割を果たしていた。

公孫瓚の宿敵は、袁紹である。界橋の戦いで、袁紹は、「白馬義従」におとりの部隊を挑ませる。これを侮った公孫瓚は、「白馬義従」に突撃を命じた。あと数十歩に迫った時、それまで楯《たて》に隠れていた歩兵が、とつぜん喚声を揚げながら突進し、強弩《きょうど》が一斉に放たれた。白馬義従は大損害を被り、将軍の厳《げん》綱《こう》以下、一〇〇〇人あまりが討たれた。北方の遊牧民族の騎兵に対抗するために、漢が編み出した兵器、それが強弩であった。

騎兵は、そのスピードのため、通常の弓で迎え撃つことは難しい。強弩は、現在の小銃と弓が合体したような外見をもち、先端のペダルを足で踏んで弦《げん》をはり、機《き》と呼ばれる引き金を使って矢を発射させる弓である。手で引く弓に比べて貫通力があり、射程距離も長いので、敵騎兵の弓の射程外から、敵を制圧することが可能となる。袁紹の本拠地である冀州は、黄河を挟んだ南にある首都洛陽《らくよう》を守るため、「冀州の強弩は天下の精兵」とうたわれた、当時最強の強弩部隊が置かれていた。公孫瓚自慢の騎兵は、「冀州強弩」に敗れたのである。歩兵が騎兵に対抗するための最強の兵器、それが強弩なのであった。

趙雲は、冀州の出身で幽州の公孫瓚に仕えた。「冀州強弩」「幽州突騎」の双方に通じていたと考えてよい。ちなみに、民間伝説では、趙雲の騎乗する馬は「白龍」という名の白馬である。「白馬義従」を編制していた公孫瓚軍出身の趙雲に相応しい。

趙雲の武勇

劉備に従って荊州《けいしゅう》に赴き、南下する曹操の急襲を受けた。張飛が殿軍《しんがり》となった長坂坡《ちょうはんは》の戦いである。趙雲は、逃げ遅れた阿斗(劉禅)とその生母の甘夫人《かんふじん》を救い出し、牙門将軍《がもんしょうぐん》に昇進する。このとき、趙雲は、いまだ主騎(騎兵の隊長)であって将軍ではない。それでも、趙雲が、幼子を救い出した「勇」は高く評価すべきである。ただ、『三国志』趙雲伝は、「先主は曹操に当陽《とうよう》の長坂《ちょうはん》で追撃されるに及び、妻子を見捨てて南に逃げた。趙雲は身に(先主の)幼子を抱いた、これが後主(劉禅)である。甘夫人を保護した、これが後主の生母である。(趙雲の働きにより)ともに難を免れることができた」という記録しかない。実は、『趙雲別伝』にも、雲霞《うんか》のごとき大軍の中を趙雲が単騎で駆け抜けるという記述はない。趙雲に関して長坂坡での単騎がけは『三国志演義』を由来とするのである。ただ、『趙雲別伝』には、次のような記述がある。

> これよりさき、先主が（長坂で）敗れると、趙雲が北に逃げ去ったと言うものがいた。先主は手戟《しゅげき》を投げつけて、「子龍は我《わたし》を棄て逃げることはない」と言った。ほどなく、趙雲が到着した。
>
> （『三国志』趙雲伝注引『趙雲別伝』）

趙雲像　長坂坡で劉備の幼子を救い出す。（河北省石家庄市、筆者撮影）

劉備と趙雲が「俠」によって強く結びついていたことが分かる。『三国志演義』では、ふだん槍を使う趙雲が長坂坡で一騎駆けをした折だけ、青釭《せいこう》という宝剣を用いる。青釭はもともと曹操の宝剣であった。長坂坡で曹操軍の中を駆け抜ける際に、曹操から預かっていた夏侯恩《かこうおん》を一突きで倒して手に入れたものである。「剣」は春秋戦国時代の武器で諸刃《もろは》である。漢代に片刃の「刀」が普及したことにより、剣が使われることは次第に少なくなった。しかし、これによって剣は、神秘的な力を持つものとしてかえって尊重されるようになる。青釭はその神聖性により、やがて皇帝になる劉禅を守る役割を果たしている。

趙雲はやがて、諸葛亮とともにに入蜀して江陽《こうよう》に至り、成都《せいと》を包囲して平定した功績により、翊《よく》軍将軍《ぐんしょうぐん》に任命される。漢中争奪戦では、曹操の大軍を打ち破ったが、再び曹操軍が兵を集めて盛り返し、趙雲の陣営まで追撃してきた。このときの戦いを『趙雲別伝』は次のように描いている。

曹公の軍は追撃して囲(戦いの拠点である)に至った。このとき、沔陽長《べんようちょう》の張翼《ちょうよく》が趙雲の囲の内にいた。張翼は門を閉じ拒守しようとした。ところが趙雲は陣営に入ると、さらに大いに門を開き、旗を伏せ太鼓を止めた。曹公の軍は趙雲に伏兵があると疑って、引きあげた。趙雲は雷のように太鼓を天を震わせるほどたたき、ただ戎弩《じゅうど》により後から曹公の軍を射た。曹公の軍は驚き、自ら互いに蹂躙して、漢水の中に落ち、死する者がたいへん多かった。先主は翌日の朝に、自ら来て趙雲の営囲に至り、昨日の戦いの場所を視て、「子龍の一身はすべてこれ胆である」と言った。楽を演奏し宴会すること夕方に至った。軍中は趙雲を号して虎威《こい》将軍とよんだ。

(『三国志』趙雲伝注引『趙雲別伝』)

趙雲のこの戦いをヒントに創作されたものが、諸葛亮が兵のいない城で琴を弾いて司馬懿《しばい》を待ち受ける「空城計」である。劉備の「子龍の一身、すべてこれ肝である」という称賛の言葉は、趙雲の武勇を象徴する。また、趙雲を「虎威将軍」と評した軍中の人物評価は軍中語といい、その「勇」を表現している。「勇将」趙雲を代表する戦いである。

また、『趙雲別伝』によれば、関羽が殺害されて、劉備が呉を征討しようとした時には、「国賊は曹操であって、孫権ではありません。まず魏を滅ぼせば、呉はおのずと屈伏するでしょう。曹操は死んだと言っても、曹丕《そうひ》が簒奪《さんだつ》を働いています。魏を放置して、呉と戦ってはなりません」と、趙雲は劉備の東征を止めたという。

現代中国では、趙雲は老将として描かれることが多い。このの ちも趙雲が、諸葛亮を助けて戦い続けたためである。第一次北伐では、おとりの軍として箕谷《きこく》に進出し、主力軍と勘違いをして大軍を派遣した曹真《そうしん》に敗れている。しかし、趙雲自らが殿軍となり、軍需物資をほとんど捨てず、将兵はまとまりをなくさず撤退した。諸葛亮は、趙雲が軍需物資の絹を残していたので、将兵に分け与えようとしたが、趙雲は、「負け戦であったのに、どうして下賜があるのでしょう。物資は、すべて蔵におさめ、冬の支度品とされますように」と進言して、敗戦の責任を明らかにした。諸葛亮は、大いにこれを喜んだという。『趙雲別伝』は、このように知勇兼備の名将として趙雲を描き、死去の際、姜維《きょうい》(二〇二―二六四)の上奏によりそれまでの活躍を劉禅が称えたことを記す。

大将軍の姜維たちの議では、「考えますに、趙雲はむかし先帝に従い、その労苦功績はすでに顕らかであります。天下を巡り働き、法律を遵守し、功績は記録すべきものがございます。(陛下をお救いした)当陽《とうよう》の役では、義は金石を貫き、忠は至上を守るに十分なものでした。君主がそれを賞することを思い、礼により下に厚くすれば、臣下はその死を忘れます。死者であり知覚があれば、それは不朽とするに足ります。生者であり恩に感じれば、それは身を投げ出すに足りるものです。謹んで諡法《しほう》を調べますに、柔順で賢明で慈愛を持ち恵愛にあふれることを順といい、仕事を行う

際に秩序のあることを平といい、災禍や反乱を打ち勝ち平らげることを平といいます。趙雲に諡《おくりな》して順平侯というべきです」とした。

（『三国志』趙雲伝注引『趙雲別伝』）

趙雲が卒すると、劉禅は、順平侯という諡を与えるとともに、幼い自分を救ってくれた長坂坡での働きを「義は金石を貫く」と称する詔を出して、その生涯を称えた。「俠」により劉備と結びつき、それを子の劉禅にも貫いた趙雲の「義」は、こうして称えられたのである。

太史慈

…たいしじ…

渡邉義浩

太史慈《たいしじ》(一六六―二〇六)は、字を子義《しぎ》といい、青州東莱郡黄県《せいしゅうとうらいぐんこうけん》の人である。北海国相《ほっかいこくしゅう》の孔融《こうゆう》(一五三―二〇八)に評価された太史慈は、同郷の揚州《ようしゅう》刺史の劉繇《りゅうよう》(一五六―一九七)に訪れた。そこで劉繇を攻めるため、偵察に出ていた孫策《そんさく》(一七五―二〇〇)と一騎討ちをしたが、決着はつかなかった。劉繇が敗退し、捕らえられると、太史慈の評判を聞いていた孫策は縛めを解き、折衝中郎将《せっこうちゅうろうしょう》に任じた。劉繇が病死すると、残兵を集めると言って、孫策のもとを離れた。裏切りを指摘する声もあったが、約束を守り兵を集めて戻り、建昌都尉《けんしょうとい》に任じられた。自分を信頼してくれた孫策の「侠」に、約束を守ることで応えたのである。

孔融に報いる

太史慈は、青州東莱郡の生まれで、属吏《ぞくり》として郡に仕えていたが、青州と東莱郡の確執の際に活躍し、州に疎まれて遼東郡《りょうとうぐん》に逃走した。その間、母の面倒をみてくれたのが孔融である。孔融は、孔子の二〇世孫で、北海国相であったが、太史慈の活躍を伝え聞いて、太史慈の母に贈り物をしていた。孔融は、北海国相として黄巾《こうきん》と戦っていたが、管亥《かんがい》に率いられた黄巾は強く、かえって賊に包囲された。遼東郡から戻ってきた太史慈に母は、「孔北海どのとは面識もないのに、おまえがおらぬ間に、生活上のお心遣いをいただいた。いま賊に包囲されておられるので、そのもとに駆けつけるとよい」と言った。

駆けつけた太史慈は、孔融に面会すると、その場で兵を借りて出撃したいと願った。だが、孔融は許さず、平原国相《へいげんこくしょう》の劉備《りゅうび》（一六一―二二三）の助けを得たいと言った。太史慈は、劉備への使者を買って出る。その理由を『三国志』太史慈伝は、次のように伝えている。

かつて府君《ふくん》（国相のこと。孔融）は、老母のために周到な心遣いをいただきました。老母はそれに感激し、府君の危急に役立たせようと、わたしをこちらに来させたのです。それは、わたしにも取るところがあり、きっとお役に立てると考えたからでしょう。現在、人々はこの城から脱出することは不可能であると言っておりますが、わたしも不可能であると申したならば、府君から賜った恩義と、老母がこちらに来させた思いに背くことになります。事態は切迫しております。どうかお迷いのないように。（『三国志』太史慈伝）

『史記《しき》』刺客《しかく》列伝は、戦国時代の晋《しん》の豫譲《よじょう》が、かつて仕えていた恩人である智伯《ちはく》の仇を討つ時にいった言葉を次の

太史慈像
（清時代の『三国志演義』の挿絵より）

ように伝える。「士は己《おのれ》を知る者の為に死し、女は己を説《よろこ》ぶ者のために容《かたち》つくる。今智伯は我を知る」と。この言葉に「侠」の本質はある。太史慈は、自分の真価をよく知り、認めてくれた孔融のために、死んでもよいと思い、決死の思いで城を脱出して、劉備に救援を求めた。

わたしは東莱郡の田舎者であって、孔北海どのと親戚関係にあるのでも、同郷の好みがあるのでもございません。ただ立派な名声と志操《しそう》に心を惹《ひ》かれ、禍いと憂いを共にする関係を結んでいただいております。ただいま管亥が暴虐を行い、北海どのはその包囲を受け、孤立無援で今日か明日かという危機的状況にあります。あなたさまは仁義を行われることで名声があり、よく他人の危急を救われるということから、北海どのは心よりあなたさまをお慕いし、頸《くび》を伸ばしてお頼りとしようとわたしを遣わし、万死の中からご自身の命をあなたさまにお託しするとお伝えするよう命ぜられました。あなたさまだけがこれをお救いいただけるのです。

（『三国志』太史慈伝）

劉備も「侠」の漢《おとこ》である。顔つきを改めると言った。「孔北海どのは、この世界の中に劉備の居ることを知っていてくださったのか」。すぐさま精鋭三〇〇〇を太史慈につけて派遣した。賊たちは援軍が来たことを知ると四散した。孔融は救出されると以前にもまして太史慈を尊重し、「わたしの若き友人である」と言った。太史慈が家に戻ると母は、「孔北海どのに、ご恩返しのできたことを嬉しく思います」と言った。こうして太史慈の名は広く知れ渡った。こののち、太史慈は孫策《そんさく》と出会う。その前に、孫策について述べておこう。孫策もまた「俠」の漢《おとこ》であった。

江東の小覇王

三国の一つ、孫呉政権は、孫権の父である孫堅《そんけん》(一五五—一九一)と、兄である孫策が基礎を築いた。孫堅の挙兵時も、末弟の孫静《そんせい》のほか、甥の孫賁《そんふん》も兵を率いて参加しており、県レベルの豪族であったと考えてよい。しかし、「顧《こ》・陸《りく》・朱《しゅ》・張《ちょう》」という呉郡を代表する豪族である「呉《ご》の四姓《しせい》」が、呉郡太守の属吏にあわせて数百人を送り込んでいたことに比べれば、孫氏は弱小な豪族であり、その台頭はひとえに孫堅の武力による。

十七歳の時、ひとりで海賊を討伐して、早くも頭角を現した孫堅の武勇は、黄巾の乱が起きると一層際だった。左中郎将《さちゅうろうしょう》の皇甫嵩《こうほすう》と並んで右中郎将《ゆうちゅうろうしょう》として黄巾を討伐した朱儁《しゅしん》は、上表して孫堅を自分の配下の佐軍司馬《さぐんしば》とする。孫堅は、朱儁と力をあわせて黄巾と戦い、向かうところ敵なしの活躍をした。だが、孫堅は劉表との戦いの中で命を落とす。それでも、程普《ていふ》・韓当《かんとう》・朱治《しゅち》・黄蓋《こうがい》・呉《ご》景《けい》といった孫堅の部将たちは、集団崩壊の後にも孫氏への忠誠を貫き通した。孫堅と「俠」の精神で結びついていたためである。赤壁《せきへき》の戦いの際にも、張昭《ちょうしょう》らの降服論が圧倒的な中で、周瑜《しゅうゆ》(一七五—二一〇)の指揮下、曹操との決戦の主力となった者は、これら孫堅以来の軍事集団であった。

孫策は、父の旧臣である呂範《りょはん》・孫河《そんか》、および舅《しゅうと》の呉景《ごけい》の協力で得た数百人の召募兵を率いて、父孫堅のあとを嗣いだ。しかし、反乱軍の襲撃にあい、全滅に近い打撃を受け、やむなく袁術《えんじゅつ》(一五五一九九）の部下となる。袁術のため孫堅はいいように使われた。そうしたなか、かつて父孫堅の活躍を認めて自ら会いに来た周瑜は、孫策との友情を持ち続けていた。周瑜は、「呉の四姓」とはレベルの異なる「盧江《ろこう》の周氏」の出身であった。父と祖父の世代に三公を輩出している「二世三公《にせいさんこう》」という揚州《ようしゅう》随一の家柄で、周瑜は「周郎《しゅうろう》（郎はおぼっちゃまという意味）」と呼ばれた。孫策は、袁術との関係を断ち切り、周瑜と合流するため、劉繇《りゅうよう》を攻めることになる。

袁術は本来、南陽郡《なんようぐん》を拠点としていたが、曹操に敗れたため、揚州の寿春《じゅしゅん》を占領した。揚州の州都は寿春であったが、袁術が寿春を占拠したので、揚州刺史《しし》の劉繇はやむなく長江《ちょうこう》を渡り、曲《きょく》阿《あ》を拠点に袁術に抵抗していた。そのころ孫策の舅である呉景は、丹楊郡《たんようぐん》を支配し、従弟の孫賁《そんふん》も丹楊都尉《とい》として郡の軍事を握っていたが、ともに劉繇に追い払われた。袁術は劉繇と戦っていたが、何年も勝てないでいた。そこで、孫策は呉景たちに加勢して江東の平定に当たりたい、と申し出たのである。孫策の率いる兵は、千余人に過ぎなかったが、意気揚々と歴陽《れきよう》に軍を進めた。

孫策が江東の平定に出発したことを聞いた周瑜は、兵を率いて孫策の配下に入った。かつて、住まいを盧江郡舒県《ろこうぐんじょけん》に移した孫策に、周瑜が大きな家を用意して、経済的に援助しながらともに暮らした時期があった。それ以来の再会である。

一九五（興平《こうへい》二）年、長江をわたった孫策は、牛渚《ぎゅうしょ》を攻略する。こうして長江南岸に拠点をえた孫策は、長江にそって東に進み、劉繇の本拠地である曲阿を目指した。しかし、秣陵《まつりょう》の南に布陣した笮融《さくゆう》を攻め、薛礼《せつれい》を包囲している間、孫策は、劉繇の別働隊である樊能《はんのう》に牛渚を占領される。直ちにひき返した孫策は、樊能を破って牛渚を奪回し、また戻って笮融を攻めた。流れ矢にあたり負傷もしたが、かえってそれを利用して笮融をおびき出し、勝利をおさめた。この戦いを境に劉繇の勢力は弱体化し、孫策は江東支配の基礎を築くことができた。かつて江東を支配した項羽《こうう》に準《なぞら》えて、孫策は江東の小覇王《しょうはおう》と呼ばれた。太史慈が孫策と出会ったのは、この戦いの最中である。

約束を守る

孔融を救ったのち、太史慈は長江を渡り、曲阿に赴き同郷の揚州刺史の劉繇に面会した。劉繇のもとを立ち去らぬうち、たまたま孫策の軍が攻め寄せた。劉繇に対して、太史慈を大将軍に任ずればよいとの進言をするものもいたが、劉繇は偵察の任務を与えただけであった。騎兵を一人だけ従えて偵察に出た太史慈は、孫策と出くわした。孫策は、韓当《かんとう》・宋謙《そうけん》・黄蓋《こうがい》といった勇猛の士ばかり十三騎を従えていたが、太史慈はためらうことなく、戦いを挑み、孫策と一騎討ちをする。孫策は太史慈の馬を突き刺し、太史慈の手戟《しゅげき》を奪い、太史慈は孫策の兜《かぶと》を奪った。やがて敵味方の歩兵や騎兵が集まってきたので、二人は左右に分かれた。

そののち、太史慈は孫策に敗れた劉繇とともに、豫章《よしょう》へ逃亡しようとしたが、途中で丹陽太守と自称し、山越を集めて孫策に抵抗した。孫策は、自ら太史慈を討伐し、太史慈は捕虜となった。孫策はすぐに縄目を解かせると、手を取って言った。「一騎討ちをしたときのことを覚えておられるか。もし、あのときに、あなたがわたしを捕らえていたら、どうされていたか」。「どうしたか分かりません」。孫策は大いに笑うと、その場で門下督《もんかとく》の官につけ、呉に戻ると兵を預けて、折衝《せっしょう》中郎将《ちゅうろうしょう》に任じた。

のちに劉繇が豫章で死亡し、その配下や兵士ら一万人余が身の拠り所を失った。孫策は太史慈に命じて、豫章に行ってかれらを安撫《あんぶ》するよう命じた。孫策の側近はみな、「太史慈は戻って来ないでしょう」と言ったが、孫策は「子義どの（太史慈）は、わたしを棄てて、ほかに誰と力をあわせられると言うのか」と答えた。孫策は太史慈の出発を見送り、「いつごろ戻って来られるだろうか」と尋ねた。「六〇日以上はかかりません」。太史慈は、果たして約束の期日どおり、劉繇配下の人々を束ねて戻ってきた。自分を信頼してくれた孫策の「俠」に、約束を守ることで応えたのである。

太史慈は、こののち、劉表軍の劉磐《りゅうばん》の侵攻を防ぎ、黄祖《こうそ》の討伐などに功績を挙げ、孫策、さらには孫権からも重用された。曹操は太史慈の噂を聞いて、臣下に迎えたいと考え、「当帰《とうき》」（まさに〈青州に〉帰るべしという意味）という名の薬草を贈り、好条件で誘った。もちろん太史慈は、拒否して戻ることはなかった。二〇六（建安十二）年に四一歳で病死した。

陳寿は、『三国志』に評をつけて、信義を守ることに一身をかけ、古《いにしえ》の人々に変わらぬ操行を持した、と述べている。

南北朝を駆け抜けた六鎮武人の挽歌

侯景…こうけい…

津田資久

侯景《こうけい》(字は万景《ばんけい》。五〇三―五五二)は、南北朝後半期に生きた羯族《けつぞく》出身の将軍であり、特に当時繁栄を極めた江南の南朝・梁《りょう》王朝を「侯景の乱」(五四八~五五二年)で混乱の極致に突き落とし、南北のパワー・バランスを一変させ、南朝の衰亡と北朝勢力による中国の再統一を方向づけた男として知られる。しかし、これまでは主に南朝社会を破壊した北来の闖入者《ちんにゅうしゃ》としての側面が俎上《そじょう》に載せられるだけで、彼が如何なる背景のもとに歴史上に登場した人物であるかは、あまり詳しく言及されていない。本稿ではその点に注目しつつ、南北朝に跨《またが》る未曽有の戦乱を惹起《じゃっき》させるに至った侯景の軌跡を追うこととしたい。

生い立ち

南北朝に大きな爪痕を残した侯景については、『梁書《りょうじょ》』・『南史《なんし》』・『建康実録《けんこうじつろく》』(本書は侯景の後半を欠く)という史書に多分に誹謗《ひぼうてき》的偏向性を持った伝記が残されているが、彼が叛逆《はんぎゃく》する前の事柄に関する記述は少なく、不明な点が多い。まずその本籍地であるが、六三六年成立の、旧南朝系人士で惨禍をもたらした侯景に何ら忖度《そんたく》する必要のない姚思廉《ようしれん》(五五七―六三七)によって叙述された『梁書』侯景伝には、「朔方《さくほう》の人。或いは雁門《がんもん》の人と云《い》う」とある。ここで示される行政区画は漢代での郡名であり、朔方とはオルドス(河套《かとう》)地域を指し、一方の雁門とは今の山西省《さんせいしょう》北部地域であるので、黄河を挟んで西と東の位置関係となる。また六五九年成立の説話的要素が多分に加えられている『南史』侯景伝には、「(北《ほく》)魏《ぎ》の懐朔鎮《かいさくちん》の人なり」とあり、懐朔鎮(北魏の対北方防衛拠点である北鎮のうちの主要な「六鎮《りくちん》」の一つ)とは、およそ今の内蒙古《うちモンゴル》自治区の黄河北方地域に当たるので、結局、これらの説はどれも一致しないことになる。この矛盾を解消しようとしたのが最後発の七五六年頃成立の『建康実録』であり、「本《も》と朔方の人にして、家を雁門に移す。……(北)魏末、北鎮の戍兵《じゅへい》に遷《うつ》る」と記すが、折衷を加えたものに過ぎない。懐朔鎮とするのは、殊更に侯景が誇るべき本籍地を持たない、鎮に流れ着いた家柄を持たない出自であることを印象付けようとするものであり、もとより信頼できない。また雁門郡とするのは、「六鎮の乱」の時に侯景が身を寄せた爾朱栄《じしゅえい》(四九三―五三〇)と同部族(羯族)であるだけでなく、同郷でもあり、特別な人間関係にあったことを主張するために、侯景自身が積極的に唱えた政治的思惑に由

侯景関係地図

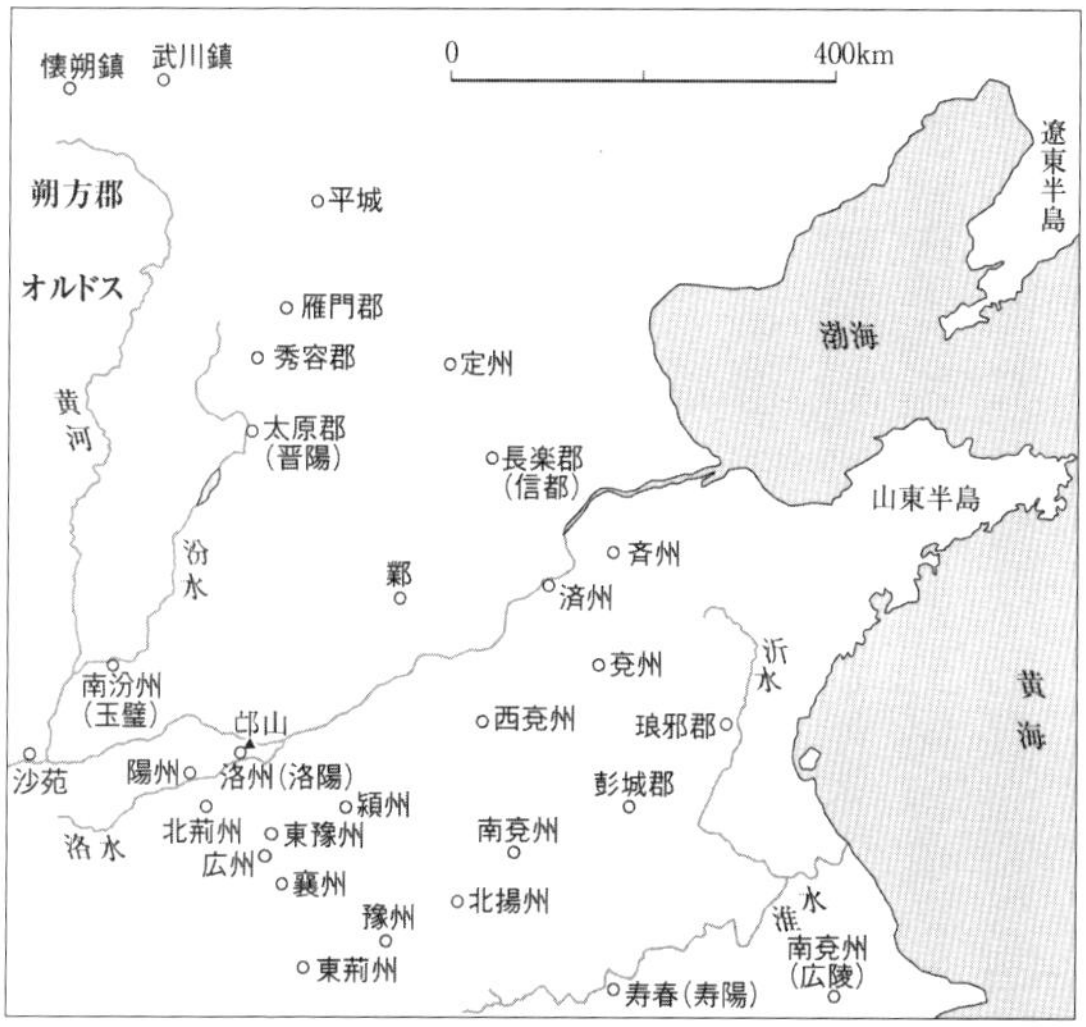

来する言説と見られる。後年、高歓《こうかん》（四九六―五四七）に仕えた侯景がオルドスにいた費也頭《ひやとう》（匈奴《きょうど》系部族）の懐柔《かいじゅう》に何度も派遣されていることからすれば、その事情に精通していることが想定されるので、朔方郡とするのが事実に近いのではなかろうか。

その人物像については、『梁書』侯景伝には「驍勇《ぎょうゆう》にして膂力《りょりょく》有り、騎射《きしゃ》を善くし、選を以て北鎮の戍兵と為り、稍《よう》やく功効を立つ」とあり、その長じた武芸により選抜されて懐朔鎮に配置され、実際それにより功績を上げていたことが知られる。なお、このことは「〔侯〕景の右足短く、弓馬は其の長に非ず、所在唯《た》だ智謀を以てするのみ」と記し、侯景を貶《おとし》めて身体的には優れたところがなく単に悪知恵の働く小賢しい「醜虜《しゅうりょ》」として描く『南史』侯景伝の作為性を改めて物語るものである。

その生年は、梁《りょう》の武帝《ぶてい》（在位五〇二―五四九）への上奏文によれば、侯景は「臣行年四十六」（数え年）と称しており、これが五四八年のことであることから逆算して五〇三年の生まれということになる。とすれば、則天武后《そくてんぶこう》期頃に成立した『朝野僉載《ちょうやせんさい》』に見える説話のように、梁の武帝の皇太子で、後に侯景の傀儡《かいらい》とされた簡文帝蕭綱《かんぶんていしょうこう》（在位五四九―五五一）と同年生まれだったことになる。ただ同書には次のような説話も収録されている。

梁の武帝蕭衍《しょうえん》は南斉の東昏侯《とうこんこう》（蕭宝巻《しょうほうかん》）を殺して、その帝位を奪取したが、〔その際に〕誅殺《ちゅうさつ》した者が非常に多かった。東昏侯が死んだ日（五〇一年十二月六日）に侯景は出生した。のちに侯景が梁を乱し、〔その都の〕建業《けんぎょう》（建康）を陥落させると、武帝は禁錮《きんこ》されて餓死し、簡文帝は幽閉《ゆうへい》されて圧死させられた。〔また侯景は〕梁の〔皇族〕子弟を誅殺し、ほぼ生き残りがない状態となった。当時の人は「侯景は東昏侯の生まれ変わりだ」と考えた。

これによれば、侯景は、蕭衍の決起軍に攻撃され、最期は側近に殺された南朝随一の少年暴君である東昏侯の生まれ変わりとされている。だが、そもそもこの説話は建康に攻め込んできた侯景が「青」を好んだこと、南斉が五行相生説《ごぎょうそうしょうせつ》では木徳に当たっており「青」を尚《たっと》んでいたこと、それに「東昏侯」の「東」も五行説では木徳に配されることに着想して作話されたと考えられるので、事実ではなかろう。もっとも、生年に関しては事実ではなくても、攻守ところを変えて建康を戦場に変え、災難をまき散らす侯景を、当時の人々が東昏侯の生まれ変わりと見なしたことは十分にあり得る。

侯景の家族に関しても、史書に記載は少ないが、そもそもこの一族は羯族《けつぞく》の侯伏侯《こうふくこう》氏（胡引《こいん》氏）で、北魏の孝文帝（在位四七一―四九九）の「姓族詳定《せいぞくしょうてい》」で侯氏に改姓されている。祖父は侯周（侯乙羽周《こういつうしゅう》）、父は侯標であったことが分かるだけで、彼らの具体的な経歴や兄弟の存在等は不明である。ただ、史料的偏向性があるとはいえ、のちに建康に攻め込んだ侯景軍の軍人が侯周の名前を記憶していたことからすれば、侯氏はそれなりの知名度がある家門、少なくとも軍中で語り継がれる一族であったことが窺われる。また侯景は仏教にも熱心であったようで、『続高僧伝』には名僧に得度《とくど》・師事を求めたり、寺を造営して住まわせたことが記されており、或いは侯氏が元来信心深い仏教徒であったことを示唆するものかもしれない。少なくとも『南史』侯景伝が記す、梁の簡文帝が嫌味で唱経を命じ、側近に耳打ちしながら侯景がすぐに『法華経《ほけきょう》』観世音菩薩普門品を唱えたとする意味を再考させよう。

この他には、侯景の親衛軍の指揮に当たった「中軍大都督」に「外弟」の王顕貴《おうけんき》(王貴顕)が任じられていることから、侯氏と王氏に婚姻関係があったこと、このような近親者を配する同職の後任に侯《こう》子鑒《しかん》が任じられていることから、彼も侯景の宗族であったことが想定されるだけである。

懐朔鎮での交友と疾風怒濤の時代の始まり

侯景が選抜されて「北鎮の戍兵」(守備兵)となって青年期を過ごした懐朔鎮時代は、ちょうど「華化政策」を推進した北魏の孝文帝の後に当たり、鮮卑《せんぴ》拓跋《たくばつ》部の胡族体制が変容した時期であった。帝室とともに平城《へいじょう》から洛陽《らくよう》への遷都《せんと》に同行した者たちが中央貴族化する一方で、長らく拓跋部の根拠であった北辺に残された者たちが次第に顧みられなくなり、差別的な扱いをされるようになった。また洛陽の支配者間でも権力をめぐる矛盾が増大していた。のちに侯景を自分の半身のように信頼した五歳年上の高歓は、懐朔鎮から都・洛陽を訪れた際に任官差別に不満を爆発させた近衛軍による暴動「羽林《うりん》の変」(五一九年)に遭遇して、北魏が長くないことを悟り、天下を清める志を抱いて、懐朔鎮で司馬子如《しばしじょ》、劉貴《りゅうき》、賈顕《かけん》(賈顕智)、孫騰《そんとう》、侯景らの「豪傑」と年齢を超えた任侠的な交友関係を形成している。そして当時、僅《わず》か十七歳でしかなかった侯景の肩書は懐朔鎮の「外兵史」(鎮城の外にいる兵を掌《つかさど》る鎮将の属僚)であり、責任ある職務に従事していた。とすれば、やはりこの人事には侯景の家柄が関係していたと見なさざるを得ない。この時期に家の貧しかった年上の高歓が函使《かんし》（書簡の受け渡しをする使い走り）であり、鎮の幹部である外兵史よりも更に下級の小役人であったことと対照的である。なお後年、侯景の叛乱に同調した司馬世雲《せうん》は司馬子如の兄の子であり、暴顕《ぼうけん》も祖父の代から鎮に移住していた人物であった。

そして侯景が二一歳であった五二三年になると、遂に北鎮の鎮民の不満が爆発する。「六鎮の乱」の始まりを告げる沃野《よくや》鎮民・破落汗抜陵《はらくかんばつりょう》（破六韓抜陵《はりくかんばつりょう》。破落汗氏は匈奴《きょうど》の単于《ぜんう》（最高君主）の末裔《まつえい》）の蜂起である。破落汗抜陵は沃野鎮将を殺し、隣接する武川《ぶせん》鎮や懐朔鎮にも攻略部隊を派遣している。この蜂起を契機として北魏の北辺各地では蜂起が続き、騒然とした状況に陥った。『南史』侯景伝によれば、侯景の肩書として「鎮功曹史《ちんこうそうし》」とあるので、或いはこの時には外兵史から功曹史（鎮の総務部長）に移っていたと見られ、鎮将の楊鈞《ようきん》の下で懐朔鎮の防衛に従事する立場にあった。しかし、奮闘むなしく翌五二四年に懐朔鎮は陥落する。その後、侯景は司馬子如らの仲間たちと「私衆」を引き連れ、懐朔鎮から脱出・南下して爾朱栄《じしゅえい》のもとに身を寄せている。爾朱栄は代々、秀容郡《しゅうようぐん》（漢代の雁門郡の一部に当たる）に家畜を谷単位で所有し、有力な領民酋長として隠然たる勢力を扶植していた有力者で、北魏朝廷から官爵を授けられていた。爾朱栄は侯景を非常に高く評価し、「帷幄《いあく》の謀」に与《あずか》らせたという。またこの時期には爾朱栄の側近であった慕容紹宗《ぼようしょうそう》に兵法を師事している。他方、高歓は柔《じゅう》玄《げん》鎮民の杜洛周《とらくしゅう》（吐斤洛周《ときんらくしゅう》。鮮卑族）、懐朔鎮民の葛栄《かつえい》（鮮卑の賀葛《かかつ》氏）の叛乱軍を転々としながら、最後に爾朱栄のもとに落ち着いている。爾朱栄の麾下《きか》で兄貴分の高歓は新参者であった。史書には爾朱栄に高歓を推薦した者の名前として、爾朱栄と同郷の劉貴が見えるだけであるが、当然、侯景ら懐朔鎮の時代の仲間がいたことは言うまでもなかろう。

　爾朱栄集団は、「義勇」を配下に収め勢力を拡大しながら、各地で蜂起する「六鎮」叛乱軍の討伐に当たったが、五二八年に孝明帝《こうめいてい》（孝文帝の孫で宣武帝《せんぶてい》の子、在位五一五―五二八）が胡太后《こたいごう》（宣武帝の皇后で、孝明帝の義母）に暗殺されると、それを口実に爾朱栄は「義兵」を率いて都・洛陽に進軍して、胡太后の他、朝廷の主だった官僚二〇〇〇人余りを「河陰《かいん》の変」で粛清し、孝荘帝《こうそうてい》（孝文帝の弟である彭城《ほうじょう》王元勰《げんきょう》の子、在位五二八―五三〇）を擁立《ようりつ》して政権を掌握するとともに、猖獗《しょうけつ》を極めた葛栄の叛乱軍の平定に成功する。その際、葛栄討伐の「先駆」となり、その生け捕りの大功を立てたのが侯景であった。これを転機に侯景の威名が轟き、定州刺史《しし》・大行台《だいこうだい》（おそらく河北大行台または北道大行台）に抜擢され、濮陽《ぼくよう》郡公にも封建されている。定州は破落汗抜陵の乱に参加し、その敗亡後に投降した懐朔鎮民が集められていた地であった。この鎮民の鎮撫がかつて同地の役人であった侯景に期待されていたのであろう。なお行台とは、治安回復のために尚書省（行政府）の権限を附された臨時出先機関とその長官を指し、大行台は管轄下の小行台を統括した。

　その後、爾朱栄の専横に反発して南朝梁に亡命し、その助力を得て五二九年に都・洛陽まで攻め入り敗死した元顥《げんこう》（孝文帝の弟である北海王元詳《げんしょう》の子）への対処のためであろうが、侯景は驃騎《ひょうき》大将軍・行済州事として河南（黄河以南の地域）に配置換えされている。大行台という肩書も付与されたままであったと見られる。

こうして爾朱栄の強権的な指導力によって、ひとまず秩序が回復されたかのように見えたが、政治の主導権をめぐる孝荘帝と爾朱栄の軋轢《あつれき》は高まり、五三〇年九月に孝荘帝が爾朱栄を暗殺し、爾朱兆《じしゅちょう》(爾朱栄の従子)が報復して孝荘帝を弑殺すると、寄り合い大所帯である爾朱氏政権内に燻《くすぶ》っていた不満と矛盾が爆発し、政権は崩壊への坂道を一気に転げ落ちることになった。この反爾朱氏運動の中で頭角を現し、次代の覇者にのし上がって行くのが、五三一年六月に信都《しんと》(冀《き》州の治所)で挙兵した高歓と、その好敵手となる関中《かんちゅう》(長安一帯)の宇文泰《うぶんたい》(武川鎮の出身、五〇七—五五六)であった。

英雄本色——高歓政権の重鎮として

爾朱栄という大黒柱を失い、各地での叛乱への対応に忙殺された爾朱氏政権が高歓によって崩壊させられた五三二年四月に、爾朱氏の幹部であり、かつ同部族・同郷を標榜していたと見られる侯景は、麾下の軍隊とともに兄貴分の高歓に投降し、すぐさま儀同三司・兼尚書僕射《しょうしょぼくや》・南道大行台(河南道大行台)・済州《さいしゅう》刺史に任じられている。事実上、以前からの任侠的な結びつきを背景に地位を安堵《あんど》された形である。そしてここに「仗任《じょうにん》すること己《おのれ》の半体の若《ごと》し」と称される高歓の絶大なる信任の下に、以後十四年にわたり、高歓に次ぐ「兵権を総攬《そうらん》」する権限を有し、「衆十万を擁し、河南に専制す」る立場が認められることとなる。

当時の河南地域は、高歓政権の死命を制する、非常に重要かつ統治の難しい状況に置かれていた。というのも、西は宇文泰が樹立した西魏《せいぎ》と対峙し、南は梁の武帝の南朝と接していたからである。爾朱氏政権を潰した高歓は、新たに孝武帝《こうぶてい》(出帝。孝文帝の孫、在位五三二―五三四)を擁立して、かつての爾朱栄と同様、実権を握って晋陽《しんよう》(今の山西省太原市)を本拠に洛陽の朝廷を操縦したが、孝荘帝がそうであったように孝武帝も高歓に反発し、五三四年七月それに対抗できる西方の関中軍閥の宇文泰のもとに身を寄せている。十月改めて高歓が新たな傀儡として幼い孝静《こうせい》帝《てい》(孝文帝の曾孫、在位五三四―五五〇)を擁立し、後漢末以来、幾度となく群雄の本拠となった東方の要地の鄴《ぎょう》(今の河北省臨漳《りんしょう》県)に遷都すると、北魏分裂は決定的となり、東魏《とうぎ》・西魏対立の時代を迎え、その正統性と覇権をめぐって河南の洛陽を中心とする地域で激突することとなった。

他方、河南の南方では、梁の武帝が虎視《こし》眈々《たんたん》と北方経略を画策していた。梁の武帝は後世、南朝に太平の世を築き、仏教に溺れた皇帝と見なされがちであるが、諡号《しごう》を「武」と称されるように、対外拡張にも力を入れた君主でもあり、決して南朝社会の中で安楽を謳歌していただけではなかった。五〇二年の梁建国以来、北魏との戦闘は絶えず、「鍾離《しょうり》戦役」(五〇七年)で北魏の南進軍を撃破して攻勢に転じて以降、和戦と投降者受け入れを繰り返しながら北魏南辺を削り取って、漸次的領域拡大を図っている。また北魏政局への干渉も強め、亡命皇族を保護し、先述の元顥に象徴されるよ

中国南北王朝の変遷

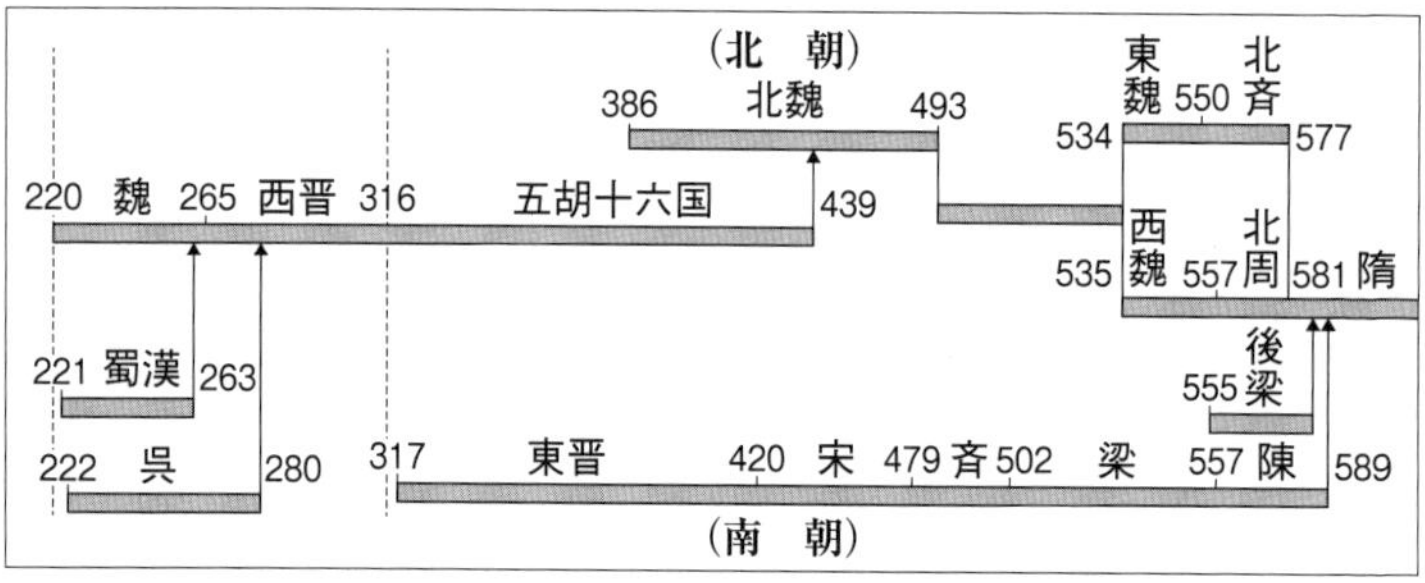

うに、「魏主」として送り込み、北魏の従属化も目指していた。この動きの延長に当たるのが、後に東魏に叛旗を翻すこととなる侯景への支援であったと言える。このような最前線にあって東魏軍の指揮に当たっていたのが侯景であった。

五三六年に東魏・梁の間で和睦が成立すると、東魏は西魏と本格的な戦闘状態に入り、「沙苑《さえん》戦役」(五三七年)、「邙山《ぼうさん》戦役」(五四三年)、「玉璧《ぎょくへき》戦役」(五四六年)で一進一退の死闘を演じることとなった。この間、侯景は高歓が大敗した「沙苑戦役」の翌五三八年に西魏から南汾《なんふん》州(今の山西省万栄県付近)・潁《えい》州(今の河南省長葛県付近)・豫《よ》州(今の河南省汝南県)・広《こう》州(今の河南省魯山県)を奪取している。この頃、侯景はしばしば高歓に「精鋭騎兵二万を与えてくれれば、必ず宇文泰を捕まえられる」と進言したが、喜ぶ高歓が糟糠《そうこう》の妻である婁《ろう》氏に伝えたところ、「それで宇文泰を得ても侯景を失うことになれば無意味だ」と忠告されて沙汰やみになったという。婁氏の賢妻ぶりを語るエピソードであるが、この説話が事実とすれば、少なくとも精鋭騎兵部隊は高歓の親衛軍に配置され、侯景の麾下にはそれだけの数がいなかったことになる。また侯景は「性、残虐にして、軍を馭《ぎょ》すこと厳整。然して破掠《はりゃく》して得る所の財宝は、皆な将士に班賜《はんし》す。故に咸《み》な之《こ》れが用《よう》と為《な》り、向かう所捷《か》つこと多し」(『梁書』侯景伝)と評されるように、残虐というレッテルはともかく、麾下の軍紀に厳しく、その一方で戦利品を気前よく分配したため、将兵は侯景個人に対する忠誠心を刺激され、士気も高かったこと、すなわち親分・子分という私的関係が侯景軍団に強く働いていたことが知られる。この厳しい規律を課すやり方は「部曲(私兵)を厳勅」した爾朱栄由来のものであろうし、実際、「羌《きょう》・胡《こ》雑種」といわれる雑多な出自の混成集団を侯景が統率するには不可欠だったと見られる。そして絶えず忠誠心を向けさせるには、戦時・平時を問わず、膨大な金品の確保が必須であり、この現実的な要請から侯景が不正な手法による蓄財に迫られていたことは想像に難くない。

しかし、このような侯景軍団の私兵化は、中央権力にとって脅威以外の何ものでもない。それを熟知していたのが高歓の長子で、晋陽にいる高歓に代わって鄴《ぎょう》都の東魏朝廷を牛耳る、侯景より二〇歳若い高澄《こうちょう》(五二一—五四九)であった。高澄は侯景ら建国の功臣「勲貴《くんき》」に対する締め付けを強め、五四四年には自らの重用する漢人官僚を使って侯景や司馬子如を不正な金銀授受の罪で弾劾させた。この結果、司馬子如らは免官に追い込まれている。ただ侯景にはお咎めはなく、その前年に任じられた三公の司空や大行台を解かれずに、かえって翌年司徒に官位を進めている。侯景の暴発を恐れた側面もあろうが、高歓自身の侯景に対する絶大な信頼が根底にあったためと言えよう。だが、侯景にとっては若造・高澄の「挑戦」が面白いはずもなく、司馬子如に向かって「王(高歓を指す)在《い》まさば、吾《わ》れ敢《あ》えて異有らず。王無くんば、吾れ鮮卑の小児(高澄を指す)と事を共にする能わず」と漏らし、司馬子如が慌ててその口を押さえたという。『北史』北斉神武紀に載るこのエピソードの信憑性は微妙であるが、何らかの事実を語っているとすれば、侯景の決定的な叛意を表すかはともかく、侯景と高澄との間に抜き差しならない、すきま風が吹き始めていたことは誰の目にも明らかだったであろう。

迫られた無間地獄への道

そして突然、両者にとっての運命の日がやってくる。五四七年正月八日における高歓の死である。『北史』北斉神武紀では、前年の「玉璧戦役」の途中から体調不良が続いていた高歓に代わって、高澄が侯景の召喚を行ったものの、高歓が侯景に約束していた親書での印付《しるし》けがなかったため、疑惑を覚えた侯景が応ぜず、叛乱への備えをしたことと、召喚失敗後にかねてより侯景の「飛揚跋扈《ひようばっこ》の志」を感じていた高歓が高澄に侯景を打倒するために侯景の師である慕容紹宗の起用を説いたことがまことしやかに載せられている。しかし、もし高歓が侯景の「叛意」を常に憂慮したのであれば、当然それ以前に印付き親書で召喚したであろうし、高澄がまだ危篤状態でもなかった高歓の許しもなしにその名を騙《かた》って勝手に侯景の召喚を行い得たとも考え難い。何より似たような話は『北史』に先行する『梁書』侯景伝にも見えるが、そこでは危篤《きとく》時に高歓が「侯景、狡猾《こうかつ》にして計多く、反覆知り難し。我の死後、必ず汝(高澄)の用と為《な》らず」と発言したことで、侯景に書状(印付けの下りはない)による召喚が行われたことになっている。もっともこの南朝史書も侯景の信頼できない性質を印象付け、梁での叛乱を暗示するために叙述されており、文字通りに受け取ることはできない。

実際には、印付き書状の有無はともかく、予て高歓の重篤情報を得ていた侯景が突如、召喚を受けたことで、その死を確信し、高澄による粛清を恐れて逡巡するうちに、高歓の死からわずか五日後の十三日には「反」とされるに至ったと見られる。意図的に回答期日が短く設定されていたためであろう。侯景は高澄に嵌《は》められたのである。事実、「逆賊」侯景側には何の具体的な「飛揚跋扈」の計画もなかった。迫られた「叛乱」後に遅まきながら、管轄下の十三州の刺史に同心を求めたものの、邢子才《けいしさい》(西兗《せいえん》州)に阻まれ山東地方の懐柔に失敗し、結局、応じたのは高元成(高成。豫州)、暴顕(広州)、司馬世雲(潁州)、郎椿《ろうちん》(東荊州)、李密(襄《じょう》州)、石長宣(南兗《なんえん》州)、楽恂《がくじゅん》(陽州)、元神和(北揚州)らの八州に止まり、他の地方でも続く者はいなかった。これはそれだけ周到に「勲貴」への締め付けが行われていたことを物語るものである。この頃には懐朔鎮以来の侯景の仲間は死没したり、司馬世雲の叔父・司馬子如のように権勢を失い、身動きの取れない状態に追い込まれており、鄴都でも表立って侯景に同調するものはおらず、宿将たちはせいぜい侯景「謀反」の責任を、「勲貴」抑圧を推進した漢人官僚に問うのが関の山であった。そして高澄は正月のうちに討伐軍を出陣させ、すぐさま南兗州・陽州を回復するとともに、動揺を誘うため書状で侯景を終身、豫州刺史として遇することを提示している。一旦謀反人となれば、その地位が保証などされないことは、火を見るより明らかであり、好むと好まざるとに拘わらず、侯景は実力で高歓の跡目を奪い取らねばならなくなったのであった。そこで侯景が打った手が遅きに失した感のある、西魏と梁の双方への帰順と救援を求める使者の派遣であった。

まずこれに呼応し派兵したのが地理的に近い西魏であり、一時的に侯景は危機を回避するが、その見返りとして侯景は当時確保していた六州のうち、広・潁・東荊・襄の四州の割譲《かつじょう》を余儀なくされた。まもなく侯景への疑念を抱いていた宇文泰から関中への出頭を命じられると、七月には両者の関係は決裂し、西魏の援軍が引き上げられることとなる。ただ、この時に侯景を慕ってその麾下に残ったのが、数奇な運命を辿る部将の任約《じんやく》であった。

西魏と天秤にかけながら、綱渡りの「臣従」外交を進めていた侯景に全面的な支援を与えたのが、梁の武帝である。当初の西魏と同様に侯景の既得権益を承認した上で河南王に封建し、七月には侯景の豫州・北揚州に援軍を進駐させ、八月には蕭淵明《しょうえんめい》(武帝の兄の子)に命じて大挙して東魏の征伐を行わせた。だが、「彭城戦役」において梁軍幹部は侯景の忠告を聞かず、慕容紹宗ら率いる東魏軍を侮ったため、十一月には主将の蕭淵明を捕えられ、数万を失う大敗を喫している。侯景はなおも諦めず、南兗州を奪還して梁に亡命した北魏皇族を「魏主」に奉じて再起を図ったが、慕容紹宗との持久戦で兵糧が尽き、懐朔鎮以来の同志・暴顕の投降を契機に全軍は瓦解し、五四八年正月に侯景は淮水《わいすい》を渡って梁の対北朝最前線拠点・寿春《じゅしゅん》に身を寄せることになった。侯景は東魏での高歓の跡目争いに完敗したのである。しかしまだ侯景に付き従う者は「馬歩八百人」あったという。この満身創痍《まんしんそうい》の残兵が南朝破局の火種になっていく。

修羅

梁の武帝は、この敗軍の将をなおも優遇して寿春を任せたが、追い落としたライバルの復活を恐れたのが高澄であった。高澄は更に追い打ちをかけるため、捕虜にした蕭淵明に書状を書かせ、梁の武帝に和議と蕭淵明の返還の意思を伝えさせている。その思惑通り、梁の武帝はすぐさま五四八年二月に東魏に使節を派遣し和睦を求めた。急転直下の事態に身の危険を感じた侯景は、武帝に何度も強く書状を送って諫言を行ったが、全て聞き入れられなかった。

安易に手のひらを返し、切り捨てを謀る不人情の武帝に憤りを抱いた侯景は、寿春まで同行してきた謀主の王偉と捨て身の叛乱を計画して募兵を行うとともに、もとは武帝の養子だったものの、私兵を養い、変事を期待していたという不逞《ふてい》皇族の臨賀王蕭正徳《しょうせいとく》(武帝の弟の子)と連絡し、叛乱の共謀者とすることに成功する。亡命まもない侯景の蕭正徳への連絡は、南道大行台時代からの梁への内偵なくしてはあり得なかったであろう。

八月になると、侯景は遂に武帝側近の朱异《しゅい》ら「君側《くんそく》の奸《かん》」排除を口実に挙兵し、外弟の王顕貴を寿春の守りに残し、自ら建康に向けての進軍を開始した。侯景は江北地域を席巻しながら、十月に長江北岸に達する。朱异は侯景軍が小勢であり、長江を渡る船を有しないことから、建康侵攻は無理と過小評価していた。だが、「都督京師諸軍」の任にあった蕭正徳が大船数十艘を手配して侯景の馬数百匹と兵一〇〇〇人、すなわち東魏以来の古参軍人を中核にする軍団を渡し、加えて自らの指揮下の軍隊を合流させたことで、無勢の侯景軍を殲滅《せんめつ》するという梁側の当初戦略は大きく狂うことになる。そして建康になだれ込んだ侯景軍と梁軍との間で、凄惨な「台城攻防戦」が翌五四九年三月まで展開されるのである。

梁の建康守備軍を台城(宮城)に追い込むと、十一月、侯景は蕭正徳を即位させ、自らは相国・天柱将軍となっている。この天柱将軍とは、かつての親分である爾朱栄や兄貴分の高歓が就任した、天を支える柱という名称を持つ、既存の将軍号の超越を意味する将軍であり、侯景もそれを意識して北魏末由来のこの将軍号を用いたのであろう。更に言えば、のちに侯景が称する「宇宙大将軍・都督六合諸軍事」という肩書も、その文脈に連なるもので、「天柱」より高みに位置する、時間と空間を超越する絶対的至武を意図して考案されていると見られる。逆説的に言えば、無論それだけ将軍号のインフレーションが起こっていたことを示すものでもあろう。ともあれ、侯景の政治姿勢は、最終的にやむを得ず即位に迫られるまでは、一貫して傀儡《かいらい》皇帝を擁して天下に号令するという、爾朱栄や高歓のやり方を踏襲したものに過ぎず、独創的なものは認められない。また「台城攻防戦」当初、侯景軍の規律は依然厳しく、民衆への略奪を禁じていることからも、建康の破壊ではなく、その統治を目的とした軍事行動を展開していたことが知られる。兵力も北朝人の解放奴隷など不平分子を吸収して十万に膨れ上がっていた。

しかしながら、百道手を尽くした執拗《しつよう》な台城への包囲攻撃も、侯景同様、北朝からの亡命者である羊侃《ようかん》の指揮する守備の前に効を奏さず、また各地から台城救援軍が参集し、外周から侯景軍を包囲する形勢になってくると、戦意高揚を図るために背に腹は代えられず、侯景が城内での狼藉・略奪を許したことで、建康は阿鼻叫喚《あびきょうかん》の地獄と化した。一方、台城内部でも長期籠城により食糧不足が深刻であり大量の餓死者を出しており、十二月に羊侃が病死するといっそう不安が強まった。この状況にあって建康郊外に布陣した各地の援軍は足並みが揃わず、あまつさえ建康からの避難民を略奪する有様で、侯景にしばしば各個撃破されるに至っている。

攻守共に限界に達した五四九年正月に侯景側から自軍と台城救援軍の退去を定める和議の提案

がなされ、逡巡しつつも最終的に武帝がこれを黙認したことで、まず建康郊外の援軍が各地に帰還することとなった。これこそが侯景の狙いに他ならなかった。食糧の調達に成功した侯景は、和議の条件を無視して建康に居座り続け、陣容を立て直すと、三月に事実上戦闘力を失っていた台城を陥落させ、手中にした武帝の権威と梁の統治機構を利用して全国に号令を発することとなった。これにともない、用済みとなった蕭正徳は廃位され、侯景はその相国を取り下げている。「正統」な天子を擁する以上、叛乱を正当化する手段に過ぎなかった「梁主」とそれに付帯する肩書は必要なかったのである。しかし、傀儡に甘んずることを潔しとしない武帝を持て余した侯景は、幽閉して五月に武帝を餓死に追い込み、新たに自身と同年であるその皇太子蕭綱《しょうこう》を即位させている（簡文帝）。

砂の玉座

もっとも、侯景の実行支配領域は、建康を中心とした長江沿いの呉郡（今の江蘇《こうそ》省蘇州《そしゅう》市）～南陵郡（今の安徽《あんき》省南陵《なんりょう》県）の一帯に過ぎず、食い詰めた軍隊を維持し、江南に揺るぎない覇権を得るためにも四方の平定は不可欠であった。そこで侯景が採用したのが北朝由来の行台制であり、腹心の郭元建《かくげんけん》を北道行台（江北方面）に、任約《じんやく》を南道行台（南陵郡より西南の長江中流域方面）、梁の降将である劉《りゅう》神茂《しんも》や北魏亡命宗室の元思虔《げんしけん》を東道（東南道）行台（浙江《せっこう》方面）にそれぞれ任じ、征討と経営に当たらせている。この体制により、とにかくも侯景の簡文帝傀儡政権は、各地で流血の嵐を撒き散らしながらも、確実に抵抗勢力を駆逐しながら、東晋《とうしん》の「北府」以来の建康防衛重要軍鎮である長江を挟んで向かい合う広陵《こうりょう》(今の江蘇省揚州市)と京口《けいこう》(今の江蘇省鎮江市)は言うに及ばず、東は銭塘江《せんとうこう》流域、西南は郢州《えい》(今の湖北省武漢市)に実行支配領域を拡大している。この実績を背景に、侯景は五五〇年七月に相国・漢王となり、十月には宇宙大将軍・都督六合諸軍事を称している。江南平定を推し進める侯景にとって、長江全域の確保は必至であり、特に長江中流域の最重要軍鎮「西府」・荊州《けいしゅう》とその強力な軍団を握る湘東王蕭繹《しょうえき》(武帝の息子)との対決は避けられないものとなり、両者は巴陵《はりょう》(今の湖南省岳陽《がくよう》市)で激突する。しかし、五五一年六月の決戦で侯景軍は南道行台の任約を捕えられ、侯景自身も夜逃げする惨敗を喫し、帰趨《きすう》は決した。

蕭繹軍を率いる王僧弁《おうそうべん》が反攻を開始し、次々と侯景側の防衛ラインが崩壊して、建康政権への求心力が低下する中、人心を一新させるため、王偉の進言に従い侯景は八月に簡文帝を廃して、早逝《そうせい》した武帝の長子であり、蕭統《しょうとう》(『文選《もんぜん》』の編纂で著名な昭明太子)の嫡孫《ちゃくそん》である豫章王蕭棟《しょうとう》を擁立した。退位した簡文帝とその皇子たちを殺害して、朝廷内の不満分子の拠りどころを断ったものの、これが裏目に出て、十月にはもと梁の宿将であった劉神茂ら東道行台が蕭繹に投降することとなった。もはや梁の官僚がいつ寝返るか知れない切羽詰まった状況で次に王偉が推進したのが、侯景集団内部の結束を目指した禅譲革命である。十一月、即位まもない蕭棟に譲位させ、侯景は漢の皇帝に即位した。しかしながら、現実的には東西に敵を控えた、瀕死の脆《もろ》い砂の玉座に他ならず、そもそも帝位に即いた侯景自身が皇帝としての窮屈さに辟易《へきえき》するあり様であった。成り行きで何の覚悟もなしに即位させられたことを物語るものである。

そして五五二年二月遂に破局を迎えることになった。満を持して長江を下る王僧弁軍に抗しきれず、侯景軍は大敗し瓦解したのである。建康を放棄し、最終的に北道行台の郭元建を頼って広陵を目指した侯景であったが、三月、側近となった羊侃の子の羊鯤《ようこん》に殺され、波乱万丈の生涯を終えることとなった。その最期まで同行した侯景と強い紐帯《ちゅうたい》を持つ北来の部下が裏切ることはなかったのである。

巨視的に見れば、戦場においては麾下との強い結び付きを下地に才能を発揮したものの、人情の通ぜぬ冷徹な政争には不向きな侯景がもたらしたものは、東魏から北斉への王朝交替に向かう高氏の権力基盤の強化であり、何より南朝貴族社会の破壊による南北朝の大転換であった。「侯景の乱」を境に南北朝は統一への更なる激動の時代を迎えることとなる。

⊙主要参考文献

吉川忠夫『侯景の乱始末記　南朝貴族社会の命運』（「中公新書」、一九七四年）
司馬光（田中謙二編訳）『資治通鑑』（一九七四年初出。のち、「ちくま学芸文庫」、二〇一九年）
李万生『侯景之乱与北朝政局』（中国社会科学出版社、二〇〇三年）

南朝梁の残光

王琳

…おうりん…

津田資久

王琳《おうりん》（字は子珩《しこう》。五二六—五七三）は、父の代から梁《りょう》の武帝の皇子・湘東王《しょうとうおう》蕭繹《しょうえき》（五〇八—五五四、のちの元帝（在位五五二—五五四））に仕えた「家臣」であり、「侯景《こうけい》の乱」（五四八—五五二）鎮圧で頭角を現した。猜疑心の強い元帝や冷徹な王僧弁《おうそうべん》（?—五五五）に理不尽な処遇を受けながらも、その忠節を曲げず、強い任俠的紐帯《ちゅうたい》で結ばれた部下たちと幾度も死線を越えている。梁から陳《ちん》への王朝交替が起こると、梁の再興を目指すものの、陳との決戦に破れ、北斉《ほくせい》に亡命した。その後も雌伏《しふく》して志を曲げなかったが、折からの陳軍の北伐に皮肉にも北斉の将として最前線で対峙するが、敗戦の後に元部下たちの助命嘆願もむなしく殺されている。本稿では、この南北朝最後の「義将」の生涯を辿る。

湘東王家の庇護にあって

王琳は、王顕嗣《おうけんし》（生没年不詳）の子として生まれた、梁の東揚州会稽郡山陰県《とうようしゅうかいけいぐんさんいんけん》（今の浙江省紹興市《せっこうしょうしょうこうし》）を本貫《ほんがん》とする「兵家《へいか》」（兵戸《へいこ》）の出身である。兵戸とは、後漢末の曹操《そうそう》が創設した制度で、永代に亘って兵役義務を負う兵士とその家を意味する。曹操が吸収した貧民・流民・投降兵・投降民を充てて始められたため、社会的地位は低く、戸籍も一般民(編戸民《へんこみん》)とは分けられていた。南朝宋《そう》(劉宋《りゅうそう》)以降、募兵制に移行すると制度としては崩壊していくが、兵戸籍はなお存在していたようである。王顕嗣自身は「湘東王国常侍」(流内十八班の二班、正九品。梁の官制改革前の六品官に相当)に至っているが、これは彼の娘「姉妹」が湘東王《しょうとうおう》すなわち王琳の十八歳年上である、梁の武帝蕭衍《しょうえん》の第七皇子・蕭繹《しょうえき》(のちの梁の元帝)に寵愛《ちょうあい》されたために蒙った余慶というべき任官であり、本来の彼の官品は「流外《りゅうがい》」(流内の九品に入らない)に属したものと見られる。このように、王顕嗣の家は、湘東王蕭繹との強い結び付きによって、湘東王府のお抱えとなったのであり、王琳自身の人生の出発に大きな影響を与えていた。

この一族の出自に関しては、王琳の死後、その故吏・朱瑒《しゅちょう》が陳の大臣・徐陵《じょりょう》に宛てた書状では王琳を「洛浜《らくひん》の余冑《よちゅう》、沂川《ぎせん》の旧族」と称しており、華北から江南に避難してきた「沂川」流域に居住していた名族、すなわち東晋南朝随一の貴族・琅邪《ろうや》王氏に出るとしている(『北斉《ほくせい》

王琳関係地図①

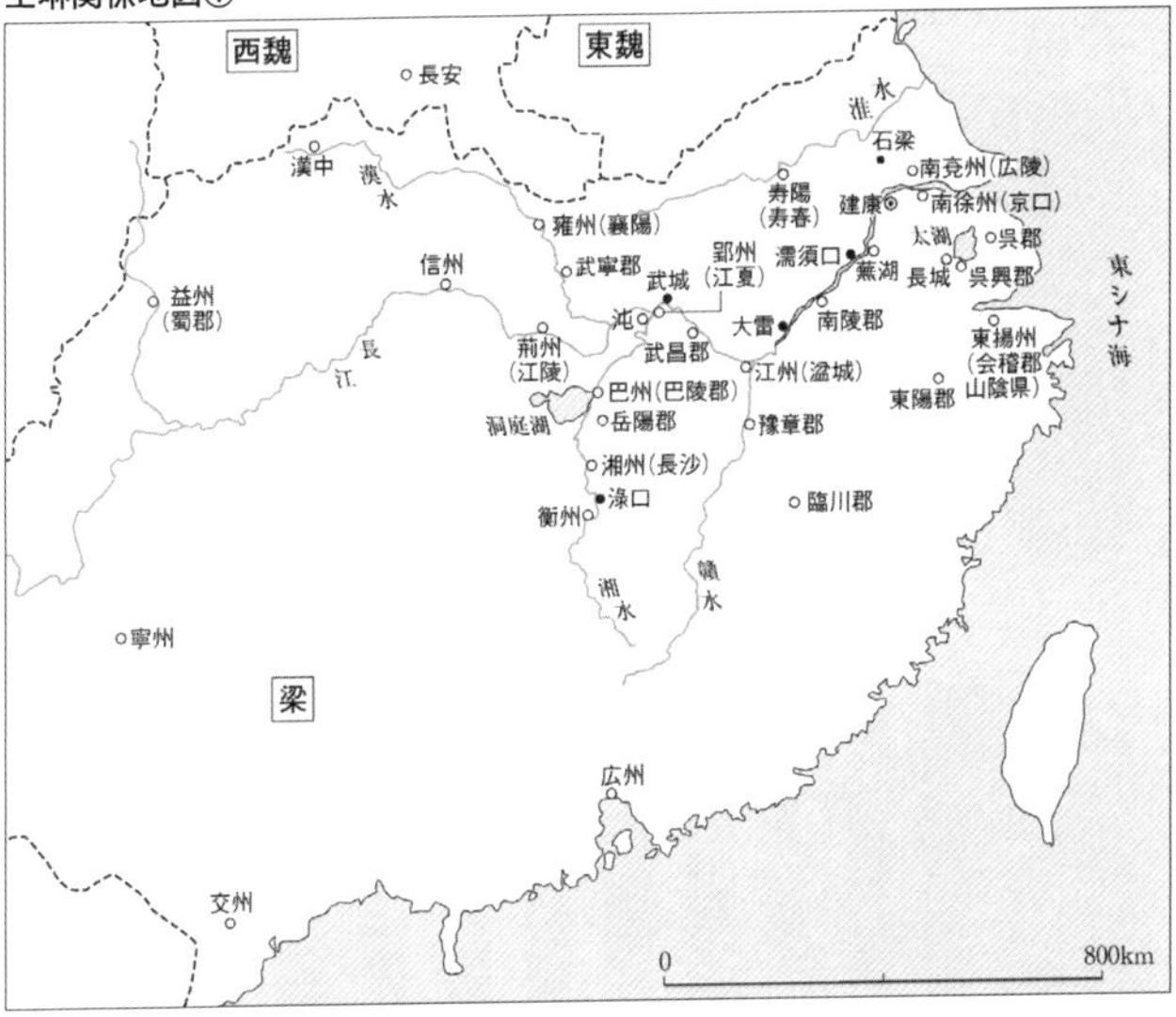

書《じょ》』と『南史《なんし》』の王琳伝)。また『建康実録《けんこうじつろく》』陳高宗宣帝に附される王琳略伝には「太原人《たいげんのひと》」と記される。この太原王氏もまた名族である。前者は史料的には同時代のものなので、一見もっとも確実なように思われるが、そもそも陳による王琳に対する晒《さら》し首が不当であり、その返還を求めるため必要以上に本来由緒正しい家柄の忠臣であったことを誇張する、いわば売り言葉であって信憑性は高くないであろう。他方、太原王氏とする記載も、関連史料から他に一切窺われない。ただ『建康実録』の記述が単なる誤記ではなく、何らかの「事実」を語るものであれば、その家柄の低さが知られている南朝ではなく、亡命先の北斉で王琳自身が仮託したことを反映するものかもしれない。とすれば家門を粉飾することにより北斉貴族社会での立ち位置を確保するとともに、太原王氏と自称する、湘東王府の先輩である王僧弁と同郷同族かつその後継者であることを示す政治的な意図が込められた可能性が指摘される。

次に、王顕嗣の子どもたちについて見ると、蕭繹に寵愛された「姉妹」は王琳の「次姉」(王貴嬪《おうきひん》)と「次妹」(王良人《おうりょうじん》)とあるので、最低でも女子は四人いたことが知られる。特に王貴嬪は蕭繹との間に蕭方諸《しょうほうしょ》と蕭方略《しょうほうりゃく》らをもうけている。王琳は湘東王家の外戚《がいせき》という立場でもあった。この他に、男子には王琳とその兄の王珉《おうびん》と王珣《おうじゅん》が確認される。後年、「兄子」王叔宝《おうしゅくほう》の名が見えるが、彼がどちらの兄の子であるのかは分からないが、ともあれ少なくとも七人兄弟であったことになる。

右のような家庭環境にあり、「体貌閑雅《たいぼうかんが》(体つき顔つきが整っていること)にして、立てば髪は地に委《たれ》る。喜怒は色に形《あらわ》さず」と称される長髪好男子の王琳は、「元帝藩に居《お》りしとき、琳の姉妹並びに後庭に入り幸せられ、琳此《こ》れに由《よ》りて未だ弱冠ならずして左右に在るを得《う》。少《わか》くして武を好み、遂《つい》に将帥と為《な》る」と記されるように、二〇歳前には姉たちが蕭繹に寵愛された恩恵を受けて、蕭繹の側近に列せられ、武芸を好んだことから、部将にも取り立てられている。また『北斉書』と『南史』の王琳伝には「学業無きと雖《いえど》も、強記内敏《きょうきないびん》（記憶力抜群で頭脳の回転が速いこと）なれば、軍府の佐史（属僚）千もて数《かぞ》うも、皆《み》な其《そ》の姓名を識《し》る」とあることも、記憶力が良いだけで王琳の武芸一辺倒を証しているように思われがちであるが、事実はそれとは異なる。『陳書《ちんじょ》』孫瑒《そんちょう》伝によれば、王琳と学問に秀でた十歳年上の盟友・孫瑒とが「同門」と記され、ともに学問を学んだ仲であったことが知られる。『陳書』の後に撰述された『南史』孫瑒伝では、ここでの「同門」を敢えて「親娅《しんあ》」（妻の姉妹の壻）と解釈して書き換えるが、この場合は当たらないであろう。そもそも学業を積んでないことは不学を意味しない。王琳は蜀漢《しょくかん》の劉備《りゅうび》の性向と同様、専心して学問を修得しなかっただけであり、無学であったわけではなかろう。後年、王琳が年齢の上下に関わりなく博学の士である傅縡《ふさい》や何之元《かしげん》を積極的に辟召《へきしょう》して幕僚に迎えていることも、その素養の一面を窺わせるものである。第一、学識文才豊かな蕭繹がいくら寵姫の弟とはいえ、学問的教養もないままで王琳を自らの側近に置くとは想定し難い。しかも蕭繹は片目を患ってから、「読書左右」を置き交替で勤務させるほど向学心が強かったのであるから、王琳が望まなかったとしても、当然、その面子にかけて然るべき師に就かせて教育を受けさせたと見るべきであろう。

ただ、王琳が仕える蕭繹は、文才に優れていたものの、後世、旧南朝人である姚思廉《ようしれん》（五五七—

六三七)さえも「稟性猜忌《ひんせいさいき》にして、疏近《そきん》を隔てず、下を御《ぎょ》するに術無く、冰《こおり》を履《ふ》むも懼《おそ》れず、故《ゆえ》に鳳は伺晨《ししん》の功を闕《か》き、火は内照の美無《な》し」(『梁書』元帝紀)と酷評している。生来の性質として自分にはない優れた点を持つ他者に疑い深く、誰彼構わず嫉妬《しっと》し、また目下の者を恣意的に処遇して、その危うさがどういう結果を齎《もたら》すかも懼れなかったため、君主としての責務さえ全うできず、天下を治めることもできなかったと書かざるを得なかったのである。寛大さという人君に不可欠な資質を欠く、狭量な人物であったのである。その人となりがやがて暗雲となって、王琳にも覆い被さることとなる。

幾許風雨――武勲と汚名と

王琳が「将帥」となったとされる具体的な時期や官職は不明であるが、歴史書に初めて見える彼の肩書は、二三歳であった五四八年の全威《ぜんい》将軍(金威将軍)である。この官は将軍二班、流内十八班の一班すなわち従九品に当たり、その父・王顗嗣の最終到達官が正九品であったことに鑑みるなら、卑官《ひかん》とはいえ、家柄に釣り合わない年若い段階での任官と言える。蕭繹の特別の計らいに他ならない。

この時、王琳は初めての外任であったと思われるが、蕭繹の命によりその本拠である荊州(江陵《けいしゅうこうりょう》。今の湖北省荊州市)から侯景《こうけい》(五〇三―五五二)に攻撃された都・建康(今の江蘇省南京市)への救援として軍糧「米万石」の輸送を行っている。ただ到着前に武帝以下の守備軍が籠《こも》る台城(宮城)を除く都城地区が侯景に攻略され、侯景軍に隔てられ届ける術がないことから、軍糧を長江に投棄して荊州に帰還しているが、まもなく蕭繹によって岳陽内史《がくようないし》(流内三班以上。職権は郡太守と同様)に昇進させられている。蕭繹にとって王琳の取った行為が「功績」と捉えられたからであろう。というのも、蕭繹は以前より自らが次期皇帝となるという夢での予言や呪《まじな》い師の見立てを意識していたからであった。武帝と皇太子蕭綱《しょうこう》の身に危険が及んでいる今回の大乱は正しくその好機であった。それを裏書きするように、侯景が挙兵した八月から随分経ち、各地からの救援軍が建康に集まる中、蕭繹が湘東王世子《せいし》(世継ぎ)蕭方等《しょうほうとう》の「歩騎一万」と王僧弁の「舟師万人」の本格的な援軍を出撃させ、続いて自らの本隊「鋭卒三万」を出発させたのは些《いささ》か遅きに失する十二月のことであった。しかも翌五四九年二月に台城と侯景の和議が成るまで、蕭繹自身は郢州《えいしゅう》の武城(今の湖北省武漢市)に留まったまま、形勢の観望に終始している。

その後、侯景との和議をこれ幸いとして軍を引きあげさせた蕭繹は、自己の「使持節、都督荊・雍《よう》・湘《しょう》・司《し》・郢・寧《ねい》・梁《りょう》・南北秦《しん》九州諸軍事」の軍事指揮権に服さない、江陵の南北に位置していた、湘州《しょうしゅう》刺史・河東王

王琳関係地図②

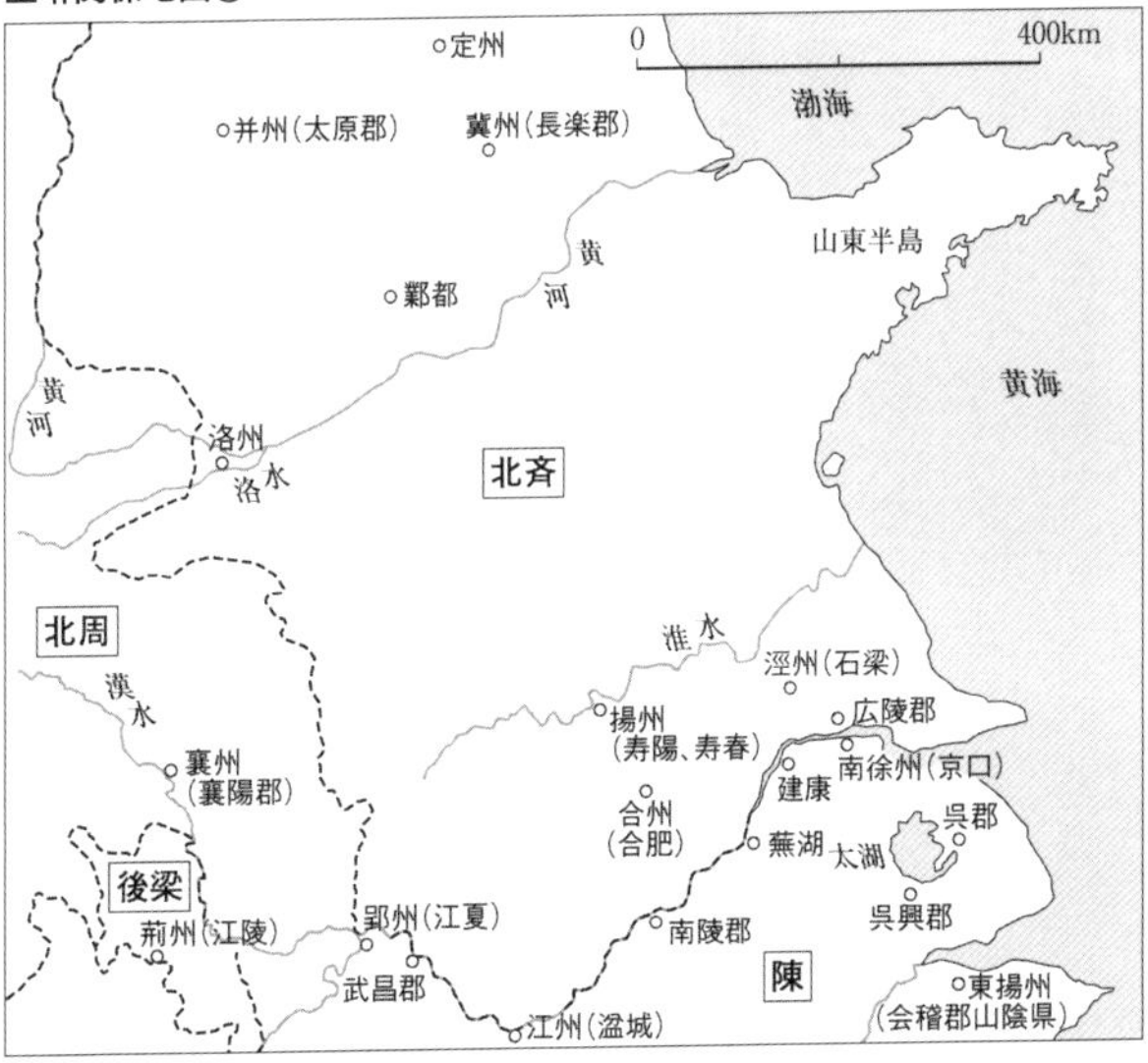

蕭誉《しょうよ》と雍州《ようしゅう》刺史・岳陽王蕭詧《しょうさつ》の兄弟(兄・昭明太子蕭統《しょうとう》の子たち)との凄惨な骨肉の内戦を展開し、翌五五〇年五月には苦戦の末に蕭誉を殺して湘州(今の湖南省長沙市)の平定に成功した。だが、追い詰められた蕭詧が西魏の宇文泰《うぶんたい》(五〇七―五五六)政権に服属すると、蕭繹は北の雍州《ようしゅう》(襄陽《じょうよう》)の背後に常に西魏の存在を意識せざるを得なくなった。

梁朝にとって真の脅威である建康の侯景政権そっちのけで自己の勢力拡大に腐心する蕭繹のもとにあって、この時期、王琳は蕭誉の拠る湘州に属する岳陽郡(今の湖南省湘陰県)の内史に任じられているが、蕭誉の平定に何らかの「軍功」があったようで建寧県侯に封建されるとともに、五五〇年七月には宜州《ぎしゅう》刺史に栄転している。彼とその軍隊に関しては「果勁《かけい》なること人を絶《ぜっ》し、又《ま》た身を傾け士に下《くだ》り、得《う》る所の賞物《しょうもつ》は、以《もっ》て家に入れず。麾下《きか》の万人、多くは是《こ》れ江《こう》・淮《わい》の羣盗《ぐんとう》たり」、また「刑罰もて濫《みだ》りにせず、財を軽んじて士を愛し、将卒の心を得《う》」(ともに『北斉書』と『南史』の王琳伝)と記される。「江・淮の羣盗」とは、長江流域から淮水流域にかけて分布した生活に困窮して無頼となった武装諸集団の謂《いい》である。勇猛果敢かつ他人に謙虚な姿勢で接する王琳は、そのような者たちを麾下に受け入れて主戦力とし、必要以上に刑罰で縛ることなく、家には持ち帰らなかった自らの恩賞も彼らに分け与えたのである。先述した膨大な属僚たち全員の姓名を記憶していたことを合わせると、王琳の軍団は彼を中心に極めて濃密な任侠的結合で繋がっていたことを窺わせる。

五五一年三月になると、長江中流域に覇権を確立した荊州の蕭繹に、遂に長江下流域を制した侯景軍が襲いかかり、四月、当時十五歳の蕭繹の子で王琳のおいに当たる郢州刺史の蕭方諸が捕えられ（のちに侯景によって殺害される）、また巴州《はしゅう》刺史であった王琳の兄・王珣も侯景に投降している。この危急存亡の事態に蕭繹は王僧弁を大都督とする迎撃軍を派遣し、両軍は巴陵《はりょう》（今の湖南省岳陽市）で激突するが、これに王僧弁の荊州軍は大勝した。反攻に転じた荊州軍が郢州《えいしゅう》奪還戦を行った際、王琳は侯景の有力部将・宋子仙《そうしせん》を捕える軍功を立てている。そして翌五五二年三月には、遂に建康を平定し、侯景政権を崩壊に至らしめている。この時の武勲により王琳はかつての蕭誉の故地である湘州刺史に任じられることとなった。

しかし、ここで最終的に建康宮殿を焼くに至る荊州軍による暴虐事件が発生する。侯景への憎悪と社会の底辺で虐げられてきた軍人たちの鬱憤《うっぷん》が、建康住民に向けられた蛮行であった。共に赫赫《かくかく》たる武勲「第一」の王琳と杜龕《とがん》が蕭繹の「寵を恃《たの》んで」やらせたものとされ、総大将の王僧弁はこれを禁じたものの、収拾がつかず罪を得ることを恐れ、蕭繹に関係者の誅殺を具申したという。北魏からの帰降北人であり、南朝社会に一族の確たる地盤を持たず、起家《きか》（仕官）以来、蕭繹の赴任先に付き従った随府府佐《ずいふふさ》であった王僧弁にしてみれば、性格に難ありとはいえ蕭繹の存在は絶対的であり、自身がその不興を買うことは何としても避けねばならなかった。まして少し前の蕭誉討伐の際には、慎重な準備の必要性を唱えたところ、それを利敵行為と見なし激怒した蕭繹によって腿《もも》を斬りつけられ、危うく殺されかけた苦い経験があったので、なおさらであった。キレやすい主君を持ったがゆえの悲哀とも言えたが、ともかくも責任転嫁の生贄《いけにえ》が求められたのである。

そこで白羽の矢が立てられたのが本件当事者であり、「兵家」出身で蕭繹以外の後ろ盾を持たない、無頼の集団を率いる王琳であったことはむしろ当然と言えた。その一方で王僧弁が杜龕の責任を問うた形跡は見当たらない。杜龕は王僧弁の娘婿であったからである。王僧弁は冷徹な保身の計算のもと、王琳を切り捨てて罪の全てを擦《なす》り付けたのであった。王琳もさすがにこの理不尽な仕打ちには深刻に身の危険を感じざるを得ず、長史《ちょうし》（副官）の陸納《りくのう》に部曲《ぶきょく》（麾下の部隊）を率いて任地である湘州に先行させ、自身は蕭繹のいる江陵に謝罪に赴いている。別離に際して王琳が「自分がもし湘州に戻らなかったら、諸君はどう身を処すのだ」と問うと、陸納らは全員「死んで報《むく》いましょう」と答え、互いに涙を流したという。

五五二年十月十四日、江陵に出頭した王琳は殿中で捕えられ、その副将の殷晏《いんあん》は殺されるという穏やかならぬ事態に至っている。二七歳の王琳の運命は風前の灯火と言えた。そしてかけがえない兄貴分である王琳の解放を求める、陸納たちの前代未聞の戦いが始まるのである。

試練の時

王琳の逮捕から半月もしない同月二七日には、新たな湘州刺史に蕭繹の子である蕭方略が任命された。王琳のおいである彼を派遣することで陸納らの懐柔を図ったのである。その赴任に先立ち、恭順を宣諭《せんゆ》するために湘州に使者として派遣されたのが、蕭方略の長史に決まっていた黄羅漢《こうらかん》と蕭繹の寵臣・張載《ちょうさい》であった。彼らに対して陸納らは号泣して、敢然と蕭繹の命を拒絶し、黄羅漢を捕えるとともに、蕭繹の威を借りた無慈悲な振る舞いにより荊州で深い恨みを買っていた張載を惨殺《ざんさつ》している。そして蕭繹が皇帝に即位した十一月には、湘州から南方に出撃し淥口《ろくこう》(今の湖南省株洲《しゅす》県)で衡州《こうしゅう》刺史の丁道貴《ていどうき》を破り、後背を固め、来たるべき江陵からの討伐軍に備えている。事態を憂慮した元帝蕭繹は、いわばこの兵乱を招来した張本人であり、元帝政権下で最大の戦力を有する王僧弁を建康から呼び寄せ、陸納らの討伐に当たらせたが、彼らの頑強な抵抗の前に長期戦を余儀なくされた。陸納らはひとえに王琳の無罪と元の地位の回復を訴え、それが叶《かな》えられれば奴婢《ぬひ》に落とされることにも甘んじるとして武器を握り続けたのである。

折しも元帝は益州《えきしゅう》(今の四川省成都市)で皇帝に即位した不仲の弟・武陵王蕭紀《ぶりょうおうしょうき》に長江上流域から攻勢を受け、苦しい立場に立たされており、苦肉の策としてともに侯景の元幹部である「巴陵戦役」で捕虜にした任約《じんやく》と、自ら投降した謝答仁《しゃとうじん》を釈放して防禦に当たらせていた。この事態を打開するためには兵力増強が不可欠であり、一刻も早い湘州兵乱の解決が求められた。そこで五五三年六月、元帝は鎖に繋いだ王琳を湘州(長沙)に護送し、臨戦態勢に入っていた陸納らの眼前にその姿を見せつけ、彼らの帰順を迫ったのである。王琳の無事を目にした陸納らは武器を投げ捨て、一斉に彼を拝して軍を挙げて男泣きし、「乞《こ》う王郎入城すれば、即《ただ》ちに出《い》でん」と王僧弁に申し入れた。実際、王琳が釈放され入城すると、陸納らは降伏し、ここに湘州兵乱は終息した。王琳は官爵を戻され、七月には湘州で降伏した元部下たちを率いてであろうが、東進してきた蕭紀の殲滅《せんめつ》に貢献している。

王琳の忠節と軍事の才は疑いようがないにしても、湘州の兵乱は、無頼出身の兵たちが王琳の処遇次第では皇帝に牙を剥《む》くことを証明した。そのような兵たちが心服して王琳に従っている状況は、猜疑心の強い元帝にとって深刻な内憂以外の何者でもなかった。そこで建康に代わって都に定めた江陵から遠ざけるために、八月に湘州南方の衡州《こうしゅう》刺史に転任させ、ついで五五四年五月に嶺南の広州刺史に追いやっている。客観的に見れば、北斉《ほくせい》と修好関係を構築したとはいえ、蕭紀が治めていた四川地方全域は西魏に占拠され、江陵のすぐ北の雍州にはその後援を受ける蕭詧が復讐の牙を磨いている状況にあって、元帝政権をめぐる不安定さは誰の目にも明らかであった。それゆえ王琳は元帝側近で友人の李膺《りよう》に、蕭詧への対抗のため雍州刺史への転任、またはその最前線の武寧郡《ぶねいぐん》（今の湖北省鐘祥市）への駐屯を要請している。だが、献策の切実さは理解できても、元帝の不興を買ってまで進言する気概は李膺にはなかった。結局、辞令通り王琳は遠方の広州行きを余儀なくされたのである。これが元帝の死命を左右することとなる。

五五四年十月、国境画定の拗《こじ》れに端を発して、遂に蕭詧を伴った西魏軍が大挙して江陵に殺到するに至っている。元帝は建康の王僧弁に救援を求め、王琳にも改めて鎮南将軍（将軍二三班、正三品）・湘州刺史を授けて入援させるとともに、侯景の元幹部の任約と謝答仁まで駆り出して江陵防衛に当たらせたが、西魏軍の包囲攻撃は激しく、十一月二三日に江陵は陥落し、十二月十九日に元帝が処刑されている。この混乱の中、王琳のおいの蕭方略は亡くなり、王琳の妻子も捕まって、多くの住民ともども西魏の都・長安に強制連行されることとなった。王琳は間に合わなかったのである。

嶺南から長沙に達した時、江陵陥落と西魏が蕭詧を傀儡《かいらい》「梁主」として皇帝に即位させ、江陵に後《こう》梁《りょう》を成立させたことを知った王琳は、亡くなった元帝のために号泣し、麾下の全軍は白色の喪服を着用して哀悼《あいとう》の意を表した。人格的に問題があったとしても、王琳にとって元帝は紛れもなく恩義ある主君であり、それを殺害した西魏・後梁は不倶戴天《ふぐたいてん》の仇敵《きゅうてき》に他ならなかった。しかし、本格的に復仇戦《ふっきゅうせん》を展開するにしても、「西府」江陵を失った長江中流域での元帝政権残党の再結集が何より求められた。このため五五五年正月に部将の侯平《こうへい》（侯方児）に水軍を率いて後梁を攻撃させる一方で、長沙に留まって各所に檄文を発し、後梁討伐の計を伝えさせている。これに応じた信州刺史の長沙王蕭韶《しょうしょう》（武帝の長兄・蕭懿《しょうい》の孫）ら「上游諸将」（西魏に占拠された四川地方を除く長江中上流域の地方長官たち）が王琳を盟主に推戴《すいたい》したことにより、長沙を中心に旧元帝勢力が糾合されることとなった。

王琳軍はしばしば後梁・西魏に対して攻勢をかけ、長江以南に及んできたその勢力を排除することに成功したが、遂に江陵の奪還は叶わなかった。一方で王琳軍は内部に深刻な問題も抱えていた。後梁の撃破を誇る侯平が功を恃《たの》んで王琳の節度を受け付けなくなったのである。五五六年六月、やむなく王琳がこれを討伐したが平定に失敗し、逃走した侯平が陳霸先《ちんはせん》（五〇三―五五九）麾下の江州刺史侯瑱《こうてん》に投降し義兄弟の契りを結ぶに至っている（のちに侯平は裏切り、陳霸先に誅殺された）。長期に及ぶ軍事行動で消耗しきった王琳軍にこの事件が与えた打撃は大きく、後梁と西魏を相手に正面から対峙できる余力は残っていなかった。そこでこの月に王琳は元帝以来、「修好関係」にある北斉の後援を取り付けるため、馴象《なれぞう》を献じてその歓心を買うとともに、仇敵である西魏に敢えて帰順を申し入れ、その妻・蔡氏と世子・王毅《おうき》の返還を求め、後梁にも屈辱的な「称臣」を行っている。名を捨てて実を取ったのは何より疲弊した体制の立て直しを図るためであった。

陳朝との仮借なき対決——復興の義旗を掲げて

さて、元帝政権下の長江下流域（江南）は、建康の王僧弁と南徐州（京口。今の江蘇省鎮江市）の陳霸先による二頭体制下に置かれていた。陳霸先とは呉興郡長城県（今の浙江《せっこう》省長興県）の寒門武人層の出身で、交州の「李賁《りほん》の乱」（五四一〜五四八年）の平定に功績があり頭角を現した人物である。「侯景の乱」が勃発すると、陳霸先はその討伐のため、五五〇年に嶺南から北上を開始し、江州南部（今の江西省南部）の敵対勢力を駆逐しつつ、王僧弁が侯景に大勝した「巴陵戦役」後の五五一年八月に、湓城《ほんじょう》（今の江西省九江市）で荊州軍と合流している。この時に王僧弁と盟約を結び、以後、侯景の平定に大功を立てていた。蕭繹はそのような新参者を東晋の「北府」以来の最重要軍鎮の一つである南徐州刺史に抜擢《ばってき》したのである。江陵陥落には王僧弁と陳霸先の援軍も間に合わず、五五四年十二月に江州に達していた彼らは合議して江州刺史の晋安王蕭方智《しょうほうち》（元帝の第九皇子）を建康に連れ帰り、梁王とし承制を行わせることとした。しかし、その直後、北斉からの武力干渉を被ることになった。

北斉は表面上、元帝政権と修好関係にあったが、「侯景の乱」以降、侯景の元幹部の王顕貴（王貴顕）、郭元建、侯子鑒《こうしかん》らの降伏を受け入れ、淮南《わいなん》・江北《こうほく》の地（淮水と長江に挟まれた地域）に勢力を広げ、更に建康も窺う姿勢を見せていた。そして元帝亡き後は建康政府の傀儡化を目論《もくろ》み、軍隊で護送した貞陽侯蕭淵明《しょうえんめい》を「梁主」として受け入れるよう王僧弁に迫ったのである。蕭淵明とはかつて侯景救援のため梁軍を率いて北伐したものの、「彭城戦役《ほうじょうせんえき》」（五四七年）で東魏軍に惨敗して捕虜になっていた武帝の兄の子である。苦渋の選択を迫られた王僧弁は、結局、五五五年七月二三日に蕭淵明を建康に受け入れ、皇帝とする代わりに、蕭方智を皇太子に据えることで妥協している。蕭方智を即位させて元帝の恩義に報いるより、目前の危機を回避し、自己を首班とする建康政府の存続を最優先した冷徹な現実的判断と評し得る。だが、これを主導権奪取の好機と見たのが陳霸先であった。九月二七日に突如建康を強襲し、王僧弁を殺して実権を掌握したのである。その際に口実とされたのが、元帝の子である蕭方智に正統性があり、それを不当に退けたのが王僧弁だ、との主張だったことは、王僧弁にとっては痛烈な皮肉であったと言えよう。かくしてその二日後に蕭淵明は退位に追い込まれ、十月二日に改めて蕭方智が即位している（敬帝〔在位五五五―五五七〕）。

以降、陳霸先はクーデタに反発する王僧弁残党との死闘を演じ、北斉軍の後援を受けた王僧弁の麾下にあった任約・徐嗣徽《じょしき》らと建康で血戦の末にこれを完全に退け、また王僧弁の娘婿・杜龕らを建康の後背地である三呉《さんご》地方（今の江蘇省南部―浙江省北部）で打ち破って、五五六年六月には江南における覇権を確立している。これはちょうど王琳が北斉・西魏・後梁と修好を図った時期と重なる。

敬帝が承制を行った時、王僧弁は有力者の取り込みを図って官職の大盤振る舞いを行ったが、王琳には何の音沙汰もなく、また王琳の方も西魏・後梁を相手に独自の行動をとっており、両者に緊密な連絡はなかったようである。その後、陳霸先に抵抗する王僧弁残党にも支援を与えた形跡もない。同じ元帝集団に発するとはいえ、以前の経緯から冷ややかな関係にあったと言えよう。その一方で、王琳は敬帝を擁しながら彼の懐柔を図る陳霸先の風下に立ったわけでもなかった。五五六年十月に陳霸先の支配地域との緩衝地帯になっていた東方の郢州を攻略して、長江下流域への進出の足掛かりとするとともに、五五七年八月には西魏から元帝の柩《ひつぎ》と、自らの妻子及び諸将の家属「千余人」を取り返して、集団内部の求心力を高めている。なおも陳霸先は表面的に王琳を優遇して司空（流内十八班、正一品）・驃騎《ひょうき》大将軍（将軍二四班、正二品）とし、続いて湘・郢二州刺史に任じて現状を追認したが、江南支配が軌道に乗った五五七年十月に敬帝に禅譲させ（南朝における他の禅譲帝と同じく、譲位後に暗殺された）、皇帝に即位して陳王朝を開いた（陳の武帝〔在位五五七―五五九〕）。ここに王琳と陳霸先が雌雄を決することは避けられない情勢となった。

先手を打ったのは、陳側であった。梁陳王朝交替の直前に、陳霸先は有力部将の侯安都《こうあんと》や周文《しゅうぶん》育《いく》らを派遣して郢州の武昌郡（今の湖北省鄂州市《がくしゅうし》）の攻略に成功している。だが、勝ちに乗じて進撃した陳軍は、十月の「沌口《とんこう》戦役」で王琳に侯安都ら主だった部将が捕えられる惨敗を喫している。これを好機に反攻に転じた王琳は、本拠の軍府を湘州（長沙郡）から長江沿いの郢州（江夏郡）に移して自ら建康へ東下する構えを取るとともに、その先鋒として部将の樊猛《はんもう》に江州を攻略させている。建康まで指呼の間に迫ったのである。

五五八年に入ると、王琳は江州に入ってその白水浦（湓城《ほんじょう》の東）に「帯甲十万」を練兵しつつ、北斉に対して元帝の孫・永嘉王蕭荘《しょうそう》の返還とその擁立を打診している。蕭荘は江陵陥落時、七歳であったが辛くも難を逃れ、王琳に保護されて建康に移されたものの、その後、陳霸先によって北斉へ人質として出されていた。その彼を皇帝に擁立することで梁朝の再興を図ったのである。依然、長江中下流域への勢力扶植を目指す北斉はこれに応じ、三月、北斉から梁の丞相《じょうそう》・都督中外諸軍事・録尚書事に任じられた王琳は、郢州で蕭荘を即位させ、天啓元年と改元して、梁の正統の在《あ》り処《か》を示した。

「沌口戦役」で大敗した陳は、建康への進軍を狙う王琳の動きを封じるべく、湓城の後背地に当たる江州中部の土豪将帥《しょうすい》(地方土着の有力者)を手なずけて王琳の側面を窺わせている。このため後顧の憂いを断つべく王琳はその対応に追われ、長期戦に引きずり込まれることとなったが、同時に陳朝を背後から脅かすべく東陽郡(今の浙江省金華市)の土豪将帥である留異を調略している。

こうした一進一退の膠着《こうちゃく》状態は、五五九年六月の陳霸先の死去で変化を迎える。彼に代わって即位した、皇太子でもなかったその兄の子・文帝陳頊《ちんきょく》の存在が陳朝内部のパワーバランスにどう作用するかはこの時点では未知数であった。この報を得た王琳は、付け込むべき好機と捉え、行在地《あんざいち》である郢州を同門の盟友・孫瑒《そんちょう》に任せ、十月に蕭荘を奉じて湓城から濡須口《じゅすこう》(長江西北岸の今の安徽省無為県)に進出し、後背の湓城を奇襲した呉明徹《ごめいてつ》も完膚なきまでに斥け、建康のすぐ目前に迫った。陳は侯瑱《こうてん》と王琳からの脱走に成功した侯安都《こうあんと》らに長江を挟んだ梁山と蕪湖《ぶこ》で防御させ、この「蕪湖戦役」で両軍の対峙は一〇〇日を越えた。そして五六〇年二月十四日、運命の決戦を迎えることとなる。絶好の西南の追い風を得た王琳が、蕪湖に籠ったまま出撃しない陳軍を尻目に、麾下の水軍全部隊を率いて一挙に建康を目指したのである。しかし、この時、背後から同様に追い風に乗る陳軍の総攻撃を受け、交戦に及んで王琳軍の兵は松明《たいまつ》を陳軍に投げ入れようとしたが、風勢のためかえってその軍艦を焼くことになり、艦列は大混乱に陥った。結果、大敗した王琳は全軍の二、三割を溺死で失い、脱出した兵たちはその大半が岸辺で待ち構えていた陳軍に殺され、長江西北岸に声援のため出撃していた北斉軍も壊滅した。梁朝の復興の夢はここに潰えたのである。

当年情——友との絆は少しも変わらない

命からがら脱出した王琳は湓城まで辿り着き、残兵の糾合を図ったが、大敗に戦意を失った兵たちは従わず、仕方なく王琳は妻妾と左右の者十数人を伴って北斉に亡命することを余儀なくされた。というのも、江州中部は陳朝勢力が強く、後退すべき孫瑒が守る郢州は、王琳の東下を好機と攻め込んできた北周《ほくしゅう》(宇文氏が西魏を滅ぼして五五七年に建国)の軍隊に包囲を受けており、勢力圏内に逃げ場がなかったからである。王琳の主だった部下たちは陳に投降し、無人の野を進むように王琳の勢力圏を接収する陳軍に孫瑒も帰順している。ただ、敗戦の最中、十三歳の蕭荘は脱出させられ、無事、北斉に亡命している。

敗軍の将である王琳に対する北斉の厚遇は変わらず、北斉領の淮南に敗走してきた、「義故」(恩義を受けた者)を召募させ、陳への再侵攻を準備させている。かくして揚州刺史に任じられ、寿陽《じゅよう》(寿春。今の安徽省寿県)で陳の隙を窺っていた王琳であったが、五六二年になり、北斉と陳の間に通好関係が結ばれると、南侵の計画は頓挫《とんざ》させられ、また同僚の揚州道行台の盧潜《ろせん》との不和により、北斉の都・鄴《ぎょう》に召喚されることとなった。

梁朝再興が叶わないまま、王琳は雌伏を余儀なくされ虚しく年月を重ねたが、五七三年三月になり、再び活躍の場が与えられることとなった。江南の復興と国力の充実を背景に陳が梁の領域であった淮南の奪還を目指して北伐を敢行したからである。陳は呉明徹の指揮する十万の軍勢を出征させ、石梁《せきりょう》（今の安徽省天長市）で精鋭部隊を擁する尉破胡《うつはこ》の来援軍を打ち破り、淮南各地を占拠していった。この時に北斉は王琳を尉破胡に従軍させているが、持久戦の進言は尉破胡に入れられず、敗戦により単騎で逃走している。その後、北斉は王琳を寿陽に派遣して陳軍に対抗させるため召募を行わせ、巴陵郡王に封建しているが、まだ王琳がその軍民の掌握をしていないことを看破した呉明徹は、六月に寿陽を包囲し、七月には夜襲で外郭を落し、内城に王琳らを追い詰めている。

王琳の抵抗は数カ月に及んだが、寿陽郊外に達した皮景和《ひけいわ》の援軍は破竹の勢いの陳軍に恐懼して観望を続けるだけであった。そして呉明徹による水攻めと昼夜を分かたぬ連続攻撃により、十月十三日遂に奮戦つたなく寿陽は陥落し、王顕貴・盧潜らとともに王琳も陳軍の捕虜となった。この時に陳軍に多くいた王琳の故吏たちは嗚咽し、捕えられた王琳を仰ぎ見ることができなかったという。彼らはかつてともに過ごした兄貴分の王琳の助命嘆願を行ったが、これが皮肉にも王琳の死命を決することとなった。当初、その生命を保全しようとした呉明徹であったが、部下たちの王琳への強い思いに危機感を覚え、建康への連行途中で王琳を殺させたのである。時に王琳は四八歳であった。その死を聞いた民たちは、彼を知ると否とに拘わらず、皆涙を流して悲しんだと言われる。

死後、建康の市で晒されていた王琳の首を取り返した故吏の朱瑒《しゅちょう》らは、寿陽に程近い八公山で数千人の「義故」とともに葬っている。王琳との絆は死後も変わらなかったのである。王琳の故吏であった何之元《かしげん》は梁朝の歴史書『梁典』（散佚）を撰述したが、その記事は王琳の捕縛で締めくくられていた。梁朝の残光は王琳の死で途絶えたと見なしたのである。

そして五七七年二月に北周によって北斉が滅ぼされ、梁王蕭荘が三〇歳で自殺したことで、王琳が目指した元帝の子孫による梁朝再興の望みは完全に水泡に帰した。

⊙主要参考文献

吉川忠夫『侯景の乱始末記　南朝貴族社会の命運』（「中公新書」、一九七四年）

岡部毅史「陳の武帝とその時代」（窪添慶文編『アジア遊学　魏晋南北朝史のいま』所収、勉誠出版、二〇一七年）

信念に生きた高句麗出身官僚

泉献誠

…せんけんせい…

金子修一

唐朝の異民族出身者

『史記《しき》』には刺客《しかく》列伝・貨殖《かしょく》(金儲け)列伝・游侠《ゆうきょう》列伝があり、『漢書《かんじょ》』には游侠伝があるが、魏晋《ぎしん》以降に官僚制が発達するにつれ、正史の列伝は官僚中心に編成されるようになる。貴族制の盛行した南北朝、特に南朝から隋唐《ずいとう》にかけては列伝も貴族層中心となる。よって唐代は、漢代のように在地の侠客の生涯が正史の列伝に残されるような時代ではなかったのである。しかし唐代でも、貴族中心の出世街道から外れた官僚はいるのであり、その良い例が、泉献誠《せんけんせい》(六五二―六九四)のような異民族出身の官僚であった。前置きは以上にして、唐初の東アジアの変動期を生きた高句麗出身の将軍である泉献誠について述べていきたい。

高句麗末期の政争と泉献誠

六四〇年代以降、唐を中心とする東アジア世界は一大変革期に突入した。高句麗《こうくり》・新羅《しらぎ》・百済《くだら》の朝鮮三国では、中国との交渉に地の利を欠く新羅がこの頃から積極的に唐に接近し、唐もこれを支援した。これに対抗して高句麗と百済とが接近するようになり、歴史的に百済との関係が深かった日本（当時は倭国《わこく》）も含んで、唐―新羅に対する高句麗―百済―倭国の対立軸が醸成されてきた。そして、六六〇年（唐・高宗《こうそう》の顕慶《けんけい》五年）には唐―新羅の連合軍はいったん百済を滅ぼした。その後、倭国が百済の遺臣の要請に応じて、倭国にいた百済王子を還すと同時にこれを援助し、六六三年（唐・龍朔《りゅうさく》三年）には唐と日本との唯一の戦争となる白村江《はくすきのえ》の戦いが起こった。水軍戦に慣れない倭国の軍は大敗し、百済が最終的に滅亡したことは日本人にも良く知られている。この間の六六一年九月には、鴨緑江《おうりょくこう》を挟んで唐と高句麗との戦いが起こり、高句麗が大敗して泉献誠の父の泉男生《せんだんせい》が身一つで逃れる一幕もあった。泉男生の父の泉蓋蘇文《せんがいそぶん》は高句麗の権臣であり、六四二年（太宗の貞観《じょうかん》十六年）になると嬰陽王《えいようおう》を殺して王の弟の子の宝蔵王《ほうぞうおう》を擁立し、自らは莫離支《まくりき》となって高句麗の政治を主導していた。唐の太宗（在位六二六―六四九）はこれを藩国《はんこく》の君臣秩序を乱す行為とみなし、藩国内の秩序を正すとして、六四五（貞観十九）年に高句麗遠征を行った。しかし、その後も二回行われた太宗の高句麗遠征はさしたる成果を挙げることができず、高句麗との対決は太宗を継いだ高宗（在位六四九―六八三）の課題ともなっていたのである。

六六六（乾封《けんぽう》元）年に泉蓋蘇文は卒《しゅつ》し、長男の泉男生が替わって莫離支となった。しかし、初めての国政として諸城を巡行

泉男産の墓誌　篆書《てんしょ》で書かれた蓋《ふた》。洛陽で出土した。

している間に、留守居役の留後《りゅうご》として平壌《へいじょう》で国政を執っていた弟の泉男建《せんだんけん》・泉男産《せんだんさん》がクーデタを起こし、泉男生を召喚した。懼《おそ》れた泉男生は平壌に戻らず、泉男建は自ら莫離支となって兵を発して泉男生を討った。泉男生は鴨緑江北岸の国内城(中国吉林省集安市)に拠り、嫡子《ちゃくし》の泉献誠を唐に派遣して救いを求めた。こうして泉献誠は唐の土を踏んだのである。その年齢については後に触れる。高宗は右衛大将軍契苾何力《けいひつかりき》を遼東道安撫大使《りょうとうどうあんぶ》として救援軍を派遣すると共に、泉献誠を右武衛大将軍に任じて案内役として嚮導《きょうどう》させた。その結果、六六八(総章《そうしょう》元)年に高句麗は李勣《りせき》を総大将とする唐軍に降って滅亡し、宝蔵王や泉男建・泉男産は長安まで拉致《らち》された。泉男生は遼東大都督・玄菟《げんと》郡公として唐軍に加わり、凱旋して唐に入った後は右衛大将軍・卞国公《べんこっこう》となり、六七七(儀鳳《ぎほう》二)年には高宗の詔で遼東を安撫することとなった。州県を置いて流民を招撫《しょうぶ》し、斂賦《れんふ》を公平に行って力役を罷《や》め、民はその寛政を悦んだ。四六歳で亡くなった時には高宗は遼東に向かって哀悼の意を表した(挙哀《きょあい》)というから、その人徳は唐の朝廷でも高く評価されていたのであろう。性純厚で礼節があり、応対は滞りなく、射芸を善くした。泉献誠の生き様を見ると、泉男生の性格は泉献誠にも受け継がれたようである。

唐地への強制移住

唐で亡くなった泉男生・泉男産と泉献誠には、それぞれ墓誌が発見されている。泉男生の事蹟は右に述べた内容とほぼ変わりはない。泉男産は高句麗滅亡時に投降し、司宰少卿《しさいしょうけい》を授けられ、金《きん》紫光禄大夫《しこうろくたいふ》・員外置同正員を加えられている。六九九（聖暦《せいれき》二）年には上護軍を授けられた。万歳天授三年（?・年号に誤記有り）には遼陽郡開国公を授かり、また営繕監大匠・員外置同正員に遷っている。遼陽郡公の授与によって高句麗の旧地との関係を強めるよう期待されたように記されているが、七〇一（大足《たいそく》元）年に六三歳で薨去《こうきょ》し、洛陽県に葬られた。最初に唐に内通した兄の泉男生と高句麗の滅亡によって入唐した泉男産とは、入唐の段階では官品に差があったが、その後の泉男産の昇進が特に停滞していたわけではない。このようなところに、異民族の流入が盛んであった唐の実情が反映している。ただし、泉氏兄弟で最後に投降した泉男建は、辺境の黔州《けんしゅう》に流されている。また、泉男産の官職は文官であるが、泉男生と泉献誠との官職は武官である。入唐した異民族の官はむしろ武官が一般的であり、その典型が安史《あんし》の乱（七五五～七六三年）を興した安禄山《あんろくざん》や史思明《ししめい》である。彼等のような異民族出身の武将を、唐代では蕃将《ばんしょう》と呼んだ。

因みに、玄宗《げんそう》（在位七一二―七五六）朝に編集された唐の国制の欽定《きんてい》解説書である『大唐六典』巻三・戸部郎中員外郎條には、「軽税の諸州、高麗・百済の応《まさ》に差《つか》わして鎮に征く者は、並びに課役を免ぜ令《し》む（国内で地方の事情で軽い税を出す諸州と、高句麗・百済で辺境防備の鎮に徴発される者は、いずれも租庸調《そようちょう》を免除する）」という文があり、唐国内の軽税の諸州（主に山岳地帯と沙漠地帯の州か）と並んで、鎮に派遣される対象として高句麗・百済が併記されていることが、私には長い間疑問であった。しかし、六六八年の唐による高句麗の討滅に関連して、『旧唐書《くとうじょ》』高宗紀下・総章二（六六九）年五月庚子條に「高麗（高句麗の略称）の戸二万八千二百・車一千八十乗・牛三千三百頭・馬二千九百疋・駝六十頭を移し、将《ひき》いて内地に入る。（中略）量りて江・淮以南及び山南・并・涼以西の諸州の空閑処に配して安置す」とあり、『資治通《しじつ》鑑《がん》』巻二〇一・同年四月條には「高麗之民の離叛する者多く、敕《ちょく》して高麗戸三万八千二百を江・淮之南、及び山南・京西の諸州の空曠《くうこう》之地に徙《うつ》す。其の貧弱なる者を留めて、安東を守ら使《し》む」とあり、『旧唐書』では三万弱、『資治通鑑』では四万弱の高句麗の家族を淮水《わいすい》（黄河と長江との中間を両河に並行して流れ、東シナ海に注ぐ大河）・長江以南、漢水（陝西《せんせい》省の南部から東南に流れて、長江中流域の武漢で長江に合流する）及び長江の中流域、さらに今の山西省から西安・甘粛方面まで広く移住させたことが判る。百済の民の国内移住の記事はないが、唐に移された百済の一族がいたことは明らかであり、その総数は高句麗とそう極端に違わなかったと推定することはできるであろう。

したがって、高句麗・百済滅亡時には合わせて数万戸の高句麗人・百済人が唐に強制移動させられるという、大規模な移民政策が行われたのである。このような情況であれば、それらの戸のうち、特に山西省の并州や甘粛《かんしゅく》省の涼州の戸が辺境の軍鎮に派遣されることはあり得たであろう。唐朝は唐朝で彼等の処置には相応の配慮をしていたものと推測される。また、高句麗・百済に併せて軽税の諸州が並べられている所《ところ》を見ると、強制移住させられた高句麗や百済の移民は、辺境の鎮に送られなくとも、当初は租庸調を免除されていたのであろう。

泉献誠と弓術

『旧唐書』巻一一〇・泉献誠伝では、泉献誠は天授年間（六九〇～六九二年）に右衛大将軍を授かり、羽林衛上下を兼ねしめた、とある。則天武后が中国史上唯一人の女性皇帝として君臨した周王朝（武周、六九〇～七〇五年）は天授元年に開かれ、神都と名づけられた洛陽が事実上の首都であった。左右衛大将軍は宮廷警護の筆頭の将軍で（ただし左大将軍が地位は上）、泉献誠は洛陽城の警備を担っていたのである。羽林衛は北衙禁軍《ほくがきんぐん》を統《す》べるが、北衙禁軍は宮中の北門を護る部隊で、唐の長安城・洛陽城とも宮城の北は空閑地となっており、北側からの侵入を護る北衙禁軍の任務は重大である。羽林衛の上下というのは不明であるが、部隊が上下の二部に編成されていたのであろうか。いずれにしても、泉献誠は建国当初から神都洛陽の重要な警備を任されていたのである。

また、武后が金幣を出して、宰相に命じて洛陽城の南北を警護する武臣の中から弓を善くする者五名を選び、的を射当てた者にこれを賜わるとしたことがあった。泉献誠は弓の名手であり、内史張光輔《ちょうこうゆう》が泉献誠を推薦したが、泉献誠は右玉鈐衛《うぎょくけんえい》大将軍薛吐摩支《せつとまし》に譲った。彼は固辞したが、泉献誠は「皇帝陛下の択んだ弓を善くする者はすべて華人ではない。臣《わたし》は唐の官僚が弓の競技を恥じるようになることを恐れて、辞退するのである」と述べ、武后はこれを嘉納した。泉献誠が冷静な判断力の持ち主であることを物語るエピソードである。なお、薛吐摩支の吐摩支はあまり見ない名前であるが、薛は漢人の姓であり、彼は「華人」であったのであろう。

墓誌にはより詳しい経歴の記述があり、泉献誠は高句麗滅亡後に特別の待遇の殊礼を以て右武衛将軍を拝し、紫袍金帯（紫の上着とこれを締める金の帯）を賜わった。紫袍は官員が身に着ける最上位の服であり、金帯も同様の帯である。後に衛尉正卿《せいけい》に遷ったが、衛尉は衛尉寺の略で武庫や武具を統べる役所、正卿は兼官ではなく正規の長官の意味であり、泉献誠は武器庫の管理を任されたのである。六七九(調露元)年に定襄《ていじょう》軍討叛大使となり、その功により上柱国を授かった。同年十一月には名将の裴行倹《はいこうけん》が定襄道行軍大総官として、兵十八万を率いて突厥を討ち、翌年三月には突厥に大勝している。泉献誠はこの戦さに従軍したのであろう。六八二(開耀《かいよう》二)年には父の卞国公・食邑三千戸を襲封《しゅうほう》した。これまでが高宗朝のことである。

その後、六八三(弘道《こうどう》元)年十二月に高宗は崩御し、皇太子の中宗《ちゅうそう》(在位六八三—六八四、七〇五—七一〇)が即位した。しかし、翌年の二月に則天武后は中宗を廃位して弟の睿宗《えいそう》(在位六八四—六九〇、七一〇—七一二)を即位させ、自身が皇帝となる六九〇(天授元)年まで睿宗を皇帝の地位に置いたが、実権は武后が握った。六八四(光宅《こうたく》元)年に泉献誠は雲麾《うんき》将軍・守右衛大将軍員外置同正員を制授され、さらに右羽林衛上下となった。雲麾将軍は武官の地位を示す武散官で、高さの官品は従三品、右衛大将軍が実職の職事官であり、官品は正三品でこちらの方が高い。唐代には、散官が低く職事官が高い時には、「守」字でそのことを示す。員外置同正員は定員外であるが正規の官と同じ待遇を授ける、という意味である。則天武后は実権を握ると、直ちに人事権を行使したのである。なお、泉献誠が右衛大将軍を授けられた時には、前述のように右羽林衛上下は兼官となった。六八六(垂拱《すいきょう》二)年には神武軍大総管、四年には龍水道大総管となり、叛反勢力を討伐した。前者の叛反勢力は不明であるが、後者は越王李貞などの唐室一族の反乱を指すのであろう。

武后の天枢と泉献誠

こうして武后の政権が確立し、周と国号を改めた翌年の六九一(天授二)年二月に、武后の勅で泉献誠は検校《けんこう》天枢《てんすう》子来使《しらいし》に充てられ、兼ねて玄武北門において大儀銅事を押運した。大儀は則天武后が六八六(垂拱二)年四月に鋳造して玄武門の北に置いたものである(『資治通鑑』巻二〇三)。それが何であるかは判らないが、泉献誠墓誌には「大儀銅事」とあるので鋳銅製品である。また、南北でいうと北は陰に属して女性の象徴となる。則天武后は中国史上唯一の女性皇帝であり、そのことを正統化するために種々の試みを行ったが、その一つが自分の存在を顕彰するモニュメントの建造であった。よって、大儀も女性皇帝の武后を象徴する青銅製品であったのであろう。泉献誠はその作成か運用を任されたのであった。ただし、検校天枢子来使に任命された年は、後の六九四(延載《えんさい》元)年である可能性がある。

また、武后は明堂という建物を洛陽の中心に建て、政治の中心の正殿として活用した。武后の王朝名の周は言うまでもなく、殷《いん》を滅ぼした武王によって立てられた周に由来するが、武王の父の文王《ぶんおう》は徳が高く、霊台を建設した時には子が親を慕うように人々がその徳を慕って集まり、短時日の間に霊台が立てられた、と

則天武后の肖像

いう伝承がある(『詩経』霊台)。明堂は周王朝の徳治を象徴する建物で、明堂と霊台とは一体のものである、という儒教の学説もある。また、武后の一族の武三思《ぶさんし》は六九四(延載元)年に、四夷《しい》の酋長を帥《ひき》いて銅鉄で天枢を鋳ることを請い、洛陽の官庁街である皇城の南正面の端門の外に立てることとし、功徳を銘記して唐を黜《しりぞ》け周を頌《たた》え、姚璹《ようしゅう(とう)》という人物を督作使とした。なお、泉献誠の充てられた検校天枢子来使の検校は臨時の兼官をさすが、子来というのは前述の文王の霊台建設に由来する言葉である。つまり、天枢も明堂に関係して武后の徳を象徴するモニュメントであったのである。

また『資治通鑑』巻二〇五に拠れば、武三思は諸胡から銭百万億(億は百万の十倍)を集めて銅鉄を買い集めたが充分ではなく、民間の農器を集めて充足させたという。当然、農具を失った農民にとっては大打撃であり、武后の徳を讃えるどころの話ではないが、武三思が四夷の酋長を帥いて天枢を作るよう請うたことと、諸胡から百千万の銭を集めたというのは注目される。天枢を立てる上でのターゲットは異民族出身者だったのであり、武三思または武后は彼女の権威を高める上で、異民族やその出身者もその徳を讃えている、という演出を必要としたのであろう。天枢の建設は、武周の国際意識を考える上での興味深い事例となる。翌年の六九五(天冊万歳元)年四月に天枢は出来上がった。高さは百五尺(三一・五メートル)、直径は十二尺(三・六メートル)、八面の柱で各面の径《さしわたし》は五尺(一・五メートル)である。下に鉄の山を作り、その周囲は百七十尺、銅で蟠龍《はんりゅう》・麒麟《きりん》を作って周囲に回らし、上は騰雲承《とううんしょう》露《ろ》盤《ばん》(雲に登って瑞祥《しょうずい》である天の露を受ける盤)と名づけた。その様は径三丈(九メートル)、四人の龍人が立って火珠を捧げ、その高さは一丈(三メートル)であった。

武三思が文を作って百官及び四夷酋長の名を刻み、則天武后が自らその傍らに「大周万国頌徳天枢」と書した。やはり四夷酋長の協力を必要とする建前だったのである。

しかし、検校天枢子来使となったことが、泉献誠には悲劇の発端となった。武后は自分の政権を確立、維持していく上で密告を奨励し、密告された者を裁くために酷吏《こくり》を用いる、という緊急手段も採用した。密告が事実か否かに関わりなく、酷吏はさまざまな拷問の方法を考案し、多くの人々を罪に落としただけでなく、私怨を晴らすようなことも行った。酷吏の一人に来俊臣《らいしゅんしん》がおり、彼は自分の勢威を恃《たの》んで泉献誠に金帛《きんはく》宝物を要求したが、賄賂を憎む泉献誠はこれに応じなかった。そこで、来俊臣は謀反《ぶこく》を誣告し、泉献誠は罪に落とされて縊殺《いさつ》されてしまった。おそらく、天枢を製造するための異民族からの費用の徴収を泉献誠も分担し、これに眼をつけた来俊臣は金品を要求したが、それに応じなかった泉献誠は見せしめか腹癒《はらい》せで誣告されたのである。墓誌では泉献誠は四二歳で非命に倒れたとあるが、一方で献誠が唐に派遣された時は十六歳である。それが高句麗滅亡の六六八年であるとすれば、泉献誠の亡くなったのは六九四年ということになり、まさしく武三思が天枢建設を提案した年である。墓誌には天授元年條に続いて二年に検校天枢子来使となったとあるが、延載の年号が脱落しているのであろう。この点で墓誌は訂正されなければならない。

その後、来俊臣は図に乗って、武后の一族や皇帝を廃位された中宗・睿宗兄弟まで誣告して国権を左右しようと図り、遂に六九七(神功元)年に死刑の後に屍体を市場に晒《さら》しものにする、という棄死《きし》という処分を受けた。武后は後に泉献誠の冤罪《えんざい》を知り、七〇〇(久視元)年には右羽林衛大将軍を追贈した。その時の則天武后の制には「故左衛大将軍・右羽林衛上下・上柱国・卞国公」とあるので、泉献誠の官は右衛大将軍から左衛大将軍に昇っていたらしい。

蕃将の悲劇

以上、唐朝における泉献誠の足跡をたどってきた。泉献誠は衛尉正卿に就任したこともあるが、衛尉寺は武庫・武器を管理する役所であり、彼は基本的には武官として唐朝に仕えていた。史上有名なタラス河畔の戦いにおける唐側の将軍の高仙之《こうせんし》も高句麗出身の武将である。前にも述べたように、唐に仕えた異民族出身者にはこのような蕃将が多かった。日本の阿倍仲麻呂《あべのなかまろ》や藤原清河《ふじわらのきよかわ》のように、文官として唐に仕えた異民族出身者はむしろ例外である。泉献誠の場合は、弓比べで華人を辱めてはいけないと辞退して武后の信頼を克ち得たのであろうか、周建国当初から洛陽城の要となる場所を警護する将軍となった。来俊臣の請求に対して「賄《まかな》いを以て交わるを悪《にく》み、杜《とざ》して許さず」(墓誌)というのは、彼の廉直な性格を表わしているのであろう。蕃将の中には安禄山・史思明のように反乱を起こす者もいるが、泉献誠以外にも高仙之や黒歯常之のように朝鮮半島出身で、漢人官僚に罪に落とされて心ある人たちの同情を誘った者もいる。泉献誠は後ろ盾の無い異民族出身者として、一筋縄ではいかない高宗朝から武周朝の官界を、武術の腕と誠実さとで生き抜こうとしていたのではないだろうか。

権威に屈しない硬骨漢

狄仁傑《てきじんけつ》

金子修一

唐と周とのはざまで

泉献誠《せんけんせい》（六五二—六九四）は高宗朝（六四九～六八三年）から武周《ぶしゅう》朝（六九〇～七〇五年）に生涯を送ったが、高宗朝中期から則天武后《そくてんぶこう》（在位六九〇—七〇五）は自身の権力確立を目指し、政敵を葬るために様々な手段を尽くした。酷《こく》吏《り》のような悪辣《あくらつ》な官僚が幅を利かせて、泉献誠が非命に斃れるようなことも起きた。しかし、酷吏で生涯を全うした者はほとんど無く、武后は筋を通す官僚の諫言《かんげん》に耳を傾ける度量も備えていた。また、武后は武氏出身であるが、自分の子の中宗《ちゅうそう》（在位六八三—六八四、七〇五—七一〇）や睿宗《えいそう》（在位六八四—六九〇、七一〇—七一二）は唐朝の李氏《りし》の一員でもある。晩年の武后は自分の立てた武周王朝を存続させるか、子の中宗に後を継がせて政権を唐室に返すか、という問題に直面した。その時に中宗を皇太子とすることを彼女に決意させた立役者の一人が狄仁傑《てきじんけつ》（六三〇—七〇〇）であり、彼自身は酷吏のために命を落としそうになっても節を曲げなかった硬骨の官僚であった。

狄仁傑の前半生

狄仁傑は并州《へいしゅう》（山西省太原市）の人である。祖父の狄孝緒《てきこうしょ》は太宗の貞観《じょうかん》（六二七〜六四九年）中に尚書省の次官の尚書左丞、父の狄知遜《てきちそん》は夔州《きしゅう》（四川省奉節県）の副知事に相当する長史であり、九品の官等のほぼ中間の地位を得ていた。狄仁傑は貴族の出ではなく、中堅官僚の子孫であった。幼少から学問に励み、科挙《かきょ》の明経《めいけい》によって汴州《べんしゅう》（河南省開封市《かいほう》）に判佐《はんさ》という職を得た。隋朝《ずいちょう》に創始された科挙は唐初には官僚となる上での主流のコースではなく、則天武后が従来の貴族層に代えて科挙出身者を盛んに登用するようになってから、人気が出てきたのである。その受験科目では詩文の才能を問う進士科《しんしか》が花形で、儒教の知識を問う明経科《めいけいか》はあまり人気がなかった。狄仁傑は地味で堅実な官僚として出発したのである。

汴州判佐にあった時に役人に無実の罪で訴えられたが、地方官の統治情況の良否を見て歩く河南《かなん》黜陟使《ちゅっちょくし》にあった画家として著名な閻立本《えんりっぽん》に見出され、かえって并州法曹参軍に抜擢《ばってき》された。并州は唐初代の皇帝李淵《りえん》の出身地で特別州の府となっており、唐前半の法曹参軍は法に関わる行政の実務官で、狄仁傑は故郷に錦を飾ったわけである。しかし、病気の老母を抱えて唐朝の支配領域外の絶域に使いすることになった下僚に代わって、自分が使いすることを願いでた。高宗（在位六四九—六八三）の儀鳳《ぎほう》（六七六〜六七九年）中には裁判を担当する大理寺の次官の大理丞となり、滞留していた一万七〇〇〇人の案件を一年で裁いた。また、武衛大将軍の権善才《けんぜんさい》が誤って高宗の父の太宗の昭陵《しょうりょう》の柏樹《はくじゅ》を切り、狄仁傑が免職と奏上したのに対し、立腹した高宗は誅殺《ちゅうさつ》しようとした。これに対して狄仁傑は、「法に常道が無ければ人々が安心して暮らせなくなる」と、種々の事例を挙げて高宗を説得し、権善才は死を免れた。その後数日して、狄仁傑は官僚を監察する御史臺《ぎょしだい》の侍御史となった。侍御史の官品は大理丞よりやや低いが、官僚に対する御史臺の権威は絶大であり、狄仁傑は高宗の信頼を得たのであろう。そこで寵臣《ちょうしん》の王本立《おうほんりつ》の非を訴え、これを原《ゆる》そうとする高宗を説得し、王本立が罪を得て朝廷が粛然《しゅくぜん》とする一幕もあった。狄仁傑は官僚になった当初から有能であると同時に筋を通す立場を貫いたのである。

その後、度支《たくし》郎中にあった時、高宗が并州の南にある汾陽宮《ふんようきゅう》に行幸するのに、行く先々の準備を整える知頓使《ちとんし》に狄仁傑を充てた。道中に、盛服で過ぎる者には必ず風雷の災いを致すという俗信の妬女祠《とじょし》があり、并州長史李沖玄《りちゅうげん》は数万人を徴発して別に御道《ぎょどう》を開こうとした。狄仁傑は、「天子の行幸には風の神の風伯は塵を清め、雨の神の雨師は道を灑《あら》う。妬女祠などは何ほどのことか」と言って、その措置を罷《や》めさせた。これを聞いた高宗は、「真の大丈夫なり」と賛歎した。次いで西北の寧州刺史《ねいしゅうしし》に転じ、華人と異民族とを撫《なつ》け、州の人々は頌徳碑《しょうとくひ》を立てた。御史の郭翰《かくかん》が隴右《ろうゆう》を巡察し、多くの所では官僚の非を咎めたが、寧州の境内では老人がどこでも刺史の徳を歌うのを聞き、郭翰は朝廷に狄仁傑を推薦した。冬官侍郎となり、江南巡撫使に充てられた。政治・文化の中心である中原《ちゅうげん》から離れた江南の呉《ご》・楚《そ》の地域には、儒教とは無縁の淫祠《いんし》と呼ばれる土俗信仰も根強く、狄仁傑は奏して一七〇〇箇所を毀《こぼ》ち、儒教の聖人として名高い夏《か》の禹王《うおう》など四箇所の祠《ほこら》のみを残した。地元民の心情はともあれ、狄仁傑は明経出身の儒家官僚としての面目を発揮したのである。

武周朝での艱難と武后の信頼

則天武后は六九〇(天授《てんじゅ》元)年に周《しゅう》を建国するが、追い詰められた唐室の一部は六八八(垂拱《すいきょう》四)年八月に、豫州《よしゅう》刺史の越王貞《えつおうてい》を中心に反乱を起こした。この反乱は九月には鎮圧されてしまうが、文昌左丞となっていた狄仁傑はその後に豫州刺史として着任した。当時、越王貞の党与として罪に当たる者は六、七〇〇〇家、家族ごと官奴婢《かんぬひ》に落とされる者は五〇〇〇人に登り、司刑寺《しけいじ》(大理寺の改称)は刑を執行しようとした。そこに誤りが多いと考えた狄仁傑は密奏して刑の緩和を請うたが、「顕奏すれば反逆者のために弁明することになるが、知って言わないのは陛下(武后)の恤《あわれ》みの意思を傷つけることになる」、という理由で密奏したのであった。対象者は武后の勅《ちょく》で特に原《ゆる》され、オルドス地方の豊州に配流となったが、彼等が寧州に至った時、寧州の父老が「狄使君が活かしてくれたのではないか」と言い、四人と寧州の人達とで頌徳碑の前で哭《こく》し、三日間の斎《とき》を行った。四人達は豊州でも狄仁傑の頌徳碑を立てた。

また、越王貞の乱を平定した宰相張光輔《ちょうこうほ》の将士が功を恃《たの》んで褒美《ほうび》を多く要求したが、狄仁傑は応じなかった。張光輔は「州の長官が元帥《げんすい》を軽んずるのか」と怒ったが、狄仁傑は「そのようなことをすれば、越王貞一人が死んで、朝廷を怨む一万人の越王貞を増やすだけだ」、と答えた。張光輔はそれ以上非難できなかったが、長安に帰還すると狄仁傑の不遜を奏し、復州(湖北省荊州《けいしゅう》市)刺史に左遷させた。しかし、洛州《らくしゅう》司馬《しば》となり、周建国後の六九一(天授二)年には地官侍郎に転じて地官尚書の職を判し、宰相待遇の同鳳閣鸞臺平章事に抜擢された。則天武后は「卿《あなた》が汝南(豫州)にあった時に善政を行ったが、譖《そし》った者がいるのを知っているか」と聞いた。狄仁傑は武后の配慮を謝して、「陛下が臣《わたし》が間違っていると判断するなら臣は改めます。臣に過ちが無いとされるなら、それは臣の幸いです。臣が譖った者を知らなければ友人として付き合えます。知りたくはありません」と述べ、武后は深く歎賞した。狄仁傑の人格は張光輔の到底及ぶところではなく、武后も狄仁傑の為人《ひととなり》をよく理解していたのである。

しかし間もなく、酷吏の来俊臣《らいしゅんしん》によって罪に落された。武后の朝廷では酷吏が幅を利かせ、一回目の尋問で罪を認めれば死刑を免れることになっており、来俊臣は一回で反《むほん》を認めるように逼《せま》った。狄仁傑は「周の革命によって万物が一新された。唐朝の旧臣が甘んじて誅戮《ちゅうりく》を受ける、これこそ反である」と歎じ、来俊臣は追及を寛《ゆる》めた。判官の王徳寿《おうとくじゅ》が自分の昇進と引き換えに死刑を免れるように工作しようと持ちかけると、狄仁傑は「天の神、地の神がこのようなことをさせるのか」と言い、頭を柱に打ちつけ流血が顔を被った。王徳寿は恐れ入って謝った。狄仁傑は反を認めて監視が緩んだ時に看守に筆硯を求め、頭巾を裂いて冤罪《えんざい》であることを書いて綿入れの中に入れ、熱があるので家人に渡して綿入れの綿を抜くように、と王徳寿に頼んだ。子の狄光遠《てきこうえん》がその書を得て則天武后に告げた。それを見た武后が来俊臣に問うと、来俊臣は狄仁傑に官服を着せて朝廷の使者に面会させ、王徳寿に死罪を謝する表を作らせて使者に渡した。則天武后は狄仁傑を召して、「なぜ反を認めたのか」と問い、狄仁傑は「もし認めなければ拷問《ごうもん》の鞭打《むちう》ちで死んでいたでしょう」と答えた。「ではなぜ謝死表を作ったのか」と問うと、「私は作っていません」と答え、それが代筆であることが判明した。こうして死を免れ、彭沢《ほうたく》(江西省彭沢市)県令となった。武氏一族の武承嗣《ぶしょうし》はしばしば狄仁傑を誅《ちゅう》することを求めたが、武后は「私は人を殺すのを好まない。既に処分を決めた以上、変更はしない」と、取り合わなかった。狄仁傑が武后の信頼を得ていたことが、難を免れた最大の要因であったと言えよう。

六九六(万歳通天元)年、東北アジアで唐に服属していた契丹《きったん》の孫万栄《そんばんえい》と李尽忠《りじんちゅう》とが叛乱を起こし、冀州《きしゅう》(河北省冀州市)を陥落させた。河北は動揺し、武后は狄仁傑を徴して魏州《ぎしゅう》(河北省邯鄲市《かんたんし》魏県)刺史とした。州長官としての手腕に期待したのであろう。前刺史の独孤思荘《どっこしそう》は契丹の来寇《らいこう》を懼《おそ》れ、人民を駆り立てて入城させ、城を守る道具を修繕させた。古くから中国の都市は城壁で囲まれており、独孤思荘は魏州城の城壁を強固にするために州内から人を集めたのであろう。しかし、狄仁傑は着任すると人々を悉《ことごと》く帰農させ、「賊はまだ遠くにいるのに、どうしてこのようなことをするのか。万一賊が来たら私自身が当たる。百姓《ひゃくせい》(人民)に関わらせることはない」と言った。契丹はこれを聞いて自ら退き、百姓は碑を立ててその恩恵を記し、狄仁傑は中国東北の要衝である幽州《ゆうしゅう》(北京)都督に転じた。六九七(神功元)年には中央官の鸞臺侍郎《らんだいじろう》となり、再び同鳳閣鸞臺平章事及び納言《のうげん》を兼官した。

この時、西域の疎勒《そろく》等四鎮の守備で人民が疲弊しているのを見て、狄仁傑は長文の上疏文を認《したた》め、辺境の外に出鎮するのではなく、辺境の内側の州の防備を充実させることを説いた。また、契丹の孫万栄らの叛乱によって唐(周)の東北アジアへの影響力が低下すると、かつての高句麗の地域を中心に渤海《ぼっかい》が興起し、六九八年ごろに建国した。この動きに対して、狄仁傑は安東都護府《あんとんとごふ》を廃して高《こう》句麗《くり》王族の高氏を君長とし、江南からの物資の補給を停止するとともに河北の人々の疲弊を救済すれば、数年後には人々は安んじ国は富むであろう、と請うた。江南の物資の運送に伴う動員が、補給線の周囲の人々を疲弊させていたのであろう。この上疏《じょうそ》は実行されなかったが、識者の賛同を得た。次いで、検校《けんこう》納言となり、右粛政臺御史大夫《うしゅくせいだいぎょしたいふ》となった。

中宗復位への貢献

この頃、則天武后は後継者問題に直面していた。武氏一族の有力者の武承嗣・武三思は、それぞれ皇太子となることを求めたが、武后は皇帝位を武氏に継がせるか実子に継がせて唐室に戻すかを決しかねていた。狄仁傑は常に「太宗は櫛風沐雨《しっぷうもくう》して親《みずか》ら鋒鏑《ほうてき》を冒《おか》して天下を定め、その子の高宗は二子の中宗と睿宗とを陛下に託した。帝位を武氏に移そうとするのは決して天意ではない。また姑《おば》と姪《おい》(母方のおい)と、母と子とではどちらが近い親族であろうか。母であれば千秋万歳の後でも祖先の太廟に合わせ祭られて無窮に伝えることができる。しかし、姪《おい》が立って姑を祖先の廟に祭るというのは聞いたことがない」、と述べた。武后は「これは朕《わたし》の家のことであり、卿《あなた》の預かり知る所ではない」と言ったが、狄仁傑は「王者は四海を家とし、四海の内で臣妾《しんしょう》(妾は女性の臣下)でない者は無い。ましてや私は宰相であり、預り知らないと言うわけにはいかない」と食い下がり、盧陵《ろりょう》王として地方に流されていた中宗を洛陽に呼び戻すことを勧めた。他日、武后は「朕は大きな鸚鵡《おうむ》の両翼がみな折れた夢を見た。どういう意味であろう」と聞いた。狄仁傑は「鸚鵡の鵡は武氏の武に通じ、両翼は中宗・睿宗の二子である。陛下が二子を支えれば、両翼は振うであろう」と言った。そこで、武后は武承嗣・武三思を皇太子とする意思を無くした。また、契丹の孫万栄が幽州を囲んだ時に、朝廷に文を送って「どうして我が廬陵王を帰さないのか」、と言った。当時、武后の寵を得ていた張易之・張昌宗という兄弟の美少年がいたが、中宗の復位を説くことで武后の寵愛を確保するように兄弟に勧める者もいた。こうした動きの中で、武后は廬陵王の中宗を皇太子に復位させることを決断した。

同じ頃、北アジア遊牧民族の雄である突厥《とっけつ》(とっくつ)も攻撃をかけてきたが、唐室と婚姻を結ぶことも突厥の要求のうちに入っていた。後継ぎの問題は、異民族から見ても武后の弱味であったのである。六九八(聖暦元)年九月壬申、武后は洛陽に呼び戻していた廬陵王の中宗を皇太子とし、翌々日の甲子に、太子となったばかりの中宗を河北道大元帥として突厥討伐を命じた。それまで突厥討伐の行軍の兵士を募集して一月餘りで一〇〇〇人に満たなかったのが、皇太子が元帥になったことが伝わると、応募者が雲集して程なく五万人に達した。中宗を皇太子としたことの効果は絶大であったのであるが、武氏一族の不人気は武后も自覚していたのであろう。狄仁傑は河北道行軍副大元帥となり、張兄弟に中宗の復位を武后に勧めるように説いた宦官《かんがん》の吉頊《きつぎょく》は監軍使となった。武后は、臨時編成の行軍の人事を中宗擁護派で固めたのである。皇太子は親征せずに狄仁傑が元帥を代行し、武后は親しく軍の出発を見送った。しかし、突厥の黙啜《もくてつ》可汗は趙・定などの州を襲って男女万餘人を略奪してゴビ沙漠の北に帰り、狄仁傑は十万の将兵で追ったが及ばなかった。

その後始末であろうが、狄仁傑は河北道安撫大使に任ぜられた。突厥に襲われた河朔の地域の人達は、突厥に脅されてその官を得たり投降したりしており、突厥が去った後に唐の官憲の処罰を懼《おそ》れ、逃げ匿れる者が多かった。狄仁傑は上疏して、止むを得ず突厥に服従した者を処罰するのは社会不安を増すだけであり、河北の諸州に曲赦《きょくしゃ》(地域を限った赦)して、過去のことは不問にするように、と説いた。武后は制(詔のこと、武后の諱《いみな》の照と同音であるので武后政権では制とした)してこれに従った。こうして河北の処置を終えて軍を還し、狄仁傑は内史を授けられた。内史は、さきの納言と並ぶ律令官制の実務上の最高官である。七〇〇(聖暦三)年に則天武后は三陽宮に行幸し、王公百官は咸《みな》従ったが、狄仁傑には宿泊用に特に宅一区を賜わった。武后の恩寵はこのように深くなっていたのである。

この年の六月(五月に久視と改元)に、左玉鈴衛《さぎょくけんえい》将軍李楷固と右武威衛将軍駱務整とが契丹の餘衆を討って擒《とら》え、含枢殿に捕虜を献上する献俘《けんふ》の儀式を行った。則天武后は大いに悦び、李楷固には武氏の姓を賜わった。彼等は共に前に触れた李尽忠の別帥《べっすい》であり、李尽忠の叛乱ではしばしば官軍を苦しめた。後に敗れて来降した時に有司は極刑を求めたが、狄仁傑は二人には驍将《ぎょうしょう》の才があるので、死を恕《ゆる》せば必ず恩に感じて忠誠を尽くすであろう、と議し、官職を授与して軍を率いて専征させるように、と奏請した。武后はこれに従い、李楷固らが凱旋すると狄仁傑を宴に預らせ、觴《さかずき》を挙げて親《みずか》ら勧め、戦功の賞を狄仁傑に帰した。

仏教信仰に篤い則天武后は大きな仏像を造ろうと思い立ち、天下の僧尼に一日一人一銭ずつ出させようとした。狄仁傑は上疏して、仏教を盛んにしても国益にならないこと、作物が不作で饑饉が予想されること等を挙げて諫め、武后は思い止まった。この年(久視元年)の九月に狄仁傑が没すると、則天武后は特に挙哀という哀悼の礼を行い、政務を停止する廃朝を三日間行って追悼の意を表し、文昌右相の官を追贈した。

李楷固・駱務整の例に見られるように、狄仁傑は賢人を推挙することに心を砕き、彼の推薦した桓玄範《かんげんはん》・敬暉《けいき》・竇懐貞《とうかいてい》・姚崇《ようすう》らは武后没後の唐朝の政治秩序回復に大きな働きをし、公卿に至るものが数十人に及んだ。長子の狄光嗣を推薦してその働きが職に称《かな》う、という評価を得たこともあった。ただ、狄仁傑が魏州刺史の時に地元の人々や官吏は生祠《せいし》(生きている人を祭る祠《ほこら》)を立てたが、仁傑が去った後に魏州司功参軍にいた子の景暉《けいき》がすこぶる貪欲乱暴で、人々に悪《にく》まれて狄仁傑の祠が毀《こわ》される、という一幕もあった。

武后が中宗を洛陽に呼び戻した時、初め密かに狄仁傑に会わせ、狄仁傑は泣いて賀《いわ》ったが、太子が帰還するのに人に知られずに戻るようでは物議の種になる、と言った。そこで則天武后は、改めて中宗を石窟で有名な龍門に待たせ、武后が礼を具《そな》えてその帰還を迎える、という形を取った。このように、晩年の狄仁傑は武后の信任厚く、彼が薨去《こうきょ》した時には、武后は朝堂が空になったと泣き、朝廷で議論が紛糾して大事が決まらない時には、「どうして天はこのように早く吾が国老を奪ったのか」と嘆じた。八〇歳ほどになって中宗を皇太子とすることを決意した武后にとって、依然として武氏一族が大きな勢力を保っていた朝廷で、中宗のために最も頼りとしたのが狄仁傑であったのであろう。

正道を貫いた生涯

『旧唐書《くとうじょ》』巻八九・狄仁傑伝は大変長く、以上は本伝を主に『資治通鑑』を参考にしながら記述した。官僚にとって官職の履歴は大切であり、正史の列伝でも『資治通鑑』でも官歴は丹念に記録されているが、紙数の関係で各官職の内容やその高さを示す官品について、詳しく述べることのできなかった点はお許し願いたい。

狄仁傑は科挙が官僚の出世コースの主流となる前の、科目としても地味な儒教の智識を問う明経科の出身であり、当初から立身を狙うようなタイプの官僚ではなかった。しかし、職務に忠実で有能であり、人に代わって西域行を願い出るような思い遣りがあった。また、安易に人民の負担を増やそうとする動きがあると、どのような相手であってもそのことを批判し、皇帝と対峙する時でも筋を貫いた。こうして、官僚としての正道を歩んだことから、高宗朝から武周朝の政治的変動の大きな時期であっても生き抜くことができたのである。来俊臣に陥れられそうになった時には、本人の機転と幸運もあったが、既に武后に評価されていて面会の機会を得たことから難を逃れることができた。

晩年の武后は自分の後継者の問題に悩み、狄仁傑等の意見で中宗を皇太子に立てた後には、狄仁傑を頼りにしていたように思われる。彼の推薦した桓玄範・敬暉は、七〇五(神龍元)年に武后が病気になった時に中宗を即位させ、唐朝の回復を早めた。しかし、その後は武氏との政争に敗れて殺され、皇帝となった中宗自身も武氏一族とも関係のあった韋《い》皇后に毒殺された。中宗は有能な皇帝であったとは思われず、武后はその行く末には不安を抱いていたのではなかろうか。その点では、どのような相手にも臆することなく筋を貫く狄仁傑の死は、武后にとっても大きな痛手であったであろう。

李 泌

…りひつ…

金子修一

地位に執着しない人生

李泌《りひつ》（七二二―七八九）は、玄宗《げんそう》朝末期から徳宗《とくそう》朝の人である。安史《あんし》の乱の前からその収束を経て、唐朝の政治がある程度安定するまで、玄宗（在位七一二―七五六）―粛宗《しゅくそう》（在位七五六―七六二）―代宗《だいそう》（在位七六二―七七九）、そして徳宗（在位七七九―八〇五）と四代の皇帝に仕えた。皇帝一人に権力の集中する中国古代では、皇帝の寵《ちょう》を争う政争が起こりやすく、それは国の存亡が懸かった安史の乱（七五五～七六三年）前後の時期でも変わりはなかった。李泌はそうした困難な時期に皇帝を補佐しながら、自分の功績が大きくなって周りの同僚の嫉《ねた》みを受けるようになると、道教に傾いていたこともあってあっさりと身を引いて隠棲《いんせい》し、朝廷が困難な情況に直面すると再び皇帝を補佐する行動を繰り返した。官僚として生涯を終えるが、終始その座に恋々としない点では異色の人物であった。

安禄山の乱の勃発まで

李泌は、西魏《せいぎ》（五三五～五五六年）の八柱国であった徒何弼《とかひつ》の六代の孫である。八柱国は軍事的に西魏の中枢にあった人達で、唐の高祖李淵《こうそりえん》の祖父李虎《りこ》も八柱国の一人であった。李虎の子で李淵の父の李昞《りへい》の妻はやはり八柱国の一人独孤信《どっこしん》の娘であり、独孤信の別の娘は隋《ずい》を建国した文帝楊堅《ぶんていようけん》に嫁していた。このように、李泌は北朝では名門の出身であるが、祖父の徒何弼の名から推測されるように、もともとは中国東北の遼東襄平の出で、漢民族出身ではなかった。唐代では異民族出身者に唐室の李姓を賜うことがよくあるので、李泌の近い祖先の中で唐朝に降った人物がいたのかも知れない。

七八九（貞元《ていげん》五）年に六八歳で卒《しゅつ》したので、七二一（開元九）年の生まれであろうか。七歳で文章を作ることができ、七二八（開元十六）年に玄宗と会う機会を与えられた。同席していた燕国《えんこく》公張説《ちょうえつ》に「方円動静」で賦《ふ》を作るように言われ、「方なること義を行うが若《ごと》く、円なること智を用いるが若く、動くこと騁材《ていざい》（駿馬）の若く、静かなること意を得るが若し」と答えた。玄宗は「この子はきっと大成するであろう」と褒美《ほうび》を与え、その家に勅して「注意深く育てるように」と言った。宰相の張九齢《ちょうきゅうれい》が手許に置いて可愛がったが、張九齢は当時は辺境であった現在の海南省出身の科挙《かきょ》官僚で貴族出身ではなく、地道に努力して宰相に至った人物であった。厳挺之《げんていし》・蕭誠《しょうせい》と仲が良かったが、厳挺之は蕭誠が佞人《ねいじん》（おべっか使い）であることを悪み、張九齢に彼との交友を絶つように言った。張九齢は「厳氏は剛直だが蕭氏は軟弱で付き合いやすい」と思って、蕭誠を呼ぼうとした。すると旁《かたわ》らにいた李泌が、「公《あなた》は平民の身分から直道（正直な生き方）で宰相に至ったのである。どうして軟弱を喜ぶのか」と言った。張九齢は驚いて容《かたち》を改めて謝り、李泌を「小友」と呼んだ。李泌は幼少から真っ直ぐな気性であったのである。

長ずるに及んで博学で易経に通じたが、独立不羈《ふき》の人格で通常の出世コースを願わず、神仙不死の術を慕って嵩山《すうざん》(河南省中部)・華山(陝西《せんせい》省東部)・終南山(長安の南の山)に遊んだ。天宝中に嵩山で当面の政治上の要務を書き、玄宗に献上して翰林《かんりん》に待詔《たいしょう》(皇帝の身辺にあってその諮問《しもん》にこたえる)し、皇太子附きの東宮供奉《とうぐうきょうほう》となって皇太子(後の粛宗)の厚遇を得た。しかし、後に安史の乱を起こす安禄山《あんろくざん》と、彼と玄宗の寵《ちょう》を争って安史の乱の原因を作った楊国忠《ようこくちゅう》とを詩を賦して譏《そし》り、楊国忠に疾《うと》まれて玄宗の詔で蘄春《きしゅん》郡(湖北省東部)に追放され、名山に隠遁《いんとん》、自適《じてき》した。

七五五年(天宝十四載《さい》)に安禄山が反乱を起こすと、皇太子の粛宗は成都《せいと》(四川省)に落ち延びる玄宗から別れて北上し、霊武《れいぶ》(寧夏回族自治区霊武市)で帝位に即き、人材を求めた。李泌も自発的に艱難《かんなん》を排して粛宗の行在《あんざい》(巡幸中の所在地)に赴き、長安に南下する粛宗に謁見し古今の成敗の事を述べて意に称《かな》い、身辺にあって相談役となった。李泌は山人と称して官に就くことを固辞し、官品の高さのみを示す散官の銀青光禄大夫(従三品)のみを拝し、枢務《すうむ》を掌った。四方から集まる書類、将軍や宰相の任免も李泌が参議し、その権能は宰相を逾《こ》えた。宮中では国事を議し、外出には皇帝の輿輦《よれん》に陪《はべ》るので、衆人は「黄を着ているのは聖人、白を着ているのは山人」(聖と山とは音が近く、聖人は皇帝の異称)と言い、これを聞いた粛宗は正三品の散官金紫光禄大夫を賜わり、元帥《げんすい》広平王の行軍司馬、すなわち広平王の率いる軍隊の副官とした。粛宗は「卿《あなた》は上皇(玄宗)に侍し、次に朕《わたし》の師友となり、今は広平王の行軍となっている。朕の父子三人は卿の道義に助けられている」と言った。広平王は七五八

(乾元《けんげん》元)年に皇太子となり、粛宗崩御後に皇帝となった(代宗)。李泌はこれほど重んじられたのである。

玄宗・粛宗の間を保つ

粛宗が即位した時、軍中の謀臣は悉《ことごと》く皇太子である代宗の弟建寧《けんねい》郡王李倓《りたん》の配下にあった。そこで李泌は粛宗に、「建寧王は誠実で賢いが広平王は冢嗣《ちょうし》(後継ぎ)で君主としての力量がある。どうして呉太伯《ごたいはく》のようにさせるのか」と述べた。呉太伯は、父の周の太王が弟季歴《きれき》の子の昌《しょう》(文王《ぶんおう》)の賢を愛し、季歴から昌へ位を伝えようとしていることを知って、自ら蛮族の地に逃げた人物である。粛宗が「広平王は太子であり、どうして元帥(建寧王)に遠慮する必要があろうか」と言うと、李泌は「建寧王に業績があれば後継ぎにしないわけにはいかないでしょう。太子は軍を将《ひき》いれば撫軍《ぶぐん》、都で留守《りゅうしゅ》(留守居役)をすれば監国《かんこく》ですが、今は建寧王が撫軍となっています」と言った。そこで粛宗は広平王を元帥とした。ただ、建寧王は忠実であったが、子の無い粛宗の張皇后及び皇后と結んだ宦官《かんがん》の李輔国《りほこく》に「建寧王は兵権を奪われたことを恨み、異心を懐いている」と後に讒言《ざんげん》され、粛宗の怒りに触れて死を賜わった。その後冷静に返った粛宗は建寧王を死に処したことを悔やんだ。

粛宗が皇太子であった時、その有能であったことを警戒した宰相の李林甫《りりんぽ》は皇太子を廃位させようとし、粛宗は危うい立場に置かれた。そこで即位すると、李林甫の墓を掘って骨を焼いて粉にしようとした。李泌は、皇帝が宿怨《しゅくえん》を晴らそうとすると寛大でないことを天下に示し、脅されて安禄山に附いた人々を賊側に追いやることになる、と説いた。粛宗が不満で「卿《あなた》は往時を忘れたのか」

と言うと、「臣《わたし》が考えているのはそのことではありません。上皇（玄宗）は五〇年も天下を保っていましたが今は失意のうちにあり、南方（成都）の気候も悪く老齢でもあります。陛下が故怨を忘れないことを聞けば、内心慚《は》じて懌《よろこ》ばず、それで病気にでもなれば、陛下は親を大事にしないことを天下に示すことになるでしょう」と説いた。感悟した粛宗は泣いて「朕《わたし》は及ばない」と言い、安禄山の乱平定の時期を尋ねた。李泌は安禄山の本拠地の范陽《はんよう》（北京）を衝《つ》くべきことを縷々《るる》説いて、建寧王を范陽節度大使とし、名将の李光弼《りこうひつ》と連携して范陽を取るように提案した。粛宗はいったん承諾したが、たまたま回紇《かいこつ》（ウイグル）・吐蕃《とばん》等の西方の兵が集まったので、速やかに長安を回復しようと願った。李泌は「長安と洛陽との両京を得ても、（本拠地がそのままで）賊が盛り返せば再び困しむことになる。しかも我々の恃《たの》む者は西突厥（回紇のこと）・西北（吐蕃）の諸戎《しょじゅう》である。長安を取るとなると春になるであろうが、冬季の騎馬戦に慣れた異民族の馬は病み、兵士は帰ることを思うであろう」と述べたが、粛宗は聴かなかった。極度に乾燥して水の乏しい沙漠地帯では、戦闘は冬に行われるのである。

その後、長安・洛陽を回復すると、粛宗は上皇の玄宗を迎えて、自分は東宮に戻って子としての道を遂げようとした。すると李泌は、「上皇は戻って来られないでしょう。七〇歳にして帝位を譲ったのに、その上でまた天下の事を労《わずら》わすのでしょうか」と言った。粛宗がどうすれば良いかと言うと李泌は、「天子（粛宗）が朝な夕な思いを込めて上皇に早く還ってもらい、孝養を尽くそうと願っている」と群臣に上奏させた。玄宗は最初に粛宗の上奏を得た時には「私は長安には戻らない」と言ったが、二度目の群臣の上奏が来ると、「吾は天子の父となることができる」と喜び、長安に戻ることにした。

このあたりは、独断で即位した粛宗とそれを追認せざるを得なかった玄宗との、長安帰還後の微妙な関係を暗示している。しかしその後、朝廷で権威を振っていた李輔国らは李泌が粛宗に信頼されていることを疾《ねた》み、李泌は禍を畏れて南岳の衡山に隠棲することを願った。粛宗は三品官の禄を給して陰士の服を賜い、室廬（いおり）を整えた。李泌は危急の時には冷静に皇帝を補佐したが、その地位に長く留まって政敵が現れるようになると、道教への嗜好もあって身を引くことを願ったのである。

代宗が即位すると召し出して翰林学士《かんりんがくし》とし、頗《すこぶ》る恩遇を受けた。大明宮蓬莱殿《たいめいきゅうほうらいでん》の書閣に居らせたが、道教信仰に篤い李泌が妻を娶《めと》らず肉も食べなかったのを、光福里に弟《やしき》を賜わるとともに、詔で肉を食べることを強《し》い妻帯させた。しかし、この時も宰相の元載《げんさい》は李泌が自分に近附かないのを悪み、江南道観察都団練使の魏少遊《ぎしょうゆう》が僚左を求めていることに託《かこつ》けて、李泌は才能があると称して江南西道判官に追い出した。元載が誅せられると代宗は李泌を召喚したが、再び宰相の常袞《じょうこん》に忌《うと》まれて楚州《そしゅう》（江蘇省楚州市）刺史《しし》に任命された。この時は長安に留まることを願い、代宗も認めて数箇月間長安に留まったが、澧州《れいしゅう》（湖南省澧県）刺史に欠員が出て、常袞が南方の凋瘵《ちょうさい》（衰え）と李泌の手腕とを言い立て、澧・朗・硤《こう》団練使となった。次いで杭州刺史となり、いずれも実績を挙げた。

官僚としての後半生

徳宗は、即位翌年の七八〇（建中元）年に両税法を発布するなどして、国政の回復とともに安史の乱後に台頭した地方軍閥の藩鎮の抑え込みを図った。しかしその反発で、七八三（建中四）年から翌年にかけて長安西北の涇原《けいげん》節度使朱泚《しゅせい》の乱が起こり、徳宗は長安の西の奉天（陝西《せんせい》省乾《けん》県）に避難した。李泌は召されて行在《あんざい》に赴き、皇帝の補佐役の左散騎常侍を授けられた。左散騎常侍の官品は銀青光禄大夫と同じ従三品であるが、補佐役であっても門下省の実職の職事官《しきじかん》であり、李泌は代宗朝に地方官となってからは職事官を歴任することとなった。

朱泚の乱からほどなく、霊武を中心とする朔方節度使李懐光《りかいこう》も叛乱を起こしていたが、蝗害《こうがい》や旱魃《かんばつ》も重なって李懐光を赦そうという声もあった。徳宗が群臣にこのことを問うと、李泌は一枚の桐の葉を使者に附して進め、「いったん君臣関係の分かれた陛下と李懐光とが、復《ま》た合うことのできないのはこの葉の如くである」と言った。そこで李懐光は赦されなかった。朱泚の乱で徳宗は吐蕃に救援を求め、西域の安西都護府と北庭都護府との割譲を約した。朱泚は名将渾瑊《こんかん》と戦って大敗したが、吐蕃は朱泚は追わずに長安の西の武功県を掠奪したのみであった。しかし安西・北庭の割譲は要求し、長安に戻った徳宗は与えようとした。李泌は、「安西と北庭とは西域を押さえる要地であり、吐蕃の勢力を分散させて東に侵略させない役割も果たしている。今これを与えれば、長安のある関中平野が危うくなる。しかも吐蕃は両端を持して戦わずに武功県を掠奪し、賊と等しい。どうして安西・北庭を与えるのか」と意見した。そこで両都護府の割譲は停止された。李泌の眼は西域にも届いていたのである。

七八五（貞元元）年、長安と洛陽との中間地点の黄河沿いの要地である陝《せん》（陝州）・虢《かく》（虢州）観察使となった。陝州・虢州は、黄河の流れが速い上に二つの固い岩が突き出て水流が三分され、神門・人門・

鬼門の三門峡と呼ばれる難所の近くにある。李泌は山を開鑿《かいさく》して車道を開いて三門に通じ、食料運搬の便を図った。また、洛陽の南方面の淮西《わいせい》の兵が、秋の遊牧民の侵入に対処するための防秋兵として長安の北の鄜州《ふしゅう》に駐屯していたが、四〇〇〇人が逃げ帰ってしまい、軍閥の呉少誠《ごしょうせい》が彼等を誘っている、と言う人もいた。そこで彼等が陝州の境に入った時に、李泌は山間部で迎え撃って悉く殺した。果断な処置であるが、七八七(貞元三)年には中書省の次官の中書侍郎、及び宰相待遇の同中書門下平章事となり、中央官に返り咲いた。陝虢観察使の事蹟が評価されたのであろうか。

かつて宰相の張延賞《ちょうえんしょう》が官員を大幅に削減し、職を失って流浪し道路に野垂れ死にする者も出た。李泌は官員数を元に戻すように請うも徳宗は従わず、「今は(安史の乱の前の)平和な時に比べて戸口はどれほど減ったか」、と聞いた。李泌は、「三分の二が減った」と答えた。徳宗は、「人がここまで減っているのにどうして官僚を元に戻すのか」と言った。李泌は、「戸口は減ったが官のやるべきことは平和時の十倍である。減らすべきは州県であって、吏員ではない。必要な常員は残し、無駄な冗員《じょういん》は削るべきだ」と述べた。そして兼務の官僚や朝廷で皇帝の諮問に待機する各種補佐役の官員を削った。また、州刺史の月俸が千緡《びん》(一緡は銭百枚)であるのに中央の京官《けいかん》の俸給は少なく、京官はかえって罪を得て左遷されるのを望むようになっていた。李泌は外官が重んじられ、京官が軽く見られるようになった情況を、勤務の繁閑によって俸給を増減するように改めた。また補佐役に該当する官の任命も数年間かなり制限された。安史の乱後の財政再建を図る中で、官僚の数やその俸給の整備が行われたのである。

皇太子（順宗）の蕭妃《しょうひ》の母郜国《こうこく》公主は蠱媚《こび》（虫を用いたまじない）に坐して禁中に幽閉され、連坐者も何人か出たことがあった。徳宗がしばしば弟（早世した昭靖太子邈）の子の舒王誼（邈の死後に徳宗が養子とした）が賢人であると褒めるので、李泌は徳宗に皇太子の順宗を廃そうとする意志があると惴《はか》って、次のように言った。「臣《わたし》は衰老の身で宰相の位にあるので、諫言で誅せられるのは職分です。しかし、もし太子を廃し、他日陛下が後悔して『私は唯一の子を殺してしまったが、李泌は私を諫めなかった。そこでその子を殺そう』、と言われるのであれば、臣の子孫は絶えてしまいます。兄弟の子があった所で家の祭祀は継承されません」。さらに泣いて、「太宗（在位六二六―六四九）の詔に『太子が不道であり、藩王に地位を窺う者があれば、どちらも廃する』とあります。陛下が東宮を疑って舒王の賢を褒めるというのは、太宗の詔に該当しないでしょうか。太子が罪を得たなら、これを廃して皇孫を立てるべきです。そうすれば千秋万歳の後も、天下は陛下の子孫のものとなるでしょう。かつ、郜国公主の行為で東宮に疑いをかけるのは、妻の母の累を太子に及ぼすものではありませんか」、と言った。徳宗と数十回話をして屈せず、徳宗も悟って皇太子の地位は守られた。

　朱泚の乱平定（七八四〔興元元〕年）後に国庫は窮乏し、爵位を持つ臣下に与える封物《ほうぶつ》は三分の一に減額され、旧制では三六〇〇縑《けん》（縑《かとりぎぬ》の反物か）であった宰相に対する堂封は僅か一二〇〇縑となった。その後、徳宗は堂封を元に戻したが、李晟《りせい》・馬燧《ばすい》・渾瑊という名将は、朱泚の乱の平定で得たそれぞれの封物を悉く譲って李泌に送った。しかし、李泌は受け取らなかった。また、安史の乱後の藩鎮は、羨餘《せんよ》（経費の節約分）と称する私的な献上品を皇帝に送っており、初めは毎年五〇万緡であったものが、後には三〇万緡に減った。徳宗が用度不足の問題を李泌に尋ねると、李泌は「天下は毎年百万緡を宮中に供給しているので、私献を受けないように勧めます。そして、両税に代わる形で藩鎮からの納入を行わせれば、藩鎮は法を行うことになり、天下は紓《やわら》ぐでしょう」と言った。また、徳宗の要望を入れて二月朔日を豊穣を祈る中和節とすることを提案し、三月上巳《じょうし》(上旬の巳《み》の日、実際には三日に固定)・九月九日と合わせて三令節とした。徳宗はこの三令節にしばしば宴会を行い、宰相以下の参加者に賜銭を行った。緊縮財政の一方で、賜宴を増やすことで官僚の不満を和らげたのであろう。

李泌は玄宗・粛宗・代宗・徳宗の四帝の朝廷に出入りし、もっぱら正論を貫いた。そのため、しばしば権臣に疾《ねた》まれたが智略があり、その度に身を退くなどして安史の乱前後の激動の時代に無事に対処することができた。その一方、道教風の神仙や鬼道を好み、その点では評価は芳しくなかった。粛宗は陰陽巫祝《ふしゅく》を重んじ、その道の王璵《おうよ》・黎幹《れいかん》といった人達を用いて国庫を浪費した。そこで徳宗は即位すると、僧侶その他を朝廷に集めて祈禱を行う内道場を廃止した。しかし、朱泚の乱の時に遁甲術《とんこうじゅつ》を善くする桑道茂の進言を入れて奉天に築城してから、徳宗も日にちの禁忌に拘るようになり、鬼道に長じている李泌を朝廷に呼び寄せて宰相として信任した。しかし、その後は李泌は唯々諾々として特に称賛すべき所はなく、巫祝の徒を推薦して朝廷の人士に軽蔑されるようになった。七八八(貞元四)年に自分の死を予言し翌年に薨去《こうきょ》した。六八歳であった。

真骨頂の評価

北宋の欧陽脩《おうようしゅう》・宋祁《そうき》の編した『新唐書』巻一三九・李泌伝の末尾では、唐末の柳玭《りゅうひん》という人物のみが「長安・洛陽の回復には李泌の謀が大いに貢献した。その功は魯連《ろれん》・范蠡《はんれい》より大なるものがある」と評したと伝えているが、この史評には含蓄《がんちく》がある。魯連は戦国末期の斉《せい》の人魯仲連《ろちゅうれん》である。長平の戦いで秦に敗れた趙《ちょう》は四〇万の軍を失い、さらに秦軍に都の邯鄲《かんたん》を囲まれた。この時、魏は使者を遣わして、秦王に帝の称号を奉るように趙王に勧めようとしたが、魯仲連はそのようなことをしても結局は秦の下に置かれるだけであると説き、魏の使者は趙王の説得を断念して帰り、それを聞いた秦軍は退いた。趙の有力者の平原君《へいげんくん》は魯仲連を封《ほう》じようとしたが受けず、宴席で送られた千金も、受け取れば自分のしたことは商人の取引になると言って固辞し、その後二度と平原君には会わなかった。范蠡は呉《ご》に滅ぼされた越王勾践《えつおうこうせん》を補佐し、呉を倒して越を復活させることに尽力したが、その後は越を離れて商人として成功し、蓄えた富は友人や親族に分け与えた。柳玭は唐末の黄巣の乱の時に成都に蒙塵《もうじん》した僖宗《きそう》(在位八七三―八八八)の許に馳せつけて、官僚を監督する御史臺の次官の御史中丞となった。次の昭宗《しょうそう》(在位八八八―九〇四)は宰相にしようとしたが、宦官《かんがん》に煙たがられて地方官に左遷されて終わり、教養を積んで身を慎むように説いた家訓を残した人物である。柳玭の言うように、李泌の明敏さと判断力とは官僚の世界に完全に組み入れられる前の、激動の時代にこそ存分に発揮されたのであろう。

【執筆者略歴】（掲載順）

土屋 紀義（つちや　のりよし）
一九四六年、東京都生まれ。一九七三年、一橋大学大学院博士課程中退。社会学修士。現在、大阪学院大学名誉教授。主要著作・論文：『江戸時代の呂氏春秋学——山子学派と森鐵之助、翻刻と解説』（佐々木研太との共著）、中国書店、二〇一六年）。「中国における近代図書館の出現について」（『大阪学院大学国際学論集』一八巻一号所収）、「古典籍の目録記述の難しさをめぐって——『書林清話』補正一斑」（『大阪学院大学国際学論集』三三巻一号所収）

竹内 康浩（たけうち　やすひろ）
一九六一年、青森県生まれ。一九九〇年、東京大学大学院人文科学研究科博士課程単位取得退学。現在、北海道教育大学教授（釧路校）。主要著作：『中国王朝の起源を探る』（山川出版社、二〇一〇年）、『「生き方」の中国史』（岩波書店、二〇〇五年）、『「正史」はいかに書かれてきたか』（大修館書店、二〇〇二年）

高木 智見（たかぎ　さとみ）
一九五五年、岐阜県生まれ。一九八六年、名古屋大学大学院修了。現在、山口大学人文学部教授。主要著作：『先秦の社会と思想』（創文社、二〇〇一年）、『孔子——我、戦えば則ち克つ』（山川出版社、二〇一三年）、『内藤湖南——近代人文学の原点』（筑摩書房、二〇一六年）、朱淵清『中国出土文献の世界』（［訳書］、創文社、二〇〇六年）

藤田 勝久（ふじた　かつひさ）
一九五〇年、山口県生まれ。一九八五年、大阪市立大学大学院文学研究科後期博士課程単位取得退学。現在、愛媛大学名誉教授。主要著作：『史記戦国史料の研究』（東京大学出版会、一九九七年）、『史記秦漢史の研究』（汲古書院、二〇一五年）、『中国古代国家と情報伝達——秦漢簡牘の研究』（汲古書院、二〇一六年）、『項羽と劉邦の時代』（講談社、二〇〇六年）

村松 弘一（むらまつ　こういち）
一九七一年、東京都生まれ。二〇〇五年、学習院大学大学院修了。学習院大学教授を経て、現在、淑徳大学人文学部教授。主要著作：『中国古代環境史の研究』（汲古書院、二〇一六年）、『馬が語る古代東アジア世界史』（［共編著］、汲古書院、二〇〇八年）、『古写真・絵葉書で旅する東アジア一五〇年』（［共編著］、勉誠出版、二〇一八年）、『世界の蒐集——アジアをめぐる博物館・博覧会・海外旅行』（［共編著］、山川出版社、二〇一四年）

濱川 栄（はまかわ　さかえ）
一九六四年、秋田県生まれ。一九九五年、早稲田大学大学院単位取得退学。現在、常葉大学教授。主要著作・論文：『中国古代の社会と黄河』（早稲田大学出版部、二〇〇九年）、「木を見て森も見る——「地域」から見た秦・漢帝国史——」（『日本秦漢史研究』一二号所収、二〇一一年）

佐々木 満実（ささき　まみ）
秋田県生まれ。二〇一八年、お茶の水女子大学大学院人間文化創成科学研究科博士課程修了。現在、お茶の水女子大学基幹研究院リサーチフェロー。主要著作・論文：「漢代婚姻形態に関する一考察」（東洋文庫中国古代地域史研究編『張家山漢簡「二年律令」の研究』二〇一四年）、「秦代・漢初における〈婚姻〉について」（『ジェンダー研究』二〇所収、二〇一七年）、「従簡牘資料看秦代的婚姻関係及其建立」（黄人二編『出土文献与経学・古史国際学術検討会暨研究生論壇論文集』高文出版社、二〇一九年）

小嶋 茂稔（こじま　しげとし）
一九六八年、栃木県生まれ。二〇〇二年、東京大学大学院人文社会系研究科博士課程修了。博士（文学）。現在、東京学芸大学教育学部教授。主要著作・論文：『漢代国家統治の構造と展開』（汲古書院、二〇〇九年）、『内藤湖南とアジア認識』（［共著］、勉誠出版、二〇一三年）、『わかる・身につく歴史学の学び方』（［共著］、大月書店、二〇一六年）。「那珂通世の『東洋史』教育構想」（『史海』六一所収、二〇一四年）

渡邉 義浩（わたなべ　よしひろ）
一九六二年、東京都生まれ。筑波大学大学院博士課程歴史・人類学研究科史学専攻修了。北海道教育大学助教授、大東文化大学教授を経て、現在、早稲田大学文学学術院教授。主要著作：『後漢における「儒教国家」の成立』（汲古書院、二〇〇九年）、『三国志　演義から正史、そして史実へ』（中公新書、二〇一一年）、『「三国志」の政治と思想』（講談社選書メチエ、二〇一二年）、『「古典中国」における文学と儒教』（汲古書院、二〇一五年）

津田 資久（つだ　ともひさ）
一九七一年、北海道生まれ。二〇〇三年、北海道大学大学院修了。博士（文学）。現在、国士舘大学文学部専任講師。主要著作・論文：『教養の中国史』（共編著、ミネルヴァ書房、二〇一八年）、『漢文講読テキスト　三国志』（白帝社、二〇〇八年）、「『魏志』の帝室衰亡叙述に見える陳寿の政治意識」（『東洋学報』第八四巻第四号所収、二〇〇三年）、「符瑞『張掖郡玄石図』の出現と司馬懿の政治的立場」（『九州大学東洋史論集』第三五号所収、二〇〇七年）、「史料としての『三国志』」（『歴史評論』第七六九号所収、二〇一四年）、「許嵩『建康実録』の撰述と望気者の予言」（『史朋』五〇号所収、二〇一八年）

金子 修一（かねこ　しゅういち）
一九四九年、東京都生まれ。一九七五年、東京大学大学院人文科学研究科修了。現在、國學院大学文学部教授。主要著作：『訳注日本古代の外交文書』（共編、八木書店、二〇一四年）、『大唐元陵儀注新釈』（主編、汲古書院、二〇一三年）、『中国古代皇帝祭祀の研究』（岩波書店、二〇〇六年）、『隋唐の国際秩序と東アジア』（名著刊行会、二〇〇一年）

2020年4月15日　第1刷発行

「俠《きょう》の歴史《れきし》」東洋編《とうようへん》（上《じょう》）

編者

鶴《つる》間《ま》 和幸《かずゆき》

発行者

野村久一郎

印刷所

法規書籍印刷株式会社

発行所

株式会社 清水書院

〒102-0072

東京都千代田区飯田橋3-11-6

［電話］03-5213-7151㈹

［FAX］03-5213-7160

http://www.shimizushoin.co.jp

デザイン

鈴木一誌・下田麻亜也・吉見友希

ISBN978-4-389-50122-8